大学経営・政策入門

Introduction to University Management and Policy Studies

東京大学 大学経営・政策コース 編

東信堂

まえがき

　本書は、東京大学大学院教育学研究科大学経営・政策コースが企画・編集した大学経営・政策のテキストである。わが国でも、大学に関わるテキストはいくつか存在するし、大学の経営・政策に関わる専門書は少なからず出版されているが、大学の経営・政策を冠するテキストは、本書が初めての試みとなる。海外に目を転じても、大学の経営・政策を一括して扱った定番と言いうるテキストが存在しているわけではない。もちろんそれは、大学経営・政策という専門分野が存在しないことを意味するわけではない。

　例えば OECD の IMHE が 2012 年まで発行していた "*Higher Education Management and Policy*" は、高等教育機関の管理運営者や経営者、マネジメント分野の研究者向けの専門誌だった。1979 年発刊の "*Journal of Higher Education Policy and Management*" の目的には、教育の政策立案に関与する人の必読書かつ、教育政策や実践への関わりを求める経営者や上級学術スタッフへの寄与とある。IAU（International Association of Universities）が 1988 年から刊行する "*Higher Education Policy*" は、理論、実証、実践面まで幅広くカバーする高等教育政策を焦点とした専門誌である。

　このように、海外では大学の経営・政策に関わる分野が専門ジャーナルとしては確立している。しかしこれらは、初学者向けとはいいがたい。わたしたちは、大学経営・政策の教育・研究を日々実践する中で、入門書の必要性を強く感じてきた。それが、今回の企画・編集の原点にある。なお、大学経営・政策という言い方を用いているのは、例えば、経営難の大学が増加し再編統合を促す政策が導入される場合は「経営が政策に与える影響」、定員に対する過不足に応じ補助金が減額される場合は「政策が経営に与える影響」というように、経営と政策は、両者が双方向で影響を及ぼし合っているからである。本書も個別機関の経営と大学政策の双方を視野に入れて編まれている。

本書の構成は以下のとおりである。まず第1章〜第3章では、現代の大学がおかれた状況を概括した後、大学の制度・政策の歴史的展開と現代的特質を紹介する。続く第4章〜第6章では、組織、人事、財務という大学経営の屋台骨となる基本構造に焦点をあてる。また第7章〜第9章においては、学生募集や教育・研究という機能面から、そのマネジメントのあり様を論じる。これらを受けて第10章と第11章では、国際的な視野から大学経営・政策の変遷や潮流を論じ、最後の第12章において、大学の経営・政策の将来を展望する。テキストという性格上、本書は大学経営・政策の実践書や指南書ではないし、読者も大学経営・政策に関心を持つ、初学者も含めた幅広い層を想定している。初めての試み故の不十分さや至らぬ点もあるかもしれないが、読者の方からの批判等もいただきながら、末永く使われるテキストとして、育っていくことを願っている。

　風薫る本郷キャンパスにて

大学経営・政策コース教員一同

第12章　大学経営・政策の展望　243

　むしろ根本的な問題は、大学と社会との間の関係の変質にある。20世紀後半の高等教育は、社会経済の成長の中で、基本的には伝統的な大学モデルを基本としてそれを拡大することによって、発展してきた。しかし高等教育と職業をむすぶ構造は多様化し、流動化する。その中で高等教育機関を機能的に分化させようとする動きもある。4年制大学、短期大学、専門学校、高等専門学校に加えて「専門職大学」制度も作られた。

　機能の多様化の要求が、制度的な機関種の創設につながるべきかは異論のあるところであろう。20世紀の各国の趨勢をみると一般に、学士につながる「大学」の教育内容が多様化する一方で、既存の高等教育機関の卒業生の相互編入など、各種の教育機関間のシステム化が進んでいるとみることができる（大学改革支援・学位授与機構2016年）。既存の大学を含めて機能的多様化を具体的にどのように実現していくかが21世紀前半を通じた大きな課題となる。

2　質的高度化・保証の枠組

　ではそうした状況の中で高等教育政策はどのような役割を果たすべきか。20世紀後半の日本の高等教育制度は、家計所得の増大にともなう高等教育進学需要の拡大を背景として、私立大学の収容力の総量についての直接的規制を放棄する一方で、大学の設置基準によって教員・施設と学生定員を制限することによって、質的な水準を維持しようとした。進学需要の圧力が強く、大学はそれに応じて規模拡大を目指していたから、教育条件に応じて入学定員を制限する設置基準とその運用が、一定の質的水準の確保に有効であったし、また政策の影響力一般を支えていたのである。

　こうした政策の骨格は21世紀においては大きく変化せざるを得ない。18歳人口の減少によって、すでに高等教育機会の供給は需要を上回るようになっている。この状況下では設置基準による質的水準維持は大きな意味を持ち得ない。しかも21世紀の経済社会はその構造自体が多様化し流動化すると同時に、その変化の推進力としての知識技能への要求が切実となる。大学は教育・研究のいずれの面においても、そうした経済社会の変動との関わり

を強く持たざるを得ない。大学の固有の伝統と、社会との間に、より開かれた機能的な相互関係を形成していくことが不可欠となるのである。

そうした状況の中では、現在の設置基準で前提とされていた、学部学科の縦割り組織が、そのまま教員の帰属組織であり、学生の帰属・教育組織であり、さらに基本的な意思決定の単位である、という三位一体の組織原理自体にさかのぼって再検討する必要が生じる。たとえば教育需要の多様化、流動化に対応するには、学術的な分野に対応して組織される学部・学科に代えて教育の達成目的に応じて編成される「教育プログラム」を設定することが考えられる。

こうした形態を許容しつつ、教育水準の維持向上を促進するメカニズムが必要になる。すでに 2004 年に設置基準の適用の大綱化と、「認証評価」機関の設置が認められているのは、基本的にはこうした方向への改革に向かうものであると解釈できる。設置基準そのものの再検討とともに、認証評価を教育プログラムレベルでの評価を含めて、どのように実質化するかが問われているのである。

また大学や教育プログラムの多様化を前提としたうえで、その評価を行うには、多面的な情報開示が必要である。とくに教育条件に直接に関わる教員一人当たりの学生数、学生が受けるクラスの規模、さらに学生の学修時間などを客観的に調査・計測すること、さらにそれが受験生を含めて社会に公表されるとともに、認証評価の基礎となるべきである。こうした目的で政府は「教育ポートレート」なるデータベースを立ち上げたが、まだ充分なものとなっていない。情報公開を多様な形ですすめることによって、大学間に前向きの競争関係を作ることが重要な課題である。

3　資源動員

以上のように高等教育の機能が社会の中により深く組み込まれ、その役割も拡大するわけであるが、当然にそれは高等教育に対してより多くの資源が必要となることを意味している。

前述のように 20 世紀後半の日本は高度経済成長を背景として、政府部門

第 12 章　大学経営・政策の展望　245

は主に国立大学に資源を集中させる一方で、主に私的負担によって私学部門が自律的に拡大する、という形で高等教育を発展させたのであった。この間、政府の高等教育支出を拡大するべきだという議論も常に存在していたが、そうした政策が本格化しないうちに経済成長が減速し、政府支出の制約が厳しくなった。21世紀になって経済成長率は基本的に低い水準にとどまる一方で、高齢者人口が増加することによって医療費、年金支出も増大している。政府の高等教育費負担にはさらに強い制約が生じざるを得ない。その中で高等教育に対する政府支出の水準と方法について、本格的な検討が必要となっている。

　もっとも基本的な問題は政府支出の絶対的な水準である。国際的にみればOECD諸国の中で日本の高等教育への支出はもっとも低いことが指摘されてきた。しかし低成長下ではその構図が劇的に変化する見込みは少ない。家計の授業料負担を、貸与奨学金によって支えつつ、高等教育の拡大が進んできたことは前に述べた。これは見方によればアメリカやヨーロッパにも共通の、高等教育の市場化の一つとみることもできる。高等教育支出を一つの経済的投資とみるならば、上述の大卒労働力需要の多様化、流動化によって、投資の対象と水準を国のレベルで決定することがますます困難となっている。それに代わって、個々人が自分の適性の認識と将来への見通しに基づいて、教育機会を選択し、投資するという考え方が正当性をもつことになる。

　ただし貸与奨学金は、個々人が返済のためのリスクを負うことを意味する。卒業後に雇用機会に恵まれなかった場合には返済が大きな負担となる。特に日本では大卒一括採用が一般的なために、2000年代終わりのリーマンショック後のように企業の採用が一時的に後退した場合には、その年代の大卒者に返済困難者が増加した。こうした問題に対処するには返済困難者への救済措置、さらに大学において行われる教育の質的な水準が一定の基準によって保証されること、また多角的な情報公開が不可欠となる。

　いずれにしても、前述のように21世紀の日本の経済社会の革新のために高等教育の役割がきわめて重要だとすれば、そのための社会的な投資は不可欠である。政府の直接の支出の大幅な拡大が困難であるとすれば、社会に蓄

積された資産を貸与奨学金などの市場メカニズムを通じて活用することも大きな意味をもつ。それをより効率的に、また公正におこなうために、政府がどのような役割を果たすべきかが、あらためて検討されなければならない。

第4節　大学の課題

　以上に述べた高等教育の新しい課題に、個々の大学は応えていくことを求められる。そしてそのために、これまで無意識に前提とされてきたこと自体を、あらためてとらえなおすことが求められる。

1　選択と戦略

　20世紀の日本の大学の経営の基本は、大学の規模を様々な形で拡大していくことにあったといっても大きな間違いではない。私立大学にとっては学生数の増大は大学の収入の拡大を意味する。そして規模が大きくなるほど、社会での知名度も上がる。それがまた入学希望者を増大させ、規模拡大の可能性を作る。また1990年代ころからは大規模大学において、学部を再編して新学部を作る動きも出てきた。拡大こそが安定的な大学の経営の基幹とされてきたのである。

　しかし21世紀にはこうした拡大基調の経営はもはや難しい。前述のように18歳人口は1990年代後半から減少してきたが、さらに2030年にかけて1割程度減少する。こうした状況の中で、2015年の段階で、実際の入学者数の入学者定員に対する比率（充足率）が0.8未満の大学は200校程度あった。2030年ころには300校程度に達しても不思議ではない。このような状態が一定期間続けば、経営が困難な状況に達する。入学者の確保への手段を講ずるか、組織の縮小、統廃合を、戦略的に選びとることが必要になる。

　他方で入学者の確保には問題のないと思われる選抜性の高い大規模大学においても問題はないわけではない。一般に日本の巨大私学はこれまで、歴史的経緯や規模の大きさによる社会的な地名度によって学生の人気、いわば集客度を確保してきた。逆にいえば、研究上の水準、教育の特色、水準に大き

な特色があったとは必ずしもいえない。しかし全体のマーケットの規模が縮小傾向に向かうときには、より高い学生の獲得をめぐってこれらの大学の間の競争も激しくなる。

　一方で大規模有名私大、他方で小規模の非安定大学、この両者の中間にある多くの大学はこの中で、きわめて流動的な状況の中におかれる。1990年代からの大学新設によって、一応押し上げられてきた地位が、ふたたび相対化するからである。いずれにしても、私立大学はそれぞれの立場において、流動的な状況におかれ、そのなかでどのような地位を占めるかが問われることになる。

　他方で国公立大学においても、経営の方向は大きく変化しなければならない。国立大学への経常的交付金は、20004年の法人化以降、定常的に削減されてきた。他方で機関型競争資金（大学、ないし部局単位での競争資金）は増額されてきた。結果として国立大学間に明らかな分化が生じている。旧七帝大を中心とする、歴史の古い研究大学では研究費が増加する一方で、他方で地方大学、文科系単科大学では経常的交付金の額の減額がそのまま歳入減をもたらし、人件費自体を大きく削減せざるを得ない状況に陥っている。

　さらに政府は国立大学法人の第三期中期計画期間においては、①国際的水準の研究教育、②特定分野での研究教育、そして③地方貢献、の三つの目標のいずれかを各国立大学に自ら選択させた。また地方大学については同時に教育学部を中心として組織改革を提案することを求めた。研究大学については、指定国立大学の制度によって、独自の組織・制度改革を提案することを求めている。国立大学の機能の明確化と、それに応じた政府交付金のあり方がさらに検討されていくことになる。

　機関型競争資金へのシフトは、政府資金が国立・私立大学の設置・維持・支援から、教育研究上の改善にむけてのインセンティブを与え、大学を政策的に誘導する手段へと、変質していることを表す。しかしこうした競争的資金は長期的にみれば組織的な定着が難しく、政策としての効果には問題があることも指摘されている。

　こうした動きの底流にあるのは、量的拡大から質的革新への転換は、単一

のモデルによって行われるのではない、という点である。前述のように21世紀の社会における大学の役割は多様化し、流動化する。大学はその中で、固有の役割を明確にすることが求められる。しかしそれは抽象的な理念にとどまるべきものではない。大学に与えられた条件の中で、可能でしかも意義のあること、しかもそれが現実的に行動に結びつくものでなければならない。さらにその実現をモニターし、その結果によって不断に方向が修正されることが必要である。そうしたメカニズムを含めて、経営が要求されるのである。

2　組織とガバナンス

　上にのべた目的を達成するために、大学の組織と機能をどのように配置するかが、第二の問題である。

　日本の大学は基本的に、「学部」(ないし「大学院研究科」)を基礎単位としている。これには歴史的経緯があるが、いずれにせよ、学校教育法、大学設置基準はこれを基本的な枠組みとして構成されている。そして、学部・研究科が、教員の帰属組織であり、また意思決定の単位であるとともに、学生の帰属・教育の単位でもある。いわば「三位一体」の組織となっているために、その独立性が高い。逆にいえば、全学的な視点からの組織改革、資源配分の見直しが難しい。

　もちろん、これには大学によって大きな相違がある。一方で小規模の大学では単独の学部でできているものもある。また複数の学部からなっていても、歴史的な経緯から、学部の独立性が低い大学もある。他方で、大規模の私立大学では、学部の入学者数が千人を超えるものも少なくなく、学部があたかも一般的な大学の規模と異ならないところも少なくない。

　また学部の自律性にプラスの面も多いことも事実である。とくに大規模大学では、研究教育を、大学全体として管理運営することは実際上には不可能であり、学部・研究科に一定の権限を委譲するほうが効率的である。また学部・研究科あるいは学科などが縦割りの組織として機能することによって、所属する教員が組織の運営と教育に責任感を持って参加するという面もある。

　しかし他方で、強固な縦割りは、それぞれの利害を防御し、大学全体の経

営方針に従って組織の改革を行ううえでは障害となる。また教育に関しては、学術的な原理で構成されることの多い学部・研究科と、学生の教育ニーズとの間にズレが生じやすい。前述のように教育ニーズに応じて柔軟に「教育プログラム」を設定することが求められる。さらに教養教育においては、学部をまたがった教員の参加が必要となる。こうした課題にこたえるには、教員の帰属組織とは別の次元として、教育組織を設定することが考えられる。

研究においても、学術的な自律性にもとづく発展だけでなく、大学外の企業や自治体などと人的・組織的な交流をしつつ新しい研究の発展の方向を見出すことが要求される。教育、研究の両面で、大学の枠を超えて社会との相互作用を拡大することによって機能を高度化することが求められるのである。

こうした点からみても、現在の大学のガバナンスには再検討するべき点が少なくない。すでに前述の学部などへの縦割り組織と関連して、学部教授会の役割が問題にされ、2015年の学校教育法改正によってそれが一定の修正を加えられた。しかし私立大学については理事会と評議員会の並存、学長と理事会との関係、などについてはまだ問題も少なくない。また国立大学法人については、形式上は学長に与えられた権限がむしろ過大であるという批判もある。大学経営がより積極的になされなければならないとすれば、ガバナンス上の監督機能と、執行・運営機能とをどのように分化させるかが問題となる。また教員参加を、どのような形で活用するかも問題となる。

3 資源配分と教職員の役割

第三の次元は、資源配分と、教職員の役割である。　前述のように日本の大学は学部などの縦割り組織に分離され、さらに教育研究は個々の教員に付託される傾向が強い。それは大学が本質的に専門性の高い知識にかかわる機能をもつために、モノやサービスの生産のように明確な分業体制をとれないことに起因している。そのために大学内での資源配分は、慣行により、あるいは下位組織と大学との交渉によって行われてきた。

しかし下位組織や教員個人の裁量性が強くなることは、組織としてみれば機能の重複や、非効率的な資源配分が行われる可能性が高くなることを意味

する。特に教育面でみれば、基本的に重要なのは在学中に、大学全体として
どのような教育経験を与えられるか、という点である。しかも教育の高度化
を限られた資源で達成することが要求されるとすれば、その観点から授業の
配置、施設・設備などの教育条件を見直すことが重要となる。

　また従来の、下部組織に対する分配を軸とする体制では、教育、研究の目
的別にみたコストの把握を行う必要が必ずしもなかった。しかし流動的な教
育プログラム制をとろうとすれば、必然的にコストの把握が必要となる。ま
た研究面での企業や研究所との連携などにおいても、大学としてのコストの
把握が重要になる。大学が社会に対してより開かれるためには、大学として
のコストと利益、という観点が不可欠となるのである。

　また教育研究の機能の高度化は、個々の教員だけでなく、大学が組織とし
ていかに有効に機能するかにかかっている。そのためには、職員の活動をい
かに高度化するかが課題となる。大学の経営機能自体の高度化のための職員
の役割は言うまでもないが、教育研究の支援、学生の生活・学習の支援に、
職員の専門的な役割も重要になっている。こうしたニードにこたえる職員の
知識技能の高度化と、それに対応したキャリアの形成が課題となる。

　他方で教員の役割も再検討の余地が大きい。一般に大学の教員は、学術的
な専門領域を単位として雇用され、いったん雇用されたうえは、教育、研究
などの業務への時間の配分は、個々の教員の裁量に任される。結果として授
業時間、それに関連する準備、さらに研究の総量を大学はコントロールでき
ない。

　しかし上記のように縦割りの組織から、より柔軟な機能的組織原理に移行
するとすれば、個々の教員がどのように教育・研究に時間を配分するかが明
示化されることが不可欠となる。また前述の大学の効率化への社会の強い要
求からみれば、教員の職務達成に何等かの報償を対応させることも、もはや
タブーとするべきではない。

　ただしこれは教員の自発性や、大学運営への参加を否定するものではない。
むしろ新しい社会経済の多様化するニードにこたえるには、教員の自律的な
アイデアがきわめて重要であり、それを活かすための組織とその運営が問わ

第 12 章　大学経営・政策の展望　251

れるのである。

おわりに

　20 世紀後半の量的拡大から、21 世紀の恒常的な質的革新への、高等教育の発展の論理の転換は、社会経済の構造変化に根差すものである。この転換をどう遂げるかは高等教育の将来を左右するとともに、日本の社会経済の将来をも左右する。そのために高等教育政策と、個々の大学がどのような改革を構想し、実現していくのか。きわめて厳しい問いが今、出されている。

注
1　1956–73 年度平均 9.1%、1974–90 年度平均 4.1%、1991–2011 年度 0.8%。内閣府『国民所得統計』各年。
2　総務省『日本の統計』表 2-1　http://www.stat.go.jp/data/nihon/02.htm。将来推計は国立社会保障・人口問題研究所 http://www.ipss.go.jp/pp-shicyoson/j/shicyoson13/t-page.asp。
3　『学校基本調査』、各年。
4　金子 2012。
5　「ジョブ型」に対する概念は、「メンバーシップ型」とされることが多いが、本章では前述の「企業内キャリア型」という言葉を用いる。
6　『学校基本調査』各年から算出。

引用・参考文献
天野郁夫　2016、『新制大学の誕生』（上、下）、名古屋大学出版会。
金子元久　2017、「奨学金のポリティカルエコノミー」、『生活協同組合研究』493（2017 年）、
　　　pp.5-13。
───　2017、「大学の組織とガバナンス ─視点と国際比較」、『大学研究』40、（2014
　　　年 4 月）pp.1-17。
───　2015、「高等教育研究の構図」、『大学論集』47（2015 年 3 月）、pp.44-56。
───　2012、『大学教育の再構築』、玉川大学出版部。
喜多村和之　2001、『現代大学の変革と政策─歴史的・比較的考察』玉川大学出版部。

事項索引

英数字

12 世紀ルネサンス ······················23
21 世紀 COE プログラム ·············199
21 世紀答申 ···············150, 155, 159
1991 年答申『大学教育の改善について』····149
FD（faculty development）···········121, 159
FFP ·······································178
GHQ ·····································195
GPA ······································159
IR（Institutional Research）······18, 78, 102, 109,
126, 128, 137, 139-141, 143, 174, 186, 187
KPI（Key Performance Indicators）·······199, 200
National Science Foundation·····················167
NPM（New Public Management）·········66, 197
OECD ····································196
PD（professional development）·············121
PI ··174
QRP·······································179
RA ·······································173
SD（staff development）··················121
TLO·······································175
UNESCO ·································196
URA（University Research Administrator）
························102, 109, 175, 186, 187

ア行

アウトリーチ ··························176
アカウンタビリティ··········17, 75, 160, 161
アカデミック・リーダーシップ ·············79
アクティブ・ラーニング ·················160
アクレディテーション（基準認定）····36, 76, 195
アジア太平洋大学交流機構 ···············196

アドミッション・ポリシー·············125, 162
アマースト・カレッジ ···················33
アメリカ研究大学協会 ···················35
アメリカモデル ·························153
安全保障技術研究推進制度 ···············182
育英主義 ································49
一般教育 ··············32, 35, 153, 154, 155
イノベーション ····················172, 176
ウィリアムズ・カレッジ ·················33
ウニベルシタス·························23
運営費交付金········12, 69, 88, 90, 96, 102, 103,
151, 170
エクステンション事業（プログラム）··········35
エラスムス・プログラム ·················196
エンロール・マネジメント······127, 141, 143, 201
欧州による国際単位互換システム ···············196
欧米モデル ·····························31
オープンサイエンス·················176, 177
オックスフォード大学 ···················24
オックスブリッジ······················24-26
親代わりの教育·························27
お雇い外国人 ···························32

カ行

カーネギー教育振興財団 ·················29
カーネギー分類·························5
海外ブランチキャンパス·················196
外国大学の日本校 ······················190
改ざん ································178
外部資金 ·····························92, 93
科学技術基本計画 ·············171, 172, 176
科学技術振興機構 ······················170
科学技術振興基本法·····················194

科学技術政策 ················ 169, 171, 194
科学研究費 ···················· 167, 170
夏期コース ·························· 35
科挙 ································ 30
学位プログラム ····················· 82
閣議決定 ·························· 172
閣議決定「日本再興戦略」············· 186
学群・学系 ························ 151
「学群・学系」制 ··················· 149
学士課程教育 ······················ 156
学士課程答申 ·············· 159, 160, 162
学習する組織 ······················ 228
学士力 ························ 11, 161
学制 ····························· 189
学生の学習成果 ···················· 147
学生の多様化 ······················ 147
学部自治 ·························· 150
学部制の欠点 ························ 82
学問の自由 ······· 149, 221-223, 226, 227, 230
学寮 ······························ 23
課題達成型研究 ················ 170, 172
課題探究能力 ······················ 156
学科目制 ·························· 151
学校教育法 ········· 15, 16, 18, 56, 148, 149, 152,
162, 248, 249
学校法人会計基準 ···················· 98
ガバナンス ········ 6, 16, 17, 41, 56, 58, 60, 61, 65,
69, 70, 73, 74, 76, 79, 88, 117, 152, 153, 203,
209, 213, 214, 220, 221, 224, 228-230,
248, 249
株式会社立大学 ················ 190, 215
カリキュラム・ツリー ··············· 163
カリキュラム・ポリシー ·········· 125, 162
カリキュラム・マップ ··············· 163
監査 ······················ 88, 99-101
間接経費 ···················· 116, 171, 172
管理 ····························· 209
官僚型 ···························· 80
官僚型モデル ························ 63

官僚制 ···························· 62
旗艦大学 ···························· 34
機関リポジトリ ···················· 176
企業家的大学 ························ 78
企業制 ···························· 62
基準認定 ·························· 195
規制緩和政策 ······················ 147
基盤的経費 ···················· 92, 102
基本金 ······················ 98, 106
基本計画 ·························· 171
キャップ制 ························ 159
旧制高等学校 ···················· 32, 154
給付型奨学金 ······················ 144
教育課程 ········· 147, 148, 153-155, 157, 163
教育研究評議会 ···················· 100
教育の質保証 ···················· 54, 194
教育の実施組織 ···················· 147
教育の収益率 ···················· 51, 53
教育プログラム ···················· 210
教授会 ···················· 148, 149, 249
教授会自治 ············· 148, 214, 217, 220
教授・学習過程 ············· 147, 158, 159
業績評価 ················· 115, 118, 119
競争的資金 ········· 92, 102, 160, 162, 171
共同統治 ···························· 77
業務監査 ·························· 100
教養部 ···················· 150, 154, 155
グローバル COE プログラム ··········· 199
クロスアポイントメント制度 ··········· 185
軍事技術 ······················ 182, 183
軍事研究 ······················ 182, 183
軍民転換 ·························· 183
経営協議会 ························ 100
経営主義 ·························· 211
経営戦略 ···························· 87
慶應義塾大学 ······················ 190
経済財政諮問会議 ·················· 197
経常費補助金 ···················· 12, 102
研究公正 ·························· 178

事項索引　255

研究広報 ……………………………176
研究大学 …………28, 30, 34-36, 169
研究代表者 …………………………173
研究と教育の統一 …………………27
研究評価 ……………………………168
研究不正 ………………………178, 179
研究マネジメント ……166, 169, 172, 174, 175,
　　　　　　　　　177, 184, 186, 187
研究倫理 ……………………………177
ケンブリッジ大学 …………………24
合格率 ………………127, 128, 134
公共性 …………………………73, 216
講座制 …………………………82, 151
高授業料／高奨学金政策…128, 130, 131, 133,
　　　　　　　　　135, 141
工場等制限法 ………………………73
合成総合指標 ………………………168
高等教育のマス（大衆）化・ユニバーサル（普
　遍）化 ……………………………210
コーネル大学 ………………………29
国際化拠点整備事業 ………………199
国際戦略本部 ………………………198
国子監 ………………………………30
黒人大学 ……………………………34
国民団 …………………………23, 24
国有地交付 …………………………190
国立学校設置法 ……………………154
国立学校特別会計 ……………12, 86
国立学校法人法 ……………………152
国立大学会計基準 …………………95
国立大学の法人化 …………41, 55, 67
国立大学法人 …………………86, 195
国立大学法人評価委員会 …………100
国立大学法人法 …………………16, 69
国連 …………………………………190
国連大学 ……………………………190
コスモポリタニズム ………………24
国公立大学の法人化 ………………197
コミュニティ ………………………152

コミュニティ・カレッジ …………35
コンピテンシー ……………………160

サ行

財団 …………………………………36
サバティカル制度 …………………30
サマースクール ……………………35
サラマンカ大学 ……………………25
澤柳事件 ……………………………223
産学連携 …………174, 175, 180, 187, 194
シーバス・リーガル効果 …………130
ジェネリック・スキル ……………160
私学助成 ………………98, 170, 193
シカゴ大学 …………………………29
志願率 ………………………………127
自己点検・評価 ……………………8
自主性 …………………………216, 217
市場化 …………………………3, 5, 137
自生型大学 …………………………24
施設整備費補助金 ……94, 96, 97, 105
慈善活動 ……………………………29
実験室 ………………………………28
質的転換答申 …………152, 159, 161, 162
指定国立大学制度 …………………247
指定国立大学法人 …………………200
儒教伝統型 ……………………205, 206
ジュニア・カレッジ ………………35
書院 …………………………………30
上級管理職 ……………………203, 204
情報開示 ……………………………244
情報公開 …………135, 137, 138, 244
将来像答申 ……………………151, 156
植民地カレッジ ………………26, 30
女子カレッジ ………………………34
ジョンズ・ホプキンズ大学 ……29, 30
シラバス ……………………………159
私立学校振興助成法 ……8, 41, 71, 158
私立学校法 …………………………16
素人支配、市民支配 …………26, 77

四六答申 …………………148, 158, 199
新公共経営 ………………………195
人事考課 ………117, 118, 120, 121
人事評価 ………………………120
新自由主義 ………………………147
人的資本理論 ……………………51
人的資本論 ………………………53
スーパーグローバル大学育成事業 …………197
スーパーグローバル大学創成支援事業
…………………………186, 199
スコープとシーケンス ……152, 163
スタンフォード大学 ………………29
ストゥディウム ……………………23
スワルスモア・カレッジ ……………34
政策評価 ………………………200
政治型モデル ……………………64
世界大学ランキング ……169, 185, 194
責務相反 ………………………181
設立型大学 ………………………24
ゼミナール ………………………28
セメスター ………………………159
全学出動方式 ……………………155
選択と集中 ………………………172
全米カレッジ・大学協会 ……………11
専門学校制度 ……………………8
専門職大学 ………………39, 41, 243
専門職大学院の設置 ………………41
戦略経営 ………………209, 213
戦略計画 ……………88, 139, 140
戦略的マネジメント ………………78
総合的国際化 ……………………203
組織文化 ………………………80

タ行

大学院重点化 …………41, 150, 201
大学改革支援・学位授与機構 ………157
大学改革実行プラン ………………67
大学寡頭制 ………………………62
大学基準協会 ……………………195

大学教授資格 ……………………221
大学経営人材 ……………………80
大学出版部 ………………………35
大学進学機会の平等性 ……………47
大学進学率 ………………147, 148
大学審議会（大学審）………149-151, 154, 156,
157, 159
大学設置基準（の大綱化）………8, 41, 151,
154-159, 195, 237, 244, 248
大学組織文化 ……………………117
大学団体 ………………………36
大学独自奨学金 ……128-130, 132-134
大学の自主性 ……………………71
大学の自治 ………149, 214, 217, 218, 222, 223,
226, 230
大学の使命 ………………56, 58
大学の種別化 ……………………40
大学発ベンチャー ………………175
大学評価・学位授与機構 ……………157
大学ポートレート ………………138
大学ランキング ……………………5
大講座制 ………………………150
第三の職 ………………………122
大衆化 ………………42, 236-238
第二次モリル法 ……………………34
貸与奨学金 ……234, 241, 242, 245, 246
タウン（街）とガウン（大学）………24, 25
滝川事件 ………………………223
タクシャシラ ……………………30
単位制 ………………………153
短期大学 ………………………32
チェア ………………………81
知識基盤社会 ……………………192
知的財産権 ………………………181
知的財産権管理 ……174, 175, 177, 187
地方独立行政法人法 ………………16
中央教育審議会（中教審）………148, 151-153,
156, 159-162, 197
中期目標・中期計画 …………67, 140, 200

事項索引　257

中世大学 …………………………………22
チューター制 ……………………………25
チュートリアル（個人指導）…………34
中南米の大学 ……………………………25
直接経費 …………………………………171
著作権 ………………………………179, 181
筑波大学 ……………………………149, 151
ティーチング・アシスタント ………159
定員超過率 …………………………127, 144
帝国大学 ……………………………32, 189
帝国大学令 ………………………………189
ディプロマポリシー ………125, 162, 163
テニュア …………………………………173
デパートメント・カレッジ ……………81
デュアルユース技術 ………………182, 183
デュアルユース・ジレンマ …………183
ドイツモデル ……………………………153
東京大学 ……………………………32, 189
東京帝国大学 ……………………………32
東大ポポロ事件 …………………………223
盗用 ………………………………………178
同僚制 …………………62, 211-213, 228, 229
同僚平等型（モデル）………………63, 80
遠山プラン …………………………196, 199
独立研究科 ………………………………150
独立専攻 …………………………………150
独立大学院 ………………………………150
戸水事件 …………………………………223

ナ行

ナーランダー ……………………………30
ナショナリズム …………………………24
ナンバリング ……………………………163
二重投稿 ……………………………179, 180
日本学術会議 ………………………163, 184
日本学術振興会 ……………167, 169, 179
日本学生支援機構 ………………………242
日本再興戦略 ……………………………172
ニューヨーク市立大学 …………………34

ニューヨーク大学 ………………………34
認証評価（制度）……8, 41, 161, 169, 195, 244
捏造 ………………………………………178
ノースウェスタン大学 …………………34

ハ行

パートタイム学生 ………………………35
ハーバード大学 ……………………29, 190
ハーバード・カレッジ …………………26
パリ大学 ……………………………23, 24
ピアレビュー（同僚評価）……………168
評議員会 …………………………………249
ファカルティ ……………………………81
ファカルティ・デベロップメント（FD）………159
ファシリティ・マネジメント …………173
ファンディング・プログラム …… 170-172, 175, 186
歩留まり率 …………………127, 128, 134
プロジェクト型の研究 …………………168
プロフェッショナル・スクール ……29, 35
プロボスト ………………………………77
分派型大学 ………………………………24
フンボルト・モデル ………………214, 221
フンボルト理念 ……………………28, 238
ベルリン大学 ………………………27, 28
包括的国際化 ……………………………204
法人化 ……………………………………151
法人制 ……………………………………62
法人評価 ……………………………67, 195
法人評価委員会評価 ……………………102
ポートフォリオ …………………………161
ポートレート ……………………………139
ポスドク …………………………………173
ポストドクトラルフェロー ……………181
ボストン大学 ……………………………34
ボローニャ宣言 …………………………195
ボローニャ大学 …………………………23

マ行

マス化 ……………………………………131

マドラサ ……………………………30

マネジメント………6, 17, 41, 58, 60, 61, 147, 152,
　　153, 162, 163, 209, 210, 212, 214, 224, 229

マルチファンディング・システム…………169

マンパワー政策 ……………………………50

ミッションの再定義 ………………67, 225

南カリフォルニア大学 ……………………34

民軍転換 ……………………………………183

ムセイオン ……………………………………30

無秩序型（モデル）………………64, 80

目標による管理 ……………………………89

森戸事件 ……………………………………223

モリル法 ……………………………………34

ヤ行

ユニバーサル化 ……………………………236

ユニバーシティ ………………28, 29, 33

ユニバーシティ・リサーチ・アドミニストレーター
　　………………………………………102

ゆるい連結 ……………………………………65

ラ行

ランドグラント・カレッジ（国有地賦与大学）…34

リーダーシップ………6, 17, 60, 61, 73, 79, 80, 152,
　　153, 196, 203, 204, 211, 228

利益相反 ……………………………180, 182

理事会 ……………………………………249

リスクマネジメント ……………………166

リベラルアーツ・カレッジ ………………33, 34

留学生 30 万人計画 ………………197, 199

留学生受入れ 10 万人計画………191, 193, 197

臨時教育審議会（臨教審）………154, 191

倫理委員会 ……………………………………182

ルース・カップリング …………………211

ルーブリック ……………………………161

連合軍総司令部（GHQ）………………32

ローカリズム ……………………………24

ロックフェラー財団 ……………………29

ワ行

早稲田大学 ……………………………………190

人名索引

Altbach	31, 199	天野郁夫	32, 42, 82, 152
Baldridge	6	有馬朗人	191
Becher	109	市川昭午	43
Bolder	213	岩崎保道	119
Bothwell	206	潮木守一	28, 221
Brewer	5	江原武一	65
Bryman	211, 218	エリオット, C	29, 30
Dearlave	229	王帥	80
Dfeffen	115	大﨑仁	67
Geiger	35	太田治	204
Goodman	191	大塚豊	31
Gouldner	109	大場淳	79
Henkel	211	大森不二雄	212, 228
Knight	190	小川正人	14
Jauch	109	海後宗臣	32
Langton	115	梶間栄一	98
Lasher	6	片山英治	140
Lowe and Yasuhara	22	カーネギー	29
Marginson	206	金子元久	3, 10, 65, 236, 242
McNay	62	川島啓二	151
Neave	180	カント	27
Newlby	213	ギルマン, D	29
Paradeise	67	草野克豪	42
Pfeffer	115	クラーク	6, 61, 62, 83, 213
Psacharopoulos	47	小林信一	166, 177
Quinn	2ll	小林雅之	78, 139
Schuetge	65	コーネル	29
Selvaratnam	31	斎藤泰雄	26
Shattock	65	佐々木恒男	118
Sporn	78	佐藤由利子	193
Teelken	115	篠田道夫	79
Trow	33	寺﨑昌男	32, 82
Weick	109, 211	遠山敦子	196, 197

徳永保	204	ホワイト, A	29
ドラッカー	56	丸山文裕	100, 106
トロウ, M	33	水田健輔	100
中山茂	31, 32	両角亜希子	65
夏目達也	80	矢野眞和	47, 54
野中郁江	98	山田礼子	78, 139
羽田貴史	16, 31	山本清	103
バーンバウム	62	吉田文	161
ハイエク	227	横田雅弘	203
ハーパー, U	29	米澤彰純	206
ピーターソン	65	ラポフスキー	139
フィヒテ	27	ロックフェラー	29
古市雄一朗	96, 98-100	ワイズブロッド	131
フンボルト	27	渡辺孝	73
ホプキンズ, J	29		

iii

目次／大学経営・政策入門

まえがき ……………………………………………………………………………… i

第1章　大学の経営・政策と市場

小方直幸 …………3

本章のねらい（3）

第1節　高等教育と市場 ……………………………………………………………… 3

第2節　教育機会市場と大学経営・政策 …………………………………………… 6

第3節　教育機会市場の教育の質へのインパクト ………………………………… 8

第4節　労働市場と大学経営・政策 ………………………………………………… 10

第5節　高等教育財政と大学経営 …………………………………………………… 12

第6節　政策をめぐる市場と大学経営・政策 ……………………………………… 14

第7節　大学のガバナンス：組織・意思決定・教育プログラム ……………… 16

第8節　大学情報市場と大学経営・政策 …………………………………………… 17

引用・参考文献（19）

第2章　大学の理念・制度・歴史

福留東土 ……… 20

本章のねらい（20）

第1節　大学の「比較」と「歴史」………………………………………………… 20

第2節　大学の誕生と近代以前の大学 ……………………………………………… 22

　　1　中世ヨーロッパにおける大学の誕生（22）

　　2　近世における大学の変容―都市・国家・宗教との相克（23）

　　3　イギリスの大学（24）

　　4　アメリカの大学：中南米と北米の対照（25）

第3節　近代大学の成立と発展 ·· 27

　　1　近代大学の嚆矢ベルリン大学（27）

　　2　米国におけるユニバーシティの発展（28）

　　3　アジアにおける「学問の府」と大学の近代化（30）

　　4　大学の多様化と標準化（33）

引用・参考文献（37）

第3章　高等教育政策の特質

矢野眞和 ········ 39

本章のねらい（39）

第1節　新制大学の制度的困難 ··· 39

　　1　五つの困難（39）

　　2　15年改革（42）

第2節　改革（制度論）から政策（資源論）へのパラダイムシフト ····················· 42

　　1　政策という言葉の使われ方（42）

　　2　規範的分析の欠如と財政研究の貧困（43）

　　3　改革から政策への転換（45）

第3節　大衆大学の政策課題を考える ··· 47

　　1　機会の平等性と二つの効率性（47）

　　2　不平等を隠蔽する育英主義（48）

　　3　大衆化と平等化は効率的である（50）

　　4　学習効率と雇用効率の接続（53）

第4節　大学の使命：冒険・時間・仲間 ·· 55

　　1　政策と経営の協力体制（55）

　　2　大学の使命（55）

　　3　冒険・時間・仲間（56）

引用・参考文献（58）

第4章 大学の組織

両角亜希子……60

本章のねらい（60）

第1節 なぜ大学組織論を学ぶのか………………………………………………… 60

第2節 大学組織モデル：大学はどのように動いているのか……………………… 62

    1 同僚平等型モデル（63）

    2 官僚型モデル（63）

    3 政治型モデル（64）

    4 無秩序型モデル（64）

第3節 ガバナンスから見た大学組織の特性……………………………………… 65

    1 3つのモデル（65）

    2 国立大学のガバナンス（67）

    3 私立大学のガバナンス（71）

    4 アメリカの大学のガバナンス（74）

第4節 大学のマネジメントとリーダーシップ…………………………………… 78

    1 戦略的マネジメントの導入と発展（78）

    2 政策にみるリーダーシップ強化策（79）

    3 構成員の参加を促すアカデミック・リーダーシップ（79）

第5節 基本組織単位……………………………………………………………… 81

    1 2つのモデル：講座（チェア）・ファカルティとデパートメント・カレッジ（81）

    2 日本における内部組織（82）

おわりに………………………………………………………………………………… 83

引用・参考文献（83）

第5章 大学の財務管理

丸山文裕………… 86

本章のねらい（86）

第1節 財務管理の目的とプロセス………………………………………………… 87

第2節　財源と財務管理体制 ……………………………………………… 90

　1　予算獲得と学内配分（90）

　2　財務管理体制と今後の課題（92）

　3　施設整備（94）

第3節　財務諸表の作成とその活用 ……………………………………… 95

　1　財務諸表（95）

　2　学校法人会計基準との違い（98）

　3　内部・外部の監査と評価（99）

第4節　国立大学のマクロな財政・財務状況 ………………………… 101

　1　マクロ財政（101）

　2　国立大学の財務状況（102）

　3　国民負担状況と予算決算（105）

引用・参考文献（106）

第6章　大学の人事管理

山本　清 ……… 108

本章のねらい（108）

第1節　大学の組織管理と人事管理 …………………………………… 108

　1　大学組織と人事（108）

　2　職種（109）

　3　身分（110）

第2節　採用・配置転換・昇進・退職管理 …………………………… 111

　1　採用（111）

　2　配置転換（含む出向）（112）

　3　昇進（112）

　4　退職（112）

第3節　給与・処遇 ……………………………………………………… 113

　1　給与（114）

　2　教員の業務実態（116）

第4節　人事考課 ……………………………………………………………………… 117

　　1　教員評価（118）

　　2　職員評価（119）

　　3　人事考課の活用（120）

第5節　研修・育成・規律 ……………………………………………………… 120

引用・参考文献（122）

第7章　学生の募集戦略

小林雅之 …… 124

本章のねらい（124）

第1節　学生募集戦略の重要性 …………………………………………… 124

第2節　エンロールメント・マネジメント ……………………………… 126

第3節　授業料と奨学金の設定 …………………………………………… 128

　　1　高授業料／高奨学金政策の展開（129）

　　2　高授業料／高奨学金政策への批判（131）

第4節　授業料と大学独自奨学金の設定 ……………………………… 133

第5節　大学の情報公開・広報と学生募集 …………………………… 135

　　1　大学の情報発信と情報公開（135）

　　2　大学ポートレート（138）

第6節　戦略計画とIRの重要性 …………………………………………… 139

第7節　日本の大学における学生募集戦略のポイント ……………… 141

引用・参考文献（145）

第8章　教学のマネジメント

吉田　文 …… 147

本章のねらい（147）

第1節　教育が実施される組織 …………………………………………… 147

　　1　学部・学科という剛構造（147）

2　1990年代の改革論議・2000年代の教教分離（149）

　　3　教育マネジメントとガバナンス（152）

第2節　教育課程……………………………………………………………………153

　　1　ドイツモデルからアメリカモデルへ（153）

　　2　一般教育から教養教育へ（155）

　　3　学部名称の多様化（156）

第3節　教授・学習過程……………………………………………………………158

　　1　講義中心の教授スタイル（158）

　　2　学習の制度化（158）

　　3　能力の涵養と学習成果の測定（160）

引用・参考文献（164）

第9章　研究のマネジメント

小林信一 ……… 166

本章のねらい（166）

第1節　大学と研究………………………………………………………………166

　　1　大学における研究の変容（166）

　　2　研究に対する大学の関与の変容（167）

第2節　科学技術政策と大学の研究……………………………………………169

　　1　研究資金配分の基本と研究マネジメント（169）

　　2　科学技術政策の動きとその影響（171）

第3節　大学の研究体制と研究マネジメント………………………………172

　　1　研究組織における研究マネジメント（172）

　　2　研究戦略・企画、研究マネジメントの体制（174）

　　3　研究成果の管理（176）

第4節　研究に対する規制と制限………………………………………………177

　　1　研究倫理（177）

　　2　研究公正・研究不正（178）

　　3　グレーゾーンの行為と二重投稿（179）

　　4　利益相反（180）

5　研究の自律と規律の境界（182）

　第5節　大学を超える研究 ……………………………………………… 184

　　1　大学を超える研究基盤の構築と維持・発展（184）

　　2　国際的展開への対応（185）

　引用・参考文献（187）

第10章　大学の国際化

米澤彰純 ……… 189

　本章のねらい（189）

　はじめに：大学経営・政策と国際化・グローバル化問題 ………………… 189

　第1節　日本の高等教育の国際化と国際環境 …………………………… 191

　　1　国際化政策の始まり（191）

　　2　構造変動への対応（192）

　　3　グローバル競争の本格化（196）

　　4　大学国際戦略の強化（198）

　　5　国際競争を意識した機能分化（200）

　第2節　大学経営における国際化の実際 ………………………………… 201

　　1　ヒトの国際移動（201）

　　2　キャンパスの国際化（203）

　　3　総合的国際化（203）

　おわりに ……………………………………………………………………… 204

　引用・参考文献（206）

第11章　大学のガバナンス

大森不二雄 …… 209

　本章のねらい（209）

　第1節　大学マネジメントの世界的潮流と日本の大学ガバナンス ……………… 209

　　1　「管理」から「経営」へ（209）

x

  2 「同僚制」と「経営主義」（211）

  3 海外から見た日本の大学ガバナンス（212）

  4 大学ガバナンス法制の国際比較の重要性（213）

第2節　日本の大学ガバナンス法制と近年の改革………………………………215

  1 設置者管理主義と大学管理機関（215）

  2 私立大学と学校法人の関係（216）

  3 法人化前の国公立大学：大学管理機関は法定されず（218）

  4 法人化後：大学管理機関としての学長（219）

  5 大学ガバナンス改革（220）

第3節　大学の自治とガバナンス法制の国際比較………………………………221

  1 万国共通の大学ガバナンス法制は存在しない（221）

  2 ドイツにおける大学の自治に人事の自治は含まれない（221）

  3 米国における大学の自治は理事会の自治（222）

  4 教員人事の自治を中核とした日本の大学の自治（222）

第4節　大学ガバナンス再考…………………………………………………………223

  1 国際比較を踏まえた大学ガバナンスの考察（223）

  2 学問の自由と大学の使命のために（226）

  3 二項対立を超えて（228）

引用・参考文献（230）

第 12 章　大学経営・政策の展望

金子元久………233

本章のねらい（233）

第1節　社会の変化と大学……………………………………………………………233

  1 低成長、少子高齢化（233）

  2 グローバル化と産業・職業構造の変化（235）

  3 大学進学者の変質（236）

第2節　高等教育への要求……………………………………………………………237

  1 大学教育・学修の実効化（237）

  2 大学教育・職業リンクの再形成（239）

3　高度化・効率化（241）

第3節　21世紀の高等教育システム・制度・政策 ………………………… 242

　　1　高等教育システムと政策の転換（242）

　　2　質的高度化・保証の枠組（243）

　　3　資源動員（244）

第4節　大学の課題 ……………………………………………………………… 246

　　1　選択と戦略（246）

　　2　組織とガバナンス（248）

　　3　資源配分と教職員の役割（249）

おわりに ………………………………………………………………………… 251

引用・参考文献（251）

事項索引 ………………………………………………………………………… 253

人名索引 ………………………………………………………………………… 259

大学経営・政策入門

第1章　大学の経営・政策と市場

小方直幸
（東京大学大学院教育学研究科教授）

本章のねらい

　この章は、本書全体の導入的な役割を兼ねており、以降の章で扱う内容を可能な限り横串しにすることを目的としている。そのため、1つのキーワードとして、現在の大学改革を突き動かす力学ともなっている市場に着目し、大学経営・政策を取り巻く状況を事実レベルで俯瞰する。1世紀近く前の1930年に、大学改革の根本は使命の明確化であり、既存の大学改革は大学の存在意義と対峙していないと喝破したのは、スペインの哲学者オルテガである。個々の大学また制度としての大学が、その理念や使命に基づいて、自律的にその存在価値や意義を維持・向上させていくことの重要性は論を俟たない。他方で、時代から遊離したままの理念や使命は脆弱であり、現実と切り結ぶことによってこそ、鍛えられ頑強となる。そのためにも、市場との対話の向こうに見える大学像を掴んでおくことには意義がある。

第1節　高等教育と市場

　高等教育の市場化に関して例えば金子（2006）は、教育、研究、資金という3つの市場から論じているが、大学の立場からすると、前の2つは機能に関わり、最後の1つは教育と研究の機能を遂行するための手段と関わる。個々の大学は、自らの機能に応じた実践とその基盤となる原資調達に向けて、複数の市場に参入し競争している。

　1つは、学生をめぐる競争であり、教育機会の市場である。学生をめぐる

競争は、個々の大学の特徴に応じてさらにセグメント化されている。最も優れた学生の獲得に向け競争している大学群もあれば、入学定員を埋めるための学生獲得に向け競争している大学群もある。全ての大学が同じ市場に参入しているわけではない。加えて、教育機会市場における学生獲得をめぐる競争は入口の競争だが、出口すなわち労働市場における競争とも連動している。就職は学生にとって大学選びの一大関心事である。大学は卒業後に活躍できる学生を獲得しようとし、また彼らに在学中に付加価値をつけて労働市場に送り出す。そのため、将来的に有望な市場と思われる専門分野、つまり学部・大学院の新設や改組も行う。

　学生獲得時に教育の供給者であった大学は、学生卒業時には、いわば「商品」としての学生を労働市場に送り出す供給者となる。だから学生獲得競争は、資源をめぐる競争である。資源という意味で大学は、学生以外の資源をめぐっても競争している。それは大きく4つある。1つは政府からの財政支援をめぐる競争、2つ目は研究資金をめぐる競争、3つ目は私的寄付をめぐる競争であり、4つ目は教職員の獲得をめぐる競争である。このうち政府からの財政支援は、設置者によって大きくセグメント化されており、研究資金もまた、個々の大学が研究機能をどう位置づけるかで、市場への参入や資金の獲得状況が大きく異なる。政府資金や研究資金に比べ、寄付や教職員はマクロに捉えることは難しいが、個別大学の経営や戦略にとっては、重要な要素である。

　このうち、個々の大学間の競争の激化、即ち個々の大学の経営の持つ意味を大きく変貌させたのは、教育機会市場に関わる人口動態である。進学該当年齢の人口動態は、学生獲得競争に大きな影響を及ぼしてきた。高等教育の規制緩和や非中央集権化もまた、大学経営の重要性をクローズアップすることとなった。高等教育の供給規模や授業料設定に関して政府の役割が減少するに伴い、高等教育に対する公的財政の占める割合も減少し、個々の大学は政府以外からの資金調達の模索を余儀なくされる。この過程で、政府以外の例えば産業との連携も強化され、そのことは研究資金の獲得をめぐる競争にも影響を及ぼす。加えて、資金調達の多様化・多元化は、好奇心駆動型の探

究という伝統的な大学の役割自体にも、変革をもたらすインパクトを持つ。

　このように、大学は複数の市場に参入し、その参入状況も大学間で一様でない。そのため、大学の参入状況を把握する際に、大学の分類が必要となる。最も一般的なものは、設置者別の分類である。だが同じ設置者でも、大学の性格は大きく異なる。個々の大学には、ベンチマークしている大学も個別に存在する。わが国には例えば米国のカーネギー分類のような、設置者を超えた分類は存在しない。大学全体や国立大学、私立大学の中での分類に関しては、学部の構造や研究機能、立地、設置年や規模などに着目したものがあるものの、系統的に用いられる分類とはなっていない。また大学の分類は、例えば昨今の国立大学政策として、運営費交付金の配分を「地域に貢献する大学」「特色ある分野で全国的な教育研究を行う大学」「世界で卓越した教育研究を行う大学」の3分類に基づいて重点配分するなど、資金の市場とも連動している。

　だが市場への参入を理解するための分類論が仮に構築できたとしても、それで学生や他の資源をめぐる競争に関わる個別大学の行動が明らかにできるわけではない。学生をめぐる競争で同じ市場に参入していても、資金をめぐる競争では異なる市場に参入しているかもしれない。また大学にとって、資源の獲得は競争の最終目的ではない。大学を、威信のある大学、威信獲得を目指す大学、評判を基盤とする大学に分類したのはBrewerら（2002）だが、大学は、名声や威信の獲得を目指して競争している。大学の名声や威信という点では、いわゆる大学ランキング等で用いられる指標も、大学の行動や政府の高等教育政策に少なからぬ影響を及ぼしている。

　大学は資源獲得のため、従来以上に各種の市場に戦略的に参入する必要性が増しており、市場に参入する大学の行動を理解するツールとして大学の分類や各種の大学情報が必要であることを述べてきた。だがそれは、市場への参入行動の結果として可視化された情報を元に、大学の行動を理解しているに過ぎない。重要な領域として、どのような意思決定を経て市場に参入したのか、といういわばプロセスとしての大学の経営行動が残されている。

　大学は現在、かつてない市場化の波にさらされているものの、大学という

組織は、企業のように明確な目標指向型、つまり組織の目標が共有されているとは言い難く、それ故に組織化された無政府状態（Cohen&March 1974）と呼ばれることもあり、その意思決定も、合理主義というよりも構成員による合意形成（Birnbaum 1988）を基盤とすることに特徴が求められてきた。権威の基盤が学問分野、事業体、システムの何処にあるかで、ガバナンスを大陸型、イギリス型、アメリカ型に分類したのは Clark（1983）で、個別機関レベルの組織論に加え、システムレベルでの組織論の必要性を示すものである。大学のガバナンスモデルには、官僚モデル、同僚モデル、政治モデルの3つがあり、各々のモデルごとに、意思決定の仕方や、リーダーシップ、マネジメントのイメージが異なる（Baldridge 他 1977）ことに加え、学長―学部長―学科長といった階層ライン間の関係も視野に入れておかねばならない。組織運営の複雑さはまた、意思決定だけでなく、予算編成にも及ぶ。個別機関における予算編成は、増分、フォーミュラ、プログラム、ゼロベース、パフォーマンス、インセンティブ、コストセンターの各方式が互いに必ずしも排他的でなく実践されており（Lasher 他 1996）、組織・予算の編成を大学経営という視点で総合的に把握することもまた重要となっている。

　Clark（前掲書）は大学組織を捉えるには、国家と市場と大学のトライアングルモデルの視角が必要と説いたが、大経経営が、政策と市場の影響を受けつつ大学群の中でのポジショニングに応じて実践され、大学政策が、市場の動向と大学の現状を踏まえて立案・実施されていることを踏まえるならば、大学経営・政策もまた、市場を含む三者関係の中で理解していく必要がある。その詳細は、以下の各章で詳述されることとなるので、ここでは、大学が参入する、また大学に影響を及ぼす市場との関係から、大学経営・政策をマクロ的に概括することで、本テキストの導入としたい。

第2節　教育機会市場と大学経営・政策

　大学が関わる市場のうち、政策立案者にとっても個別大学の経営にとっても予測がしやすいのは、教育機会市場である。18 年前の出生数がわかれば、

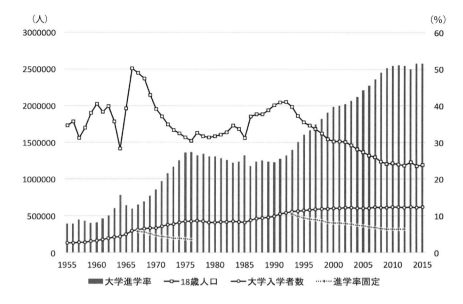

図 1-1　18 歳人口の推移と大学進学状況

大学進学時の高卒者の母数が推察できるからである。これに対して、大学への進学動向は勿論、卒業後のキャリアの見通しや家計の状況にも左右されるが、労働市場つまり経済状況を長期的に予測することは困難である。

　大学経営の領域は多岐に渡るが、学生募集という点では、18 歳人口の水準と進学率の水準が、外的な 2 大要素となる（図1-1）。その 18 歳人口だが、1992 年の 205 万人から 2012 年の 119 万人へと、20 年間で 86 万人も減少した（第Ⅱ急減期）。教育機会市場をめぐる大学経営時代の幕開けである。実は以前にも、同様に急激な人口減を経験したことがあった。1966 年から 1976 年にかけてで、250 万人から 152 万人へと、10 年間という短期間に 18 歳人口が 98 万人も減少したのである（第Ⅰ急減期）。

　図には「進学率固定」という折れ線グラフも描かれている。これは、この 2 つの人口急減期の最初、つまり人口ピーク時の大学進学率を仮に固定した際（具体的には 1966 年の 11.8％、1992 年の 26.4％）の、その後の 10 年間並びに

20 年間の大学入学者の推移を示している。図が示すように、何れの時期も人口減少の影響を受けて、大学入学者は大幅に減少したはずである。ところがそうならなかった。なぜか。同時期に何れも大学進学率が急上昇したからである。大学数も第 I 急減期に 77 校、第 II 急減期には 260 校増えている。

しかしそれ故に、大学教育は課題を抱えることとなる。大学教育の質問題である。大学教育の質問題をもたらすのは、大学進学者の実数ではなく、進学率の水準とその変化のスピードである。第 I 急減期、特に私立大学では入学者の水増し率や教員 1 人あたりの学生数という点で教育条件が悪化し、1970 年に私立大学経常費補助金が創設され、1975 年には私立学校振興助成法が成立し、教育の質をコントロールする施策が実施された。第 II 急減期には、1991 年に設置基準が大綱化され、大学の自主的努力による改革を求める一方、大学の自己点検・評価の努力義務化が行われた。2004 年には文部科学大臣の認証を受けた評価機関（認証評価機関）による評価（認証評価）を受ける制度が始まる。何れの時期も、高等教育政策として、教育の質のコントロール施策が実施された。

第 3 節　教育機会市場の教育の質へのインパクト

教育の質をめぐり大学内部で起こっていることをマクロレベルで理解するには、学生数、職員数と教員数の関係をみればよい。**図 1-2** には、左軸に教員学生比、職員学生比を、右軸に職員教員比を示した。

第 I 急減期に、教員学生比（教員 1 人あたりの学生数）も、職員学生比（職員 1 人あたりの学生数）も数値が上がり、悪化している。教職員数の増加を上回るペースで学生数が増加したからである。その後の 10 年間は、両者ともに下降して教育条件は改善する。政府の昭和 50 年代前期・後期計画により、1976 年には専門学校制度が創設され、高等教育への需要を専門学校専修課程が吸収する一方、大学・短大に対しては量的拡大よりも質的充実が目指されたためである。

上記施策により 1970 年代半ば以降、進学率は横ばいだったが、1992 年ま

図 1-2 本務教員数、本務職員数と在学者数の関係

で 18 歳人口が急増したため、1980 年代半ばから、教員学生比、職員学生比は再び上昇し始める。そして第Ⅱ急減期、職員学生比は一貫して悪化し続け、同じく職員教員比も上昇し続けた。これに対し教員学生比は、1990 年代の半ば以降は下降傾向にある。本務職員数は増加しない一方、本務教員数が増加し続けたためである。

　教員数と職員数は同様の動きをしているわけではない。本務の教職員数の水準には、政策も個々の大学の経営判断も反映される。教職員人件費は、公財政の支出上も個別大学の支出上も、大きな割合を占めるからである。なお、本務者の少なさは、非常勤職員での対応に切り替えられている部分もあり、純粋に教職員の少なさを指すものではない点には留意がいるが、鍵となるのは、教育の質と財務の健全性とのバランスである。

第4節　労働市場と大学経営・政策

　専門分野別の在学者数は、教育機会市場の需要と同時に、労働市場の需要も反映したものである。専門分野別の在学者比率は、長年極めて安定的に推移してきたが、2000年以降は明らかに従来とは異なる動きが見て取れ、何らかの構造的な転換があったと推察される。具体的には、社会科学系の大幅な減少並びに工学系の減少と、それに代わる保健系の大幅な増加で、産業構造の変化に加え、大学の入学者確保策も反映した結果といえる。

　他方で、専門分野別の就職率は大きく変動してきた（図1-3）。学士課程修了者の就職率は、第1次オイルショックで落ち込むが、1970年半ば以降1990年初めまで急速に回復し、専門分野間の差も縮小する。その後は2000年始めまで急激に悪化し、専門分野間の相違もまた拡がる。そしてリーマンショック前後で回復と停滞があり、最近は回復基調にある。ただし、専門

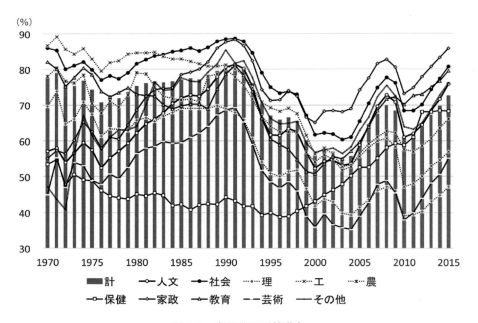

図1-3　専門分野別就職率

第1章　大学の経営・政策と市場　11

分野間の相違は回復期も明確なままであり、1990年前後の状況とは異なる。この背景の1つに、自然科学系では大学院進学者が増えたことも挙げられる。

　大学教育と出口との接点は、就職支援という形で正課外の取組として発展してきたが、キャリア教育という形で正課教育の一部としての取組が始まり、昨今では、学士課程プログラム全体の中で、大学教育の内容が社会や雇用と接点を持つことが求められるようになっている。このことは、若年者就職基礎能力（厚労省2004）、社会人基礎力（経産省2006）、学士力（文科省2008）、就業力（文科省2010）というように、2000年代に矢継ぎ早に大学で身につける能力が議論され、政策誘導のための競争的資金が提供されてきたことに集約されている。

　なお、大学教育の機能をめぐっては、雇用との接点が強調されすぎている面もあるが、市民形成も重要な大学教育の機能であり、例えばアメリカの全米カレッジ・大学協会（AAC&U）は、Liberal Education and Global Citizenship: The Arts of Democracy というプロジェクトに取り組むなど、グローバルな視点も加味した市民教育の議論が盛んになっている。加えて、これまでは卒業率の高さを背景に、就職問題が特に注目されてきたが、退学や留年の状況も、大学や学部別に明らかにされるようになってきている。就職のみに留まらない学生の多様な移動状況に対する政策や個別大学の取組が重要となっている。また、2016年から障害者差別解消法がスタートし、大学における障害学生支援も、今後は大きな課題となってくる。

　上でみてきた教育機会市場、労働市場のマクロ的動向は、個別大学の新増設や学部学科改組に少なからぬ影響を及ぼす。大学の設置・認可については、基準に照らして教育課程や教員組織、施設・設備、財務状況などを審査し、大学設置・学校法人審議会の審査で問題が無ければ認可されることとなっているが、事前規制から事後チェックへという考え方に立った改善が求められ、校地面積基準、一般教育科目等の教育課程に関する規定、専任教員数等について、大幅な弾力化が図られ、2004年からは、学部・学科等の設置では、学問分野を大きく変更しないものは認可を要しないこととし、文部科学大臣に届け出ることで足りることとなった。こうした制度変更も個別大学の動き

を強く規定している。

第 5 節　高等教育財政と大学経営

　日本の高等教育に対する公財政支出の水準は、国際的に見ても低いことが明らかとなっている。我が国では私立大学が高等教育への進学需要の大半を受け止めてきたが、進学者の増加は一般的に、公財政支出の増加を促す。そうでなければ、学生一人当たりの公財政支出の水準が下がるからである。だから、公財政支出の動向は、進学率の動向と重ねて考えるとよい。政府の公財政支出は、1970 年代は一貫して上昇し、その後大学進学率の停滞に合わせて停滞するものの、再び大学進学率が上昇する 1990 年代は上昇する。だが、国立大学の法人化に伴う運営費交付金の削減もあり、2000 年代半ば以降は停滞し、さらに 2010 年以降は下降基調にある。進学率の上昇分を公財政が賄えなくなっている（図 1-4）。

　次に、設置者別に見ると、まず高等教育への公財政出の大きな部分を国立大学への支出が占めるため、2004 年以前の国立学校特別会計時代とそれ以降の法人化時代のデータは不連続だが、全体の動向と国立大学への支出はほぼ同じ形状にある。これに対して、1970 年代は私立大学への経常費助成が急速に進められたことを確認できる。もっともその額は、1980 年以降は伸び悩むこととなる。私学の場合、学生獲得の増加は授業料収入の増加を意味し、経営にプラスの要素となるが、助成をめぐる定員管理は厳格化が進められている。

　このように近年、国立大学の運営費交付金や私立大学への経常費補助金にあたる基盤的資金が減少し、競争的資金・重点配分資金へのシフトが進んでいる。一方、競争的資金としての科研費は、基本的に伸び続けている。1980 年代までの伸びは緩やかだったが、1990 年代以降は急伸した後、近年やや停滞している。科研費の応募は全ての研究者に開かれているが、大学や専門分野間でその配分額は大きく異なる。また、公財政支出全体が減る中、間接経費など大学の財政面への寄与もあるため、科研費の申請を奨励す

第1章 大学の経営・政策と市場 13

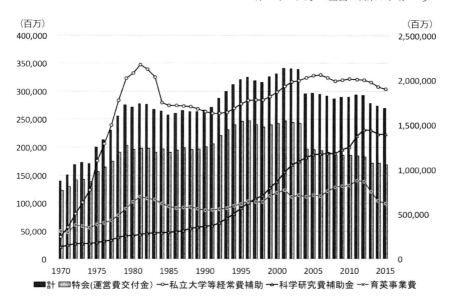

図1-4 公財政支出の推移（2010年価格）

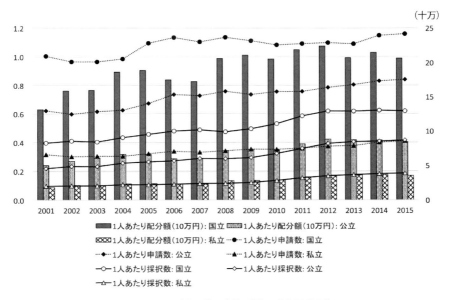

図1-5 科研費の採択状況（設置者別）

る大学は少なくない。科研費の近年における設置者別の採択状況をみると（図1-5）、まず、教員1人あたりの申請数は、元々国立で高い傾向にあったが、何れの設置者も増加傾向にある。次に、教員1人あたりの採択数（申請者あたりの採択数ではない）は、申請数の多い国立で高いが、何れの設置者も増加傾向にあり、増加率だけ見れば、公立や私立の方が大きい。最後に、教員1人あたりの配分額である。専門分野の影響への留意が要るが、国公私立の順に高くなっている。なお、奨学金のための育英事業費は、1970年代の増加の後に停滞した後、1990年半ば以降は上昇基調にあったが、これも直近では減少傾向にある。個々の大学でも、独自奨学金の整備など、経済的支援に力を入れてきているが、奨学金返済難民がマスコミでも話題になるなど、給付型の奨学金等の学生に対する経済的支援の充実が待たれる。

第6節　政策をめぐる市場と大学経営・政策

　政策をめぐる市場という表現はあまりされていないが、ここでいう市場とは、政策を必要とする需要者と政策を作成する供給者という意味であり、政策形成に関わるプレーヤーが出会う場が政策市場である。そのプロセスは複雑で、プレーヤー間の力学も変遷するが、ここでは政府部門について言及する。

　近年の高等教育政策は、文部科学省だけを注視していただけではすまない。旧文部省時代の政策形成は、漸進主義・増分主義的だった。政策案の多くは局の縦割りで考えられ、現場ニーズの積み上げと必要な修正の付加という調整や継続性を基本とし、審議会等を通じた国民的コンセンサスも必要となるため、長時間を要していた。ところが、族議員と官僚の結びつきを基盤としたボトムアップ型の縦割り行政は、1990年代の政治改革と2001年の省庁再編で、政治－内閣主導へとシフトする。内閣府の合議制機関である経済財政諮問会議等が教育政策に直接影響を及ぼし、内閣府からのトップダウンの政策決定に文科省は対応を迫られ、内閣府参加メンバーを経済官庁が占めることで、文科省の権限は大きく後退した（小川2010）。

第1章　大学の経営・政策と市場　15

表 1-1　高等教育政策と政治主導の例

官邸・内閣府・財界団体			文科省	
2012	国家戦略会議（第2次安倍内閣で廃止）	国立大学改革プラン	2012	大学改革実行プラン
2012	経済同友会	私立大学におけるガバナンス改革	2014	学校教育法改正
2013	教育再生実行会議（第三次提言）	10年間で世界大学ランキングトップ100に10校以上をランクイン	2014	スーパーグローバル大学創生支援
2014	産業競争力会議	特定研究大学・卓越大学院	2015	未来を牽引する大学院教育改革（審議まとめ）

　高等教育政策においても、教育政策に関する経験と知が蓄積されやすい官僚主導の政治から政治主導の政治へと転換した。**表 1-1** はその一例を示したものだが、財界団体による政策提言が、同団体の民間議員を通じて政治の場に持ち込まれるというサイクルや、官邸や内閣府下の各種の会議体から中教審を経て政策決定というサイクルが強まっている。こうしたプロセスの進行に対しては、大学の自律性や自治が改めて問題視されている。その際、大学主導の改革の重要性を指摘することは重要だが、大学の主体的な改革を機能させるのは、伝統的な同僚制に基づく管理なのか企業経営的な管理なのか、改革を進めるための原資をどこから調達するのか、という課題がなくなるわけではない。

　この事実は、大学を再び、大学と政府というアリーナに引きずり出すものでもある。大学経営・政策を考える上で、研究上だけでなく実践上も、批判的な視点を持つことは常に重要だが、単に政府批判をしていれば済むという単純な構図にない点には留意がいる。加えて、大学もまた政策市場にプレーヤーとして参加している。個々の大学として力を発揮することは困難だが、各種の大学団体の活動として、政策とどう関わっていくかも重要な要素である。

第7節　大学のガバナンス：組織・意思決定・教育プログラム

　各種の市場に大学がどう参入するかは、大学の意思決定の問題である。羽田（2005）は、大学管理とは、大学に対する学部機関の権限関係を指し、大学運営は、設置者ではなく大学内部の管理と同義であり、運営には大学経営を含んでいるとみてよいと整理している。先述したように、外部との権限関係も視野に入れた大学管理には、官僚制、同僚制、市場の3つのタイプがあるとされ、官僚制は政府が強い力を持ち、同僚制はファカルティが強い力を有し、市場は市場メカニズムが主要な役割を果たす。

　羽田（2013）は、戦後高等教育のガバナンスを、戦後大学改革期、戦後ガバナンスの再編期、高等教育の計画と構造調整の時期、そして国際化と質保証に対応した現在に至るガバナンスの変容期の4期に区分しているが、教学面のガバナンスは、学校教育法が大学に共通する事項として、学長、副学長、学部長、教授会等について規定する一方、経営面のガバナンスについては、設置者別で法律が異なり、現在は国立大学については国立大学法人法が、法人化した公立大学については地方独立行政法人法が、私立大学については私立学校法が規定している。設置者別の概略を述べると以下のようになる。国立大学は、国立学校設置法により設置されたが、国立大学の管理運営をめぐる法律は成立せず、教育公務員特例法による一部の定めを除き、曖昧なままであった。それが一変したのが、国立大学法人化である。国立大学の設置者は国立大学法人となり、学長、役員会、教育研究協議会、経営協議会を置き、中期目標・計画に基づく運営と評価を受ける仕組みになった。そこでは、学長が教学と経営の双方に権限を持つこととされ、教学と経営の一体化が目指されている。同様に公立大学の管理法も成立をみることはなく、地方教育行政の組織及び運営に関する法律に依っているが、公立大学法人の場合は、理事長が学長となり、教学と経営を兼務することが基本となっている。法人化してない公立大学の場合は、設置主体である地方公共団体が、経営を行うこととなっている。

　私立大学は、私立学校法の定めによって管理運営されてきた。そこでは理

事会が最高の議決機関とされている。また私立大学の長は学長であり、理事を兼ねることとされており、経営と教学の間の調整的役割を持つが、学長が理事長を兼任することも両者が分離することもある。そのため、学長と理事長・理事会との関係は、理事長を学長が兼ねて教学と経営が一体化している場合と、両者が異なり業務も分離している場合、理事会が運営を学長に付託している場合とがあるとされる。なお2004年に私立学校法の一部が改正され、理事会の設置を法定化し、原則理事長のみが代表権を持つこととされた。そして理事・監事・評議員会の制度の整備、権限・役割分担の明確化により、学校法人における管理運営制度の改善が図られた。

さらに、2014年に学長のリーダーシップの下で戦略的に大学運営をできるガバナンス体制を構築するという趣旨から、学校教育法の一部が改正された。その眼目は、学長のリーダーシップの確立にあり、学長補佐体制の強化のため、副学長の職務規程が改められ、また、教授会の役割が明確化・限定化されることとなった。ただし、以上はあくまで法制上の概略に過ぎず、その重要性は論を俟たないが、現在課題となっている教学マネジメントと学長のリーダーシップの関係をめぐる課題は、教育組織と教員組織の関係も巻き込んだものとなっており、個別大学ごとの実践を丹念に検証していく必要がある。

第8節　大学情報市場と大学経営・政策

　教育に関わる市場も資源に関わる市場も、市場を構成するのは人や物だが、近年は、大学情報という独自の市場が形成されている。大学情報という市場自体は、例えば古くは偏差値などもあり、決して新しいものではない。しかし大学に関わる各種の情報は、エビデンス重視の政策やアカウンタビリティの動向とも相俟って、これまで以上に多領域にわたり、また大学の経営や政策に影響を及ぼすようになっている。

　朝日新聞社の大学ランキングが始まったのは1994年で、読売新聞社の大学の実力は2008年から始まった。また世界大学ランキングは、例えば中国の上海交通大学のAcademic Ranking of World Universitiesが2003年に、イギ

リスの Times Higher Education World University Rankings は 2004 年に始まった。国内ランキングにせよ、世界ランキングにせよ、あるいはランキングを意図しない情報にせよ、これらの大学情報は、政策、個別大学の経営、そして受験生等にも少なからぬインパクトを及ぼす。例えば、2013 年に教育再生実行会議が、今後 10 年で世界の大学トップ 100 に 10 校以上目指すという提言をし、文科省のスーパーグローバル創生支援事業のトップ型にもそのことが盛り込まれ、毎年のランキングに一喜一憂する状況が生まれている。個別大学の情報をベンチマークとして使っている大学も少なくない。大学制度の拡大や多様化は、大学のイメージを拡散させ、また競争の激化も加わることで、必然的に大学情報を求める力学となる。

大学の情報には、組織の規模に関わる基本情報、教育や研究に関わる機能情報、そして経営情報がある（金子 2010）が、2010 年の学校教育法施行規則の改正により、翌年から、各大学において教育情報の公表を行う必要がある項目が明確化された。そこには、義務化された項目と努力義務化された項目とがあるが、社会に対する説明責任を果たすことが一層求められるようになっている。またそうした情報は、外部に向けてのものだけではない。これらの情報は、大学経営や大学改革にとっても重要であり、いかなる目的で情報を収集し、学内の構成員に周知し、日々の PDCA サイクル、即ち意思決定、執行や評価のプロセスに組み込むかが問われている。わが国の IR（Institutional Research）はまだ緒に就いたばかりであるし、情報は存在するだけでは、常に役立つものでも、正常に機能するものでもない。その適切な扱い方、扱う部署、扱う人が今後問われていくこととなる。

この章では、市場というフィルターを通して大学の経営・政策に関わる諸事項を概観してきた。その狙いは、市場への盲目的な追随でもなければ、織り込み済みの市場批判でもない。なぜなら、追随や批判に至る前に、まずは足下の理解から始めることが重要だからである。その上で、現状を所与と見做すのか反省的に再考していくのかが、大学の経営・政策に直接ないし間接的に関わる者に課せられた課題であり責務といえる。

引用・参考文献

小川正人 2010『教育改革のゆくえ－国から地方へ』筑摩書房。

金子元久 2006「高等教育における市場化－国際比較からみた日本－」『比較教育学研究』32、149-163 頁。

金子元久 2010「情報公開－質保証の新段階」『IDE』4-10 頁。

羽田貴史 2005「大学管理運営論」『高等教育概論』ミネルヴァ書房、30-40 頁。

羽田貴史 2013「高等教育のガバナンスの変容」『シリーズ大学 6 組織としての大学―役割や機能をどうみるか』岩波書店、77-106 頁。

Baldridge, J. V., Curtis, D. V., Ecker, G. P. and Riley, G. L. (1977) "Alternative Models of Governance in Higher Education" in G. L. Riley and J. V. Baldridge (eds), *Governing Academic Organizations*, Berkeley, CA: McCutchan, pp.1-25.

Birnbaum, R. (1988) *How Colleges Work: The Cybernetics of Academic Organization and Leadership*, San Francisco: Josey-Bass Publishers.

Brewer, D., Gates, S.M. and Goldman, C.A. (2002) *In pursuit of Prestige: Strategy and Competition in US Higher Education*, Transaction Press, New Brunswick.

Clark, B.R. (1983) *The Higher Education System*. Berkeley and Los Angeles: University of California Press.

Cohen, M. D. & March, J. G. (1974) *Leadership and Ambiguity: The American College President*, New York: McGraw-Hill.

Cook, W. B. and Lasher, W. F. (1996), "Toward a Theory of Fund Raising in Higher Education," Review of Higher Education, 20, (1), pp.33–51.

さらに勉強したい人のための文献案内

渡辺一雄編『大学の制度と機能』（教育政策入門 3）玉川大学出版部、2010 年。

　　大学制度を概観した後、大学の持つ諸機能について制度・政策上の展開も踏まえた紹介がなされ、基本的な知識を一通り修得することができる。姉妹編である『大学の運営と展望』（教育政策入門 4）と併せて読んでみてもよい。

山本眞一・田中義郎『大学マネジメント論』放送大学教育振興会、2014 年。

　　大学のマネジメントに関わる放送大学の教材でテキストにあたる。本書の構成と重複する部分もあるが内容的に異なる面もある。最初の文献も含め、さらに勉強したい人向けではないが、複数の基本書に目を通すという横展開の学びも自己認識を高めるのに役立つ。

第2章　大学の理念・制度・歴史

福留東土
(東京大学大学院教育学研究科准教授)

本章のねらい

　本章では世界と日本の大学の理念・制度・歴史について概観する。それを通して読者が現代の大学に対する理解を深め、大学に関する複眼的な視野を獲得することが目的である。はじめに、海外の大学およびその歴史について知ることが、現代の大学について考える上でどのような意味を持ちうるのかについて議論する（第1節）。それを踏まえて、中世ヨーロッパにはじまる大学の歴史を追いながら、大学の定義や理念とは何か、大学はいかなる過程や影響関係を経て世界に伝播していったのかについて論じる。大きく、中世から近世（第2節）と近代（第3節）とに区分し、大学の誕生から20世紀に至る歴史について論じる。最後に、近代大学を形作る諸力としての多様化と標準化の動きについて触れる（第4節）。

第1節　大学の「比較」と「歴史」

　諸外国の大学について学び、また大学の歴史について知る意味はどこにあるのだろうか。以下を読み進める前に、まずは読者自身で考えを巡らせてほしい。

　大学について考える際、通常、我々は現代日本の大学を念頭に物事を考えようとする。過去と現在では、大学の制度や社会的位置付け、取り巻く環境は大きく異なる。また、外国では異なる文化と制度の中で大学が存立している。一見、前提の異なる対象から意味ある示唆を引き出すのは難しく感じら

れる。

　比較・歴史研究の意義は、自分の持っている大学概念を拡張することにある。自分の体験した大学、あるいは現代日本の大学のみを前提に大学とは何かを考えようとすると、そこから導き出される大学像は限定された視野に基づくものとなる。歴史の中で大学は様々に姿を変え、また諸外国では異なる風土と文化の中で様々な面で日本とは異なる大学が存在している。それら大学について学ぶことは、自分の持つ大学像を押し広げ、あるいは転換させ、大学に対する理解を豊かなものにしてくれる。そして、そうした理解を持った上で改めて目の前の大学を見つめた時、大学内外で生起する現象に対して、それまでとは異なる視野に立って観察することができるようになる。それは、例えば、大学改革の方向性を考えようとする際に、より豊かな発想を導き出すことに貢献するだろう。

　これと関連して、比較・歴史研究の持つもう一つの意味は、大学理解の相対化と深化である。諸外国の大学について学び、日本と比較することで、相互の特徴がどこにあるのかを相対的な視野から認識することができる。また、歴史について知ることで、現代に存在する制度や現象の起源を理解し、それに対するより深い理解を持てるようになる。

　もっとも、大学とは、各国・地域の独自の文化や社会的特質といった固有の文脈の中で、それらと相互作用しながら連綿と変化してきた制度である。外国の制度を表面的に自国に当てはめようとすることは往々にして混乱を呼ぶ。また、漠然たるノスタルジアによって過去を称賛することは慎まなければならない。一方で、大学とはもともと国や地域の枠組みを越えたコスモポリタンな性格を持ち、諸国・地域の間で相互に影響を及ぼし合う歴史の中で発展を遂げてきた。現代ではグローバル化が進行する中で、諸外国の大学との競争や交流が大学の発展において有意義な機会を提供してくれる。こうした意味からも、大学の比較・歴史研究は現代大学にとって重要な意味を持っている[1]。

第 2 節　大学の誕生と近代以前の大学

1　中世ヨーロッパにおける大学の誕生

　大学はいつ、なぜ、どのようにして誕生したのだろうか。大学は 12 世紀の中世ヨーロッパにおいて誕生したというのが定説である。ただし、その遥か以前からヨーロッパやアジア、アフリカの各地において、学問について探究し、あるいは人材育成を行う機関が数多く存在していたことが知られている（Lowe and Yasuhara 2017）。それら機関と中世大学との違いは何か。それは、知識を扱う機関としての組織性、体系性にあると言えるだろう。学問をベースとする機関がある程度の規模を伴った人間の集団として成り立ち、その中で教育課程が編成され、持続性を持つようになったことが中世ヨーロッパにおける大学成立の条件となった。とりわけ、集団としての組織が自律性を確保し、構成員による自治を通した運営を行うようになったこと、そして体系的な知識を獲得することを通して学んだ者の能力を証明する学位を授与するようになったことの 2 つが重要なメルクマールであった。

　では、中世ヨーロッパにおいてそうした大学が成立し得たのはなぜか。そこには、社会的・経済的要因、宗教的要因、知的要因の 3 つが重なり合っていた。社会的・経済的要因としては以下のような流れがあった。中世では農業が発達し、余剰生産を生み出すようになった。それは商業の発展を促し、地域間の交流が発生し、貨幣経済が次第に浸透した。交易の拡大はやがて都市の成立を促した。親から引き継ぐべき職業と土地から自由になる人々が増え、地域を移動し、とりわけ多くが都市に流入した。多様な人々が行き交う都市を統治するための法律が必要となり、また生産活動から自由になった人々は様々な思索的活動を行うようになった。一方、宗教的要因としては、古代以来のヨーロッパ社会を精神的に支えてきたキリスト教が 12 世紀になると教会組織の整備と大規模化を図り、ここに神学や教会法を探究する可能性が生じた。同時に教義論争や世俗の皇帝・国王権力との対立・抗争が生じるようになり、宗教的権威としてのキリスト教の位置付けを維持し、高める意味からも、キリスト教に関わる知識を整理・深化させる必要があった。そ

して、大学成立を促したいまひとつの要因が人間の知的側面に関わるものである。それまでアラビア世界において保存・研究されていた古代ギリシャの遺産が再びヨーロッパにもたらされ、「12世紀ルネサンス」と呼ばれる古代西欧知識の復興運動が起こった。ギリシャやアラビアの哲学や科学的探究の成果はラテン語に翻訳され、ヨーロッパ世界に広がっていき、こうした中で、人間の理性に基づく合理的知識への欲求が生じてきたのである。

　中世大学の嚆矢はボローニャ大学（現在のイタリア）とパリ大学（フランス）である。ボローニャは法学を基礎とする学生中心の大学であり、パリは神学を基礎とする教師中心の大学であった。これらが、上述した組織性と体系性、すなわち集団としての自治と学位授与の権限を備えた最初の教育機関であった。これら2大学は自生的大学の嚆矢と呼ばれる。上述した環境の中で、知識を求める人々が都市に集まり、自然発生的に成立した機関だからである。

　聖俗の権力が錯綜する不安定な中世社会では、ギルド（同業組合）を結成して同業職業人相互の利益を守ろうとするのが特徴であった。パリとボローニャをはじめとする大学もギルドとしての性格を有し、さまざまな組織が内部に編成された。教師と学生による同僚的集団としてのウニベルシタス（universitas）やストゥディウム（studium）、都市の市民権を持たない学生らが同郷者同士で扶助を行う国民団（ナチオ、natio）、貧困学生のための慈善施設として篤志家の寄付により建てられた学寮（コレギウム、collegium）などがあった。このうち、ウニベルシタスは"university"、コレギウムは"college"の語源となり、その後の高等教育・学術研究機関の主要な性格形成へとつながっていく。併せて、大学の下部組織であり、専門的知識の宿り場としての学部（ファカルタス、facultas）も編成され、また次第に、バカラリウス（bacalaureus）、マギステル（magiste）、またはドクトル（doctor）という体系的・段階的教育課程が編成されるようになり、現代に至る学士（bachelor）、修士（master）、博士（doctor）という教育階梯の原型が現われるようになる[2]。

2　近世における大学の変容—都市・国家・宗教との相克

　こうして自治と自律性を伴って成立した中世大学だったが、社会的制度と

しての安定性を確保する上では、社会における諸権力との関係性が課題であった。大学と都市との間では「タウン（街）とガウン（大学）の抗争」が生じた。この時期の大学は自前の建物を持たない場合もあり、都市との軋轢が生じると場所を移動する「講義停止」という手段をちらつかせることで様々な利益を引き出すことができた。都市の側も次第に大学を街の文化の象徴、誇りとみなす捉え方が強くなっていった。

　近世に入って、より困難な課題を大学に突き付け、その変容を促したのは、宗教と政治の聖俗二大権力である。これら権力と大学との関係は、庇護、支配、軋轢、体制化といったさまざまな側面が複雑に絡み合うものとなった。宗教改革が起こって、キリスト教の宗派が多数分立し、さらには各宗派と領邦国家とが結びつく中で、大学も次第に特定地域の政治と宗派の利害を反映しつつ、自らの生存を模索するようになる。この時代のヨーロッパの大学に対しては、それまでのコスモポリタニズムからナショナリズム、あるいはローカリズムへとその性格を変化させたことがしばしば指摘される。中世から近世にかけての大学には、前出の自生型大学に加えて、自生型大学を出自としつつそこから枝分かれした分派型大学、そして、教皇や皇帝・国王によって設置認可された設立型大学の3つに類型化される。そして、13世紀中盤以降にできた大学はほとんどが設立型大学であり、聖俗の権力に支えられつつ、あるいはその支配の下に、大学がヨーロッパ一円に拡大していったことが知れるのである。

3　イギリスの大学

　こうしたヨーロッパ地域内部の大学の地方化、あるいは国家化の動きの中でユニークな展開を遂げたのがイギリスの大学である。イギリスには、12世紀にできたオックスフォード大学、13世紀にそこから分派したケンブリッジ大学があった。オックスフォードはパリからの大移住によってできた大学であり、パリ大学型の教養学部重視の伝統を引き継いでいた。大陸の大学ほど国際性は高くなく、そのため国民団は未発達であり、専門学部も未分化であった。そうした中、オックスブリッジでは、生活と教育の基盤的組織とし

ての学寮が発達し、これが恒久的な組織となった。カレッジとその中での
チューター制に基づく教育が成立したのである。

　一方で、社会的・政治的状況としては、両大学は当時のヨーロッパ諸大学
と通底する課題を抱えていた。タウンとガウンの争いが生じる中で、次第に
教皇や国王の後ろ盾を求めるようになり、それを獲得していく。だが、15
世紀以降になると今度は、宗派や国家権力を巡る抗争に巻き込まれるよう
になる。両大学は、主にイギリス国教会・国王の庇護下に入ることになる
が、時代によってカトリックや議会の勢力が増すことも少なくなく、こうし
た政治的・宗教的動揺は大学のあり方にも色濃く影を落とすようになる。と
りわけ、権力の変動による学者の追放と復帰が繰り返されるようになってい
く。こうした中で、17世紀ごろまでオックスブリッジは知的沈滞状態にあっ
たとされる。代わって、知的発展を支えたのが、大学とは異なる学術研究組
織としてのアカデミーであった。

4　アメリカの大学：中南米と北米の対照
　こうしたヨーロッパの大学のあり方が大航海時代以降に伝播したのが、
ヨーロッパ諸国が植民地化を進めた南北アメリカ大陸であった。

(1) 中南米の大学
　現代に生きる我々、とりわけ日本人は「アメリカの大学」というと、ア
メリカ合衆国の大学を連想する。だが、現在の合衆国内に大学らしき教育
機関ができる約1世紀前、アメリカ大陸最初の大学がつくられたのはスペ
イン植民下の中南米であった。1551年、スペイン国王の大学設立勅令によ
り、メキシコとペルーに最初の大学が設立され、その後スペイン領内に20
数大学が設立されたとされている。これら大学は、当時ヨーロッパ最高峰と
されたスペインのサラマンカ大学をモデルとして、その制度をほぼそのまま
取り入れる形で構想された。しかし、実態としてヨーロッパと同じ制度を植
民地で実現することはきわめて困難であり、またこれら制度は植民地の実情
にフィットせず、時代を経るとともに大学教育の形骸化、儀式化が進んだと

される（斉藤 1991）。これは、北米のイギリス人入植地に設立された諸カレッジがオックスブリッジのカレッジをモデルとしつつも、当初はきわめて小規模かつ脆弱な基盤しか持ち得ず、遅々とした歩みによって成長していったこととは対照的であり、大学の発展を巡る歴史の皮肉といえる。

(2) 北米の大学・カレッジ

　北米のイギリス植民地にカレッジが設立されたのは、1636 年のハーバード・カレッジが最初である。イギリス植民地時代に北米にできた高等教育機関は、「大学（university）」というより「カレッジ」と呼ぶのが相応しく、ほとんどの機関が名称として "college" を名乗っていた。合衆国独立までに 15 のカレッジが設立されたが、そのうち現存するのは 9 つである。ここでは、主に新世界を支える聖職者と社会・政治のリーダーを育成することに主眼が置かれていた。ただし、各大学が基礎を置くキリスト教の宗派は多様であり、また宗派によって本国英国との関係も異なっていた。とはいえ、植民地カレッジに共通する特色は、地域の宗派の特質を反映しつつ、地方植民地政府との強固な関係の中で設置されたことである。現存する植民地カレッジの多くは現在私立大学となっているが、当時は大学を巡る公私の概念は明確に存在せず、地方政府による財政支援と統治への関与が行われるのが通常であった。こうした特色は「植民地政府＝宗派立カレッジ」と表される。こうした意味で、米国のカレッジは社会と宗教との緊密な関係の中で成立した。

　植民地カレッジが現代まで影響を及ぼしている要素には 2 つの側面がある。ひとつは、素人支配、あるいは市民支配と呼ばれる統治形態である。カレッジ理事会は、聖職者や政治家、行政官ら地域の有力者によって構成され、カレッジ運営権を保持した。こうした統治体制は計画的に構想された訳ではない。カレッジの教師は若年のチューターが中心であり、安定的な職業ではなかった。内部に有力者が不在であったことと、政府と社会全体がカレッジの成立・運営を支えていた事情とが相俟って、外部者が最終的な意思決定を保持する統治形態が生み出された。ただし、理事はあくまで外部者であるため、学内においては学長が強力な執行権限を有する運営体制が現出した。

もう一つの特徴は、親代わりの教育、ラテン語で "in loco parentis" と呼ばれる教育的伝統の形成である。カレッジ教育の主眼は専門教育にはなく、未だ教育階梯が整備されていない中で、カレッジは多分に少年に対する訓育機関としての性格を有していた。後に専門教育や研究機能を付け加え、総合的な学術機関へと変容した現在でも、米国の学士課程教育の中核には、学生の精神的・人格的発達を見守り、支援するという理念が根付いている[3]。

第3節　近代大学の成立と発展

1　近代大学の嚆矢ベルリン大学

19世紀に入ると、ヨーロッパ及び北米で大学は新たな展開をみせるようになる。前節で描いた大学とは異なる近代大学の登場である。とりわけ、その嚆矢とされるのはドイツにおいて1810年に創設されたベルリン大学であった。ベルリン大学は、その創設者であるヴィルヘルム・フォン・フンボルトが主張した「研究と教育の統一」の理念とともに知られる。この理念にはどのような意味が込められていたのだろうか。

19世紀初頭の大学の変化には、17世紀後半以降に起こり、ヨーロッパと北米で広がった啓蒙思想が強い影響を及ぼしていた。知性と理性による人間の自律的思考に信頼を寄せ、そこから生み出される知識によって、既得権力による抑圧と不平等が支配する社会を変革しようとする思想である。ナポレオン戦争によって多くの領土を失ったドイツでは、カントやフィヒテら哲学者の思想的影響の下に、「地上で失ったものを精神の世界で取り戻す」という思想傾向が生み出された。そうした中で大学を構想したフンボルトは、知識が定まった不動のものであるとの考えを否定し、知識は教師と学生の対話によって絶えず新たに生成されていくものと捉えた。そこで、大学が伝えるべきは、いかにして知識を発見し進歩させるか、そのための方法でなければならないと考えられたのである。既存の知識を伝達するのではなく、いかに知るかを教えること、つまり「内容」としての知から「方法」としての知への転換であった。フンボルトは、学問とは所有ではなく行為、活動であり、

教師と学生は、与え、受け取る者という関係ではなく、ともに探究し、創造する存在であり、同一の使命に共同で働く者である、と述べている。そして、そのためには孤独と自由が必要であり、国家は大学に対する干渉を慎むべきであり、教師・学生ともに自律的に教え、学習する自由が保証されるべきであるとした。

　ドイツでは、ベルリン大学創設のはるか以前、14世紀半ばから数々の大学が存在していた。「フンボルト理念」はそれら伝統ある大学にも影響を及ぼした。もっとも、当時のドイツでフンボルト理念がそのままの形で理解され、取り入れられた訳ではない。学生生活に貴族的装いを持ち込み、あるいは実用的教育を求める学生たちすべてがこうした理念に惹き付けられた訳ではなかった。当時、フンボルト理念がどれほど明確な理念として形成されていたかについては疑念が呈せられており、大学における現実の研究や教育を基礎付ける考え方も、フンボルト理念に限定されるものではなく、多様であり得た（潮木 1992; 2008）。

　だが、より重要なことは、19世紀のドイツに一群の「研究大学」が生み出されたことである。それら大学には、ヨーロッパやアメリカ、そして日本を含むアジアから数多くの留学生が集まった。実験室とゼミナールという主要な研究教育の形態に支えられ、自由な探究的風土の中で学問を収めた若者たちは、帰国した後、ドイツで学んだことを自国の大学に取り入れようと努力し、各国で近代大学の成立を支える存在となったのである[4]。

2　米国におけるユニバーシティの発展

　ドイツからの影響を最も強い形で受けたのが米国であった。19世紀終盤から20世紀初頭にかけて数多くの研究大学が誕生した。各大学では、ドイツで教育を受け、学位（Ph.D.）を取得して帰国した研究者らが、科学的探究の手段を導入しようと奮闘した。19世紀前半までのカレッジがユニバーシティへと転換しようとしていたのである（潮木 1993）。

　もっとも、米国でユニバーシティの登場を支えたのはドイツの影響だけではない。米国でも、啓蒙思想の影響を受けつつ、宗教的信仰から解放された

自律的思考と近代的科学を志向する考え方が次第に根付きつつあった。また、他の側面から大学を支えたのが米国の大規模な経済発展であった。広大な土地と豊富な資源、因習にとらわれることの少ない社会の中で、自由な経済活動を通して利益を生み出す資本家らが登場した。彼らは莫大な資産を基に、教育、病院、図書館、芸術などに対する大規模な慈善活動（philanthropy）を展開した。彼ら篤志家のうち最も著名なのは石油王ジョン・ロックフェラーと鉄鋼王アンドリュー・カーネギーである。米国最初の研究大学となったジョンズ・ホプキンズ大学（1876年設立）は、その名の由来となった実業家の遺した鉄道株を元手にしていた。他にも、電信事業者によるコーネル大学（1865年）、鉄道経営者によるスタンフォード大学（1891年）、ロックフェラーの資金によるシカゴ大学（1892年）など、篤志家の慈善事業により新設されたユニバーシティが大学史を彩る時代が到来した。また、カーネギーの作ったカーネギー教育振興財団は大学教員に対する退職年金制度を設け、受給資格条件を満たすことを大学に要求して、多くの機関がユニバーシティへ変容することを促した。ロックフェラー系の複数の財団も、大学への資金提供を通じて同様の影響力を行使した。

　他方で、これら新興機関を構想・設計し、また具体的運営を担ったのは各大学を率いる学長であった。その代表は、ジョンズ・ホプキンズのダニエル・ギルマン、コーネルのアンドリュー・ホワイト、シカゴのウィリアム・ハーパーである。彼らは、創設者と協力し、また時には説得を試みて必要な資金を引き出す一方、創設者による直接的関与を巧みに排しつつ、近代的科学の探究を中心とするユニバーシティ建設の主導権を握った。

　これら新興機関の出現に対して、植民地カレッジに起源を持つ機関もこの時期、ユニバーシティ化の道を辿った。1869年から40年にわたってハーバード学長の地位にあったチャールズ・エリオットは、就任当初、カレッジ教育の近代化とプロフェッショナル・スクールの高度化とを課題として掲げていた。しかし、ジョンズ・ホプキンズ大学の創設以降、ハーバードから優秀な教員が引き抜かれ、また大学院志願者が減少するという現象が起こっていた。そのためエリオットは1890年に、小規模な存在であった大学院を大

幅に改革して、"Graduate School" として組織化された大学院を設けた。エリオット独自の構想というより、ジョンズ・ホプキンズ大学への対抗、あるいはその後追いとしての大学院教育への参入であった。また、教員人事方式を転換し、退職年金制度による古参教授の入れ替えや、教員評価における専門的研究能力の重視、サバティカル制度による研究条件の改善などが導入された。こうした過程によって、植民地カレッジに起源を持つ機関は19世紀終盤以降、すべてが研究大学としての歩みを進めることとなった。

3　アジアにおける「学問の府」と大学の近代化

アジア諸国においても、19世紀後半から20世紀前半にかけて高等教育機関の創設と人材育成が進められた。ただし、その様相はヨーロッパや北米とは大きく異なるものだった。アジア地域では多くの国々が欧米帝国主義列強の植民地となり、地域や時期による違いこそあれ、植民地宗主国の主導とその強い影響力の下に、高等教育機関の設置・運営が行われたからである。

(1) 古代アジア・アラビア世界における学問中心地

　歴史を遡ればアジアの各地域には、紀元前から知識を保存・探究し、またそれらを基に人材育成を行う豊かな文化が存在してきた。それらは仏教やイスラム教、あるいは儒学などの体系化された教えを基盤として行われ、多くの学び手を引き付ける大規模な機関も少なくなかった。近代以降に連なる制度としての大学こそまだ出現していなかったが、古代アジア・アラビア世界には「学問の中心地」が確実に存在したのである。代表的機関は、イスラム教寺院学校マドラサ、アレキサンドリアなどに建設された学堂ムセイオン、インドにおける学問の府であったタクシャシラとナーランダー、中国の太学、国子監、書院などである。これらは遠方からの学び手を惹き付け、あるいは国家を支える知識人や官僚養成の担い手となり、または近隣諸国の学術・人材育成制度に影響を及ぼす存在であった。人材選抜システムとしての中国の科挙も近隣諸国に強い影響を残した。それぞれの地域・時代の最も高等な知識を学ぶという営みを大学・高等教育史に紡ごうとすれば、こうした歴史を

第 2 章　大学の理念・制度・歴史　31

無視することはできない（安原・大塚・羽田編 2008; Lowe and Yasuhara 2017）。

(2) 欧米諸国のアジア進出と大学の創設・発展

　だが、現在まで続く大学制度がアジア地域に根付いたのは、欧米諸国がアジア進出を行って以降のことだった。とりわけ帝国主義的支配が強まった 19 世紀以降、植民地宗主国の支配下で高等教育を含む教育政策が推し進められた。もっとも、各国・地域における具体的様相は多様であり、そこには、宗主国による植民地運営の目的と方針、被植民地国の社会・経済状況や教育の伝統、支配に対する抵抗状況などの要因が関係していた。現地における人材育成を、宗主国人を中心とするのか、植民地人を対象とするのかによっても教育の力点は異なっていた。総じて言えば、宗主国の強い支配や指導下に、宗主国の大学制度に基づいた大学が設立された。もっとも、多くの場合、植民地に建てられた大学は本国のそれに比して簡易で安価に済むものであった。言語面でも宗主国の言語で教育が行われることが多かった。第二次大戦後、アジア植民地は次々に政治的独立を果たすが、文化や教育面での旧宗主国の影響はその後も色濃く残ることとなった（Altbach and Selvaratnam (Eds.) 1989=1993）。

　アジア諸国で植民地化を逃れたのは、タイ、中国、日本であり、特にタイと日本では、主体的に大学モデルを選び取ることが可能な環境にあった。しかし、そこでも近代化を図る上では、欧米モデルの受容は不可避であった。西洋の制度や技術を選択的に導入しつつ、それを自国の精神的・文化的伝統とどう融合しうるのかが本質的な課題となった（中山 1978）。こうした課題は、グローバル化による欧米の影響という新たな状況がみられる現代でも、各国の大学のあり様に対する重要な問いを投げ掛け続けている。

(3) 日本の大学の成立と展開

　こうした文脈の中に日本の大学を位置付けると、その成立と展開はきわめてユニークなものだったと言える。日本においては江戸時代以前から教育・学術研究のための機関がいくつか存在していた。しかし、一般に今日の

大学・高等教育制度の出発点と位置付けられるのは、1877年、明治政府による東京大学（のちの帝国大学、東京帝国大学）の創設である。それに際しては、ドイツを中心に欧米諸国の大学・教育制度が参考にされた（中山 1978）。教育に関して重点が置かれたのは、欧米諸国の科学的知識・技術をできる限り早くかつ正確に修得することだった。そのためには、各専門分野で最も先進的とされた国から「お雇い外国人」を日本に招聘し、彼らに先端的知識を講義させるのが最も効率的な方法と考えられた。並行して、近い将来の各分野の教育を担う人材が留学に送り出された。いわば主体的選択による西欧知識の受容が進められたのである。一方で、戦前期の高等教育体系は帝国大学を頂点とするものだったとはいえ、多様な教育機関が成立した。私立の大学・専門学校が数多く設立され、公立部門でも帝国大学以外に特定分野における人材養成を目的とした官立・公立の大学・専門学校が設けられた。また、旧制高等学校においては独特の学生文化が育まれた。これら多様な教育機関では各々の分野で、急速な近代化という国家的課題を担う人材が育成された（天野 2009; 2013）。

　こうした日本独自の高等教育システムは第二次大戦後に、米国を中心とする連合軍総司令部（GHQ）による占領下の改革により大きく変貌する。だが一方で、戦前期の原型は戦後も連続性を保ち、大学・高等教育のあり方を強く規定した。戦後、大学・高等教育は主として米国の影響下に再編成が図られ、一般教育、大学院、短期大学など新たな制度や機能が導入された（海後・寺崎 1969）。だが、それらは当初から米国におけるものとは異なる展開を見せた。それは、占領下であっても日本側が主体的に政策形成に関与したからである。他方でこのことは、海外の制度を深く理解し、自国に適用することが容易でないことをも意味する。

　現代の大学改革においても依然として米国はじめ諸外国の影響は大きい。日本の大学のグローバルな展開を図る上で海外の制度に学ぶことは重要であるが、それらは各国独自の歴史や文脈に根差して理解されなければならない。同時に、日本にも長年形成されてきた独自の大学文化が息づいている。その中に諸外国の影響をどう織り込んでいくのかを考える上で、日本の大学人の

第2章　大学の理念・制度・歴史　33

主体的構想が現代ではいっそう重要である。

4　大学の多様化と標準化

(1)大学の多様化

　ここで、いま一度19世紀にさかのぼり、大学の多様化と標準化という近代大学を形成した主要な諸力について論じる。19世紀はあらゆる地域で大学のあり方に大きな転換が起こったダイナミックな時代であった。上で論じたように、その代表的存在は研究機能を付加した近代大学である。しかし、近代以降の大学の形態はそれのみに限られる訳ではない。各国・地域の大学を総体として眺めてみると、多くの場合、そこには多様な特質を持った大学が存在していることに気が付く。各大学はそれぞれの理念や目的に基づいて活動の重点、あるいは受け入れる学生の特質を同定する。そうした各大学の個性が総体としての大学の多様性へとつながり、大学が豊かな活動を営むことを可能にすると言いうるのである。とりわけ、19世紀後半以降に高等教育が普及し始め、20世紀に入ると機関および学生の数が増大し、各国には様々な性格を持った機関が併存するようになった。

(2)アメリカの大学とその多様性

　ここでは、そうした多様性を最も高い次元で具現化させた米国を取り上げて論じる。米国は世界で最も早く、高等教育の大衆化（マス化）を実現させた国であり、大衆化に対応する多様な機関群を形成した（Trow 1976）。ただし、程度の差はあっても、多くの場合、他の国にも類似する多様な機関類型を見出すことができる。

　すでに述べたように、米国では新興の研究大学の登場に触発されて、伝統的大学の多くがユニバーシティへ変貌した。ただし、伝統ある大学がすべてそうした流れに乗ったわけではない。合衆国独立直後の1793年に設置認可を受けたウィリアムズ・カレッジや、同カレッジから分岐して1821年に設立されたアマースト・カレッジはリベラルアーツに基づく学士課程教育の伝統を堅持し続け、現在では米国高等教育の重要な特質を形成するリベラル

アーツ・カレッジを代表する機関となっている。また、同じくリベラルアーツ・カレッジのひとつであるスワルスモア・カレッジは、いち早く男女共学を打ち出し、1920年代には優等学位制度を設け、当時全米で最も選抜度の高い大学のひとつと言われた。これらリベラルアーツ・カレッジは大学院を持たないか、あっても小規模であり、多くの学生が学寮に居住し、チュートリアル（個人指導）や討論中心のクラスなど、少人数教育を重視している。研究大学の大学院へ進学する卒業生も多い。

　19世紀後半以降、高等教育機会の普及に貢献した機関類型のひとつが1850年代以降に設立が進んだ女子カレッジであった。また、同時期以降、アフリカ系アメリカ人を受け入れる大学も現われるようになった。女性や人種的マイノリティなど、伝統的に高等教育機会に恵まれなかった層の大学就学に関わる問題は、現在でも大学の多様性と関連して様々に議論されるテーマである。

　1862年には、農学と工学の振興を目的とするモリル法が連邦議会で可決され、各州にランドグラント・カレッジ（国有地賦与大学）が設立された。伝統的専門職階級に対して農・工・商といった近代的職業を担う産業階級の興隆に応じる形で設立された機関群であり、多くが州立大学であった。実用主義的教育は、ヨーロッパでは威信が低くみられ、多くの場合、大学外の教育機関において提供されたが、米国ではいち早く大学レベルの教育として導入された。ランドグラント・カレッジは民主的高等教育を特徴付ける機関とされる一方、その多くが各州の旗艦大学（flagship university）となって州を代表する研究大学へ成長した。1890年に可決された第二次モリル法は人種による差別を禁じ、アフリカ系アメリカ人の高等教育機会を広げるとともに、依然人種による隔離が残存する南部では黒人大学（historically black colleges & universities）の新設を帰結した。

　また、経済発展に伴う都市の大規模化は都市型大学の誕生を促した。ニューヨーク市のニューヨーク市立大学と私立のニューヨーク大学、ロサンゼルス市の南カリフォルニア大学、ボストン市のボストン大学、シカゴ市およびその郊外に立地するノースウェスタン大学などである。これらは、新移

民を含む都市住民への教育機会の提供を目的として実践的職業分野を重視し、また夜間プログラムやエクステンションプログラム、サマースクールを開設し、パートタイム学生を含む大量の学生を受け入れた。これら機関は、20世紀前半には研究大学を凌ぐ最大規模の機関群となった（Geiger 2015）。

　今ひとつ米国に特徴的な機関として登場したのが、2年制のコミュニティ・カレッジである。20世紀初頭には経済発展の中で優れた労働力創出のため高等教育の拡大が模索されたが、高卒者が進学意欲を持たないことが多かった。その理由の一つが、近隣に通える高等教育機関が存在しない場合が多いことであった。高校課程にプログラムを付加することにより、あるいはカレッジ教育の基礎的部分を構成する前半2年間をカレッジから切り離す形で、ジュニア・カレッジと呼ばれる機関が各地に設けられた。当初はリベラルアーツ教育が主流だったが、世界恐慌の影響もあり、1930年代頃から職業的プログラムが増加した。女性やマイノリティへの教育機会の開放の面でも大きな役割を果たした。第二次大戦後には、トルーマン大統領による高等教育委員会報告書の中でコミュニティ・カレッジ発展への期待が説かれたことも契機となり、無償の公立機関が拡大し、地域の文化センターや地域ニーズに応じたサービス機関として、また市民性涵養を目指す機関として拡大を遂げた[5]。

（3）標準化と階層化の進行

　多様化の一方で、個別機関を越える標準化や機関類型間の階層化も進行した。例えば、研究大学は各々が個性ある発展をみせつつも、20世紀に入る頃から次第に機関を越えて共通する要素を持つようになった。1900年に14の研究大学が集まってアメリカ研究大学協会（Association of American Universities, AAU）が結成され、高い質を持った大学教育を模索する動きが起こった。主要な研究大学は、研究者養成を行う大学院に加えて、一群のプロフェッショナル・スクールを抱え、学士課程には正規の高卒者のみを入学させ、一般教育に続いて専攻分野の学習を行わせるといった形態を徐々に定着させ、他にも夏期コース、エクステンション事業、大学出版部など一連の諸機能を抱え

る包括的機関となった。研究大学は学術的知識や大学教授職のあり方を規定する存在となり、他の機関類型に対して強い影響力を持つようになった。研究大学以外でも、機関類型ごとに相互の協力と質向上を目指す大学団体の結成が進み、また、質を相互に評価するアクレディテーション（基準認定）団体が数多く現れるようになった。前述した各種財団も高等教育の標準化を推進した。機関ごとの個性や機関類型間の多様性は維持されつつも、入学基準、履修単位基準、科目提供の方法、専攻の構成などの面で機関を越えた標準化が進んだ。各機関類型は他とは容易に比較できない独自の価値を保持しつつも、研究大学を頂点とする階層構造（ヒエラルキー）の中に組み込まれるようになった。

　こうした標準化と階層化は、一方では拡大する高等教育の共通の質を保証する上で、他方では大学が相互に協力と競争を行いつつ社会的・学問的威信を獲得していく上で、多くの国において不可避の流れであった。このようにして、20世紀以降の大学システムでは、高等教育や大学の機能を巡る新たなアイディアが広がっていく一方で、財源や学生の獲得を巡って絶えず競争が繰り返され、威信の配分が進行するという現象が生じるようになっていくのである。こうした図式は、高等教育のマス化・ユニバーサル化と社会経済のグローバル化が進行する現代でも大きくは変わっていない。

　本章では、理念と制度を軸としながら世界の大学の歴史的展開を辿ってきた。大学は国や地域ごとに固有の文脈の中で発展しつつも、空間を越えて相互に影響を及ぼし合ってきた。また、時間を越えて過去の伝統を引き継ぎつつも、絶えず変革を目指して様々な取組が試みられてきた。こうした空間的・歴史的ダイナミズムの中で、大学という制度は人類社会の歴史の重要な一端を形成してきたのである。

　ただし、本章で論じたのは、大学の発展のうち主要な側面についてのみである。国・地域、時代、あるいは個別機関ごとにさらに考察を深めれば、そこには本章で著わし切れなかった豊かなダイナミズムを発見することができる。そうした作業は、各人の大学に対する認識を深め、豊かなものとするこ

第 2 章　大学の理念・制度・歴史　37

とに貢献するだろう。それは、大学に関する知的好奇心を高めることにもつながる。本章の冒頭で比較・歴史研究の意義に触れたが、比較・歴史研究は大学の面白さを再発見するための手段だとも言いうるのである。

注
1　日本における大学の比較・歴史研究の動向については福留（2014）を参照。
2　中世から近世にかけてのヨーロッパの大学について理解を深めるためには、Haskins（1957=2009）、島田（1990）、横尾（1999）、安原・大塚・羽田編（2008）が参考になる。
3　アメリカ大学史の通史については Rudolph（1962=2003）、潮木（1993）、Geiger（2016）を参照。また、歴史的考察を前提としたアメリカ大学の概要については中山（1994）が参考になる。より包括的な研究については Geiger（2015）など、英文による通史がある。
4　学術研究および大学院を中心とした研究者養成の各国の特質については Clark（1995=2002）が参考となる。また、Ben-David（1977=1982）は欧米の大学の近代化を比較史的観点から描いている。
5　米国大学の多様性を表現するものとして「カーネギー大学分類」がある。この分類は、当初、カーネギー高等教育審議会によって 1973 年に初版が公表されて以来、何度か改訂を重ね、2005 年に大幅な改訂が行われた。現在の分類は各大学の特質を多面的に把握できるものとなっている。2014 年より同分類の管理はインディアナ大学ブルーミントン校に移管されたが、「カーネギー」の名称は維持されている。現在のカーネギー分類については以下のウェブサイトを参照。http://carnegieclassifications.iu.edu/

引用・参考文献
天野郁夫 2009『大学の誕生：上・下』中公新書。
天野郁夫 2013『高等教育の時代：上・下』中公叢書。
潮木守一 1992『ドイツの大学―文化史的考察』講談社学術文庫。
潮木守一 1993『アメリカの大学』講談社学術文庫。
潮木守一 2008『フンボルト理念の終焉？―現代大学の新次元』東信堂。
海後宗臣・寺崎昌男 1969『大学教育』（戦後日本の教育改革・第 9 巻）東京大学出版会。
斉藤泰雄 1991「ラテンアメリカ大学史研究ノート」『明治大学史紀要』第 9 号、19-34 頁。
島田雄次郎 1990『ヨーロッパの大学』玉川大学出版部。
中山茂 1978『帝国大学の誕生―国際比較の中での東大』中央公論社。
中山茂 1994『大学とアメリカ社会―日本人の視点から』朝日選書。
福留東土 2014「比較高等教育研究の回顧と展望」『大学論集』第 46 集、広島大学高等教育研究開発センター、139-169 頁。
安原義仁・大塚豊・羽田貴史編（2008）『大学と社会』放送大学教育振興会。
横尾壮英 1999『大学の誕生と変貌―ヨーロッパ大学史断章』東信堂。

Altbach, P. G., and Selvaratnam, V. eds., 1989, *From Dependence to Autonomy, The Development of Asian Universities*, Kluwer Academic Publishers.=1993, 馬越徹・大塚豊監訳『アジアの大学―従属から自立へ』玉川大学出版部。

Ben-David, J., 1977, *Centers of Learning: Britain, France, Germany, United States*, New York: McGraw-Hill.=1982, 天城勲訳『学問の府―原典としての英仏独米の大学』サイマル出版。

Clark, B. R., 1995, *Places of Inquiry: Research and Advanced Education in Modern Universities*, Berkeley: University of California Press.=2002, 有本章監訳『大学院教育の国際比較』玉川大学出版部。

Geiger, R. L., 2015, *History of American Higher Education*, Princeton: Princeton University Press.

Geiger, R. L., 2016, "The Ten Generations of American Higher Education," Bastedo, M. N., Altbach, P. G., and Gumport, P. G. eds., *American Higher Education in the Twenty-first Century: Social, Political and Economic Challenges* (4th Edition), Baltimore: Johns Hopkins University Press, pp.3-34.

Haskins, C. H., 1957, *The Rise of Universities*, Ithaca, New York: Cornell University Press.=2009, 青木靖三・三浦常司訳『大学の起源』八坂書房。

Lowe, R. and Y. Yasuhara, 2017, *The Origins of Higher Learning: Knowledge Networks and the Early Development of Universities*, London and New York: Routledge.

Rudolph, F., 1962, *The American College and University: A History*, New York: Vintage Books.=2003, 阿部美哉・阿部温子訳『アメリカ大学史』玉川大学出版部。

Trow, M., 天野郁夫・喜多村和之訳, 1976『高学歴社会の大学―エリートからマスへ』東京大学出版会。

さらに勉強したい人のための文献案内

フレデリック・ルドルフ（阿部美哉・阿部温子訳）『アメリカ大学史』玉川大学出版部、2003 年。

　　植民地時代から 20 世紀前半に至るアメリカ大学の通史。長年、アメリカの高等教育プログラムで副読本として用いられてきた古典。制度面だけでなく、キャンパス文化や学生生活も描かれ、歴史の中における大学の姿を感じることができる。

天野郁夫『新制大学の誕生―大衆高等教育への道』（上・下）名古屋大学出版会、2016 年。

　　戦時体制における大学から論を始め、戦後の大学改革までを詳述した歴史書。「引用・参考文献」に示した同著者の戦前期の歴史に関する書物を併せて読むことで、日本における大学の成立から戦後改革までの流れを理解することができる。

第3章　高等教育政策の特質

矢野眞和
（東京工業大学名誉教授）

本章のねらい

「高等教育の目標を達成するための政府の施策」を政策の一般的理解と考えて、我が国の高等教育政策の特質を明らかにする。施策を秩序立てる方法は、「制度」と「資源」の二つであり、法律による制度の設計と予算による資源の配分が政府の主な仕事になる。たとえば、専門職大学の新しいルールづくりは制度設計であり、大学の数が過剰か、過少か、という規模の策定は、高等教育に投入する資源の配分問題である。

この基本的理解に基づいて1991年以降の大学改革をふりかえると、日本の大学改革論争は、制度問題に偏りすぎ、資源問題が疎かになっていることが分かる。この日本的特質を踏まえて、資源配分の視点から、「機会の平等化」「学習効率」「雇用効率」を向上させる政策の課題を取り上げる。最後に、長く続く大学改革が実を結ぶためには、こうした課題を解決する「政府の政策」と「大学の経営」との協力体制が不可欠であることを指摘した。

第1節　新制大学の制度的困難

1　五つの困難

長く続く大学改革の契機になったのは、1991の大学審議会答申『大学教育の改善について』である。設置基準によって定められた各種の細かなルールが弾力化され、大綱化された。いまさら指摘することもない出来事だが、「高等教育政策の特質」というテーマを考えるにあたって思い出されるのは、

1963 年の中央教育審議会が『大学教育の改善について』という 91 年と同じタイトルの答申をしていることである。

　その答申によれば、「（新制大学の）実施 10 年後の実績をみると、所期の目的が必ずしもじゅうぶんに達成されていない」とし、その重要な原因の一つとして「歴史と伝統を持つ各種の高等教育機関を急速かつ一律に、同じ目的・性格を付与された新制大学に切り替えたことのために、多様な高等教育機関の使命と目的に対応しえない」と指摘されている（文部省 1963）。この指摘は、新制大学発足当初から疑問視されてきた命題だが、63 年答申によってこの問題が解決されたわけではなかった。それどころか、戦後の高等教育政策の中心的課題になり続けてきた。この課題を抱え込んできたところに、戦後日本の高等教育政策の特質がある。

　日本の高等教育の発展と制度類型を歴史的に解明してきた天野は、戦前期の日本的高等教育システムを「二元重層構造」という言葉で特徴づけた（天野 1986）。二元というのは、戦前の官学と私学、いまの国（公）立と私立という設置主体の併存。重層とは、大学（旧制）と専門学校（旧制）が単に併存するだけでなく、ピラミッド的に序列化されていることである。この日本的構造は、新制大学の制度的困難の所在を指摘する言葉でもある。五つの困難があった。

　第一の困難は、「旧制大学の学問的伝統と専門学校の職業教育」が同じ大学として画一化したことである。旧制の複線型高等教育を単線型に統一した「新制大学」に対する反対意見は、旧制大学の関係者だけでなく、旧制専門学校からの批判も強かった。この制度的困難については、1963 年の中教審答申以来、「大学の種別化」（大学院大学と大学の区別など）という言葉で何度も改革提案されてきた。しかし、種別化は実現されず現在にいたっている。最近の教育再生実行会議の第五次提言でも同じような議論が繰り返され、それを受けて、2015 年 3 月には文科省の有識者会議が「実践的な職業教育を行う新たな高等教育機関の在り方について」を報告している。実践的な職業教育を行う新たな高等教育機関を創設し、高等教育の複線化を求めている。新たな学校種を作るか否かを含めて中教審で検討され、2016 年 5 月に答申さ

れている。既存の大学の種別化構想とは別に、2019年度には「専門職大学」という新しい種別の高等教育機関が誕生する。

　第二の困難は、学部の4年間に「高等普通教育（一般教育）と専門教育」を詰め込み、その設置基準をルール化したことである。この硬い基準が、学内における教養セクターと専門セクターの亀裂をもたらしたり、教員のみならず、学ぶ学生の不満を鬱積させたりしてきた。こうした亀裂と不満を解決する方策として辿りついたのが、91年の「設置基準の大綱化」である。

　第三の困難は、「大学院」の役割が曖昧なままに放置されてきたことである。アメリカ型の4年制学部教育を新制大学のモデルにしたものの、アメリカの優れた大学院制度（研究者養成の大学院と高度専門職のための大学院の併存システム）は導入されなかった。91年以降における、「大学院の重点化」と「専門職大学院の設置」は、その反省に立った改革である。

　第四の困難が、大学の管理運営問題だった。多種多様な大学が新しく誕生したけれども、その大学を管理運営する意思決定機構が不統一で未分化なままに放置されてきた。この問題解決に取り組んだのが、国公立大学の法人化。文科省の直轄機関だった国立大学は、組織体制を変更しようとすれば、必ず文科省の許可を必要としていたが、ある面では不統一で曖昧に庇護されてもいた。こうした関係を改め、自由なガバナンス（意思決定機構）とマネジメント（意思決定の執行）を可能にさせたのが、「国立大学の法人化」である。同時に、大学の諸活動をチェックするための「認証評価制度」が導入された。学校法人の私立を含めたすべての大学が、文部科学大臣の認証を受けた評価機関による評価を受ける制度である。大学は、評価の結果を踏まえて、自らの改善を図らなければならない。法人化と評価はワンセットの制度であり、ともに04年からの発足である。

　第五の制度的困難が、二元システムである国立と私立の格差、および対立である。戦前の専門学校を母体として新制私立大学がたくさん誕生したが、その私立に対する財政的援助は皆無に等しかった。1975年になって私立学校振興助成法が施行されたが、今では私学経営における経常支出の1割補助にとどまっている。

2 15年改革

　この五つの制度的困難に積極的に取り組んだのが1991年から2004年までの「15年改革」だった。いずれの困難も1949年の新制大学発足時から問題視され、その後の中央教育審議会においてたびたび議論されてきたテーマである。40年ほどたった91年答申から懸案事項の解決に取り組み、その後に続く改革によって、出来ることにはほとんど手がつけられた。画期的な15年だった。戦後の長い改革の歴史と実践、および課題については、天野（2003）、草原（2008）が詳しい。

　しかしながら、五つのうちの最後の国私格差問題は、法的制度の改革によって解決できるわけではない。財政政策の課題として残されたままになっている。

第2節　改革（制度論）から政策（資源論）へのパラダイムシフト

1　政策という言葉の使われ方

　高等教育政策の特質が、五つの制度的困難に集約されるわけではない。「制度問題」とは別に、私立依存による急速な大衆化、受験競争と入試制度、地域格差と地方分散、18歳人口の急増・急減など、大学規模の「拡大・停滞・膨張」という三段階の歴史的推移に応じた「時代問題」を抱えてきた。政府は、制度問題と時代問題の二つの解決に苦慮してきたが、それらの全体像については、先に紹介した著書を参考にしていただきたい。ここで考えておきたいのは、「政策」という言葉の使われ方に潜む「日本的特質」である。

　日本の教育界もメディアも「改革」という言葉が大好きで、いつも「教育改革」が熱く語られる。その一方で、「教育政策」という言葉はあまり目立たない。政策という言葉の意味は、文脈によって多様というよりも、政府の活動をすべて丸め込んだ言葉として漠然と使われている。改革と政策が区別して語られることもない。改革は政策と同義なのかもしれないし、政策の中心的な一部なのかもしれない。政策の一部が改革だとしたら、改革以外の政策とは何なのか。為政者はこの二つを区別しなくても困らないようだが、政

策研究をする立場からすれば、政策の意味と範囲を確定しなければ、思考の手順が定まらないはずである。政策を議論する多くの研究も、政策の位置づけが曖昧であり、政府の活動方針の説明や解釈、あるいは批判にとどまっている。政策という言葉の散漫な使われ方に私はしばしば違和感を覚える。こうした教育政策研究の不安定性に対して、社会政策（Social Policy）は、学問の専門分野としてコアになる理論的枠組みをもっている。教育政策と社会政策は、密接な関係にある学問領域のはずだが、わが国においては、両者の間の研究交流は少なく、しかも、教育政策はコアになる理論枠組みをもっていない。

　教育政策の意味と範囲を踏まえて、これまでの教育政策研究を位置づけ、さらに今後の課題を展望した論文として市川（1994）がある。この論文を手掛かりにして、政策を議論する思考枠組みを提起しておきたいと思う。市川による政策の定義は、「集団や個人が問題と認識する事柄に関して、特定の価値や目標を達成するために用意する活動の案・方針・計画」である。主語を政府にして簡略化すれば、政府の活動方針の総体が文教政策ということになる。これがごく一般的な政策の理解だろう。

2　規範的分析の欠如と財政研究の貧困

　しかし、この定義の重要性は、定義を構成する言葉の組み立て方、ないし論理の構成法にある。二つ指摘しておきたい。第一に、「何を問題にするか、という認識の根拠」が明らかになっていなければいけない。第二に、「価値や目標を達成するために必要な手段を調達する根拠」を示して、「活動方針が論理的に構成」されていなければならない。少なくともこの二つを含む組み立てがなければ、定義に合致した政策にはならないのではないか。市川論文の重要性は、こうした疑念まで立ち入って政策研究を検討しているところにある。定義に基づいて、日本の各種の政策研究を位置づけているが、そのマッピングの最後に「これからの課題」を指摘している。「政策プログラムを選択する基準について理論的に検討する規範的アプローチ」の必要性である。何を問題として認識するかを含め「政府が政策介入する根拠」、「政策目

標（平等性・効率性など）の構築」、「政策の手段と帰結」。これらを視野に入れた政策研究を「規範的分析」と呼んでいる。「これからの課題」として述べられているのは、今までの政策研究に規範的分析がなかったことを含意している。

規範的分析の提案は、社会政策の理論と実証によく似ている。社会政策は、経済学の一分野になっているが、市場経済学の理論とは基本的に異なっている。市場経済学は「需要」と「資源」の配分（allocation）問題に焦点があるに対して、社会政策の鍵になっているのは、「需要」ではなく、「社会的必要（Social needs）」である。社会的必要は、現実の好ましくない状態を改善する必要があるという価値判断に支えられている。この正当化された社会的必要に応じて「資源」を「割り当てる（rationing）」のが社会政策である。社会政策は基本的に規範的アプローチだが、資源を割当てる政策の判断基準（平等性、効率性、など）についての実証的アプローチが重なっている。社会政策の考え方については、専門書を参考にしてほしい。ここで確認しておきたいのは、社会政策は価値判断に依拠した「資源」の「割当」問題だということである。社会政策の枠組みからすれば、教育の目標に応じて、投入する「資源（ヒト、モノ、カネ）」の「割当」（効率的配分や公正的分配を含む）プログラムを選択する基準を検証するのが政策研究の骨格になる。

教育政策研究を特殊な世界に閉じ込めず、社会政策の範疇に含めて検証するのが合理的だと私は判断している。この視点に立って、改革と政策を区別するのは、意味ある思考作法だと思う。市川は別の著書で次のように指摘している（市川 2010）。「教育政策と教育行政の主要な手段は法令と予算であるが、従来の研究は立法過程や法令解釈に偏し、予算配分や財政構造の研究は乏しかった。しかし、予算配分や財政構造は、教育政策や教育行政の本当の狙いを明らかにしてくれる点で重視される必要がある」。

予算配分や財政構造に政府の本当の狙い（本音）が表出するという指摘は意味深い。にもかかわらず、財政面の研究があまりにも少なかったという。「財政よりも法令」という偏りは、政策研究の偏りだけでない。政府の活動方針や施策の決定が、「法令」に偏っている。法律を変更する施策が大きく

取り挙げられ、財政政策が背後に押しやられているのは、審議会の各種の答申に共通して見られる形式である。ほとんどの答申の最終章に諸改革を支援する「財政的措置」のコーナーが登場する。財政政策よりも財政的措置という言葉が相応しい報告書形式になっている。

　政策という言葉が漠然として使われ、政策研究が散漫になるのは、市川の指摘する「規範的分析」の欠如と「財政研究」の貧困の二つが重なっているからだ、と私は納得している。そこで一つの提案をしておきたい。行政の手段に着目した言葉の分類である。一つは、教育目標を達成するために法令やルールを変更し、活動の案・方針・計画を明示する方法である。法制度の変更であり、この方法を改革と呼ぶのがふさわしい。改革というのは、一般に制度論である。国家の財政政策といえば国家予算の配分だが、財政改革といえば、税制にかかわる諸制度の変更である。いま一つが、教育目標を達成するために、予算配分に現れる「資源の割当」を変更する活動である。こちらを政策と呼んでおきたい。改革が制度論であるのに対して、政策は資源論である。一般の（広義の）政策は改革も含む政府の広い諸活動を表現するから、資源論による定義は、「狭義の政策」になる。

3　改革から政策への転換

　話を元に戻す。現在進行形の大学改革に終わりは見えそうにない。しかし、思い込みの強い法制度改革という思考の直接延長上に、明るい未来の大学像が創られるとはとても思えない。お金をかけなくても、法律を変えれば、大学がよくなると思っているようだが、現実の問題解決はそれほどに単純ではない。制度論に偏った改革から資源論の政策に転換する道をつくる必要がある。

　制度的困難という長年の懸案事項を解決した到達点が2004年である。つまり15年改革を境に「改革は終わった」と私は考える。終わったといえば、お叱りを受けるに違いない。2005年には「我が国の高等教育の将来像について」（『将来像』答申）、08年の「学士課程教育の構築に向けて」（『学士課程』答申）、12年「新たな未来を築くための大学教育の質的転換に向けて－生涯

学び続け、主体的に考える力を育成する大学へ」(『質的転換』答申）と矢継ぎ早の答申続きである。

しかしながら、05 年を境に、改革は終わり、残っているのは、「政策と経営」である。そのように考えるのは、私の独断ではない。05 年の『将来像』答申は、改革が終わった宣言書である。『将来像』は、大学の「自由と競争」を強調した答申である（文科省 2005）。これまでの改革が着実に進捗し、実施されてきたという判断に立っている。その上で、「我が国の高等教育改革は、これら各般のシステム改革の段階から、各機関が新たなシステムの下で教育・研究活動の成果を具体的に競い合う段階へと移行する最中にある」と述べた。答申に書かれている「システム改革」が、「改革」という言葉に最もふさわしい。システム（制度）改革は終わったのである。

将来像答申、およびその後に続く「学士課程答申」は、部分的な法律改正を含むものの、法制度の改革ではない。大学の自主的に経営戦略を構築し、自らの力で教育と研究を活性化する努力を求めている。大学をよくするためのボールは、政府ではなく、大学にある。

08 年の『学士課程答申』では、三つのポリシー（アドミッション・カリキュラム・ディプロマ）、学士力、順次性のある体系的な教育課程の編成、単位制度の実質化、客観的な評価基準の適用、学習方法の改善、初年次教育の充実、教員・職員の能力開発、による教育力の向上など、教育改善方策の事例が列挙されている。4 年後の『質的転換答申』になると、さらに詳細な授業改善が提案される。学士力の向上が求められる社会状況を「繰り返し」説明しつつ、ディスカッションによる双方向の授業、教室外学習プログラム、学修時間の確保など、学士課程教育の質的転換を求めている。

教える教師と学ぶ学生の協力体制が実現されなければ、教授＝学習過程の質は向上しない。向上しないのは、学生の学習を水路づけるカリキュラムの体系と内容・方法に問題があるのではないか。そんな疑問に収斂しているのが現在の改革論である。15 年改革の後に議論されている内容の大勢は、カリキュラム問題になっている。カリキュラムの改善は重要だが、それは政府の問題ではない。大学の経営問題である。

第3章 高等教育政策の特質　47

制度のマクロ的改革から教授過程というミクロ的改革に移ったが、それらの具体的実践は、大学に委ねることであって、「中央教育審議会」が事細かに論じる話ではない。マクロに議論すべきは、改革ではなく、政策である。制度的困難の一つである「国立と私立」の二元構造は、改革課題というよりも、高等教育財政に直結する政策問題である。政策問題であるがゆえに、解決されない制度的困難となって残っている。高等教育財政政策の貧困が、わが国の高等教育政策の「本当の狙い」を明らかにしてくれている。

第3節　大衆大学の政策課題を考える

1　機会の平等性と二つの効率性

制度論ではなく資源論から、大学政策研究の緒論を紹介しておきたい。詳しい内容は拙著を参考にしてほしい（矢野2015）。国際的な政策研究からすれば、教育政策の課題は、次の三つに集約される（Psacharopoulos 1986）。(1) アチーブメントを基準とする教育内部システムの効率性（internal efficiency）、(2)卒業生の就職・失業からみた外部効率性（external efficiency）、(3)教育機会の平等性（equality）。この三つはすでに国際的には共有された常識的な政策課題であり、しかもこの三大問題に悩まされてきたのが世界の教育である。教育の入口から出口への流れに即して、機会の平等性、中身の学習効率性、出口の雇用効率性、と私は呼んできた。

三大課題に関連した言葉が審議会答申のあちこちに登場しているのは確かである。しかし、それらを正面から取り上げ、深く検証されてきたとはいえない。国際比較的にみて特殊な政策言説になったのは、高度経済成長と安定成長が1990年まで長く続いたからである。この期間の恵まれた雇用環境と教育熱心家族に支えられて、学力問題（学習効率）も就職問題（雇用効率）も深刻な社会問題にならなかったし、家計所得の上昇と進学率の上昇によって、機会の不平等も目立った社会問題にならなかった。

ところが、今の時点で振り返ってみれば、大学進学機会の平等性も、大学生の学習効率性も、大卒の雇用効率性も、優先順位の高い政策課題になって

いる。三つの課題を解決するための資源論が議論の中心になるはずの時代環境にある。そこで、市川の規範的分析、および社会政策に倣って、平等性と効率性という教育目標を設定し、その達成に政府がなぜ介入する必要があるか、そして介入するにふさわしい資源の割当・配分・分配はいかにあるべきか、を考える枠組みを提起しておきたい。

2 不平等を隠蔽する育英主義

第一に機会の平等性である。大学進学機会が不平等であるのは紛れもない事実である。この不平等の背後にあるのは「家族資本主義」だと私は診断している。ここでいう家族資本は、次の三点セットから構成されている。親の経済資本（家計の所得）と文化資本（親の学歴）、および子どもの学力資本である。この三つは相関関係にあるけれども、関係がずれている家族も少なくない。親の経済資本、文化資本が高くても、彼らの子どもの学力資本がすべて高いわけではない。経済資本が高くても、文化資本が低い家族も、その逆もある。三つの組み合わせは多様だが、家族資本の構成力によって大学進学が強く規定されている。高い授業料の私立に依存しているにもかかわらず、つまり政府の政策支援が薄いにもかかわらず、国際平均並みの大学進学率を達成しているのは、家族資本のお陰である

家族資本主義であるがゆえに、進学機会の不平等は大きくなっている。ところが、その実態よりも不思議なことがある。機会の不平等が社会問題になっていないのである。授業料の過剰な負担が進学の機会を閉ざしているなら、政府が介入して、授業料負担を軽減する政策をとるべきだろう。投入する資源の割当問題である。低所得層の進学率が30％ほどであるに対して、高所得層は60％を上回る。東京の高校生は70％ほどが進学するに対して、地方の県の高校生は30％台にとどまる。かなり大きな格差だ。この格差是正を現行の借金型奨学金方式で解決するのは難しい。貧しい家計だけが借金するというのでは、貧困の相続に他ならず、機会の平等政策とはいえない。しかし、不平等の是正策は強い世論の支持を受けているわけではない。むしろ、世論は冷めている。

第3章　高等教育政策の特質　49

　機会の不平等が社会問題にならない理由を一つ指摘しておきたい。進学率が50％を越えるほどに大衆化したけれども、世間やメディアは大衆大学に批判的である。大学が多すぎるという意見がかなり強い。大学は一部の選ばれた者が行くのが相応しいといまだにと思い込まれている。育英主義的大学観である。「無資力優良児」に進学機会を提供すべきだとする平等観が「育英奨学金」制度のはじまりである。家計の貧しさのために、優秀な子弟が大学に進学できないのは、社会の損失だと考えられてきた。裏を返せば、貧しくても、優秀でなければ無理に大学に進学する必要はないし、進学しないのは社会の損失だとは考えていないのである。

　国家財政からみれば、小さい予算で多くの大学が作れたことになり、きわめて効率的だった。育英主義的大学観が一番根強いのは、財務省だろう。低授業料の国立が育英型大学であり、大衆化を支えている私立に財政的支援は必要ないと考えてきた。しかし、いまでは国立大学も十分に大衆化している。育英大学をさらに絞って、財政配分の選択と集中を模索している。新しい未来の大学像を構想しないといけないにもかかわらず、高等教育財政の構造は変わらない。それどころか、一部の有力大学を重点的に支援するという19世紀的な開発国家型の大学観に戻ろうとしている。財政構造に財務省の「本当の狙い」（本音）が吐露されているといってよい。

　大衆化した大学への進学機会をどのように考えるべきか。大衆大学の機会を平等化することが、「社会的に必要（social needs）」なのか。それが現在の大きな政策課題である。この判断は、客観的に決められる事柄ではなく、価値判断に属すると一般に考えられている。しかし、ここで考えなければならないのは、大学の価値観だけではない。大学教育への投資が効率的であるか、否かの実証的判断を重ねなければならない。大衆化した大学に進学するメリットはないと一般には考えられている。教育関係者も為政者もメディアもそんな気分になっている。もしほんとうにムダであれば、無理して大学に進学する必要はないし、機会の平等政策は非効率だということになるだろう。ところが、世間の通念とは真逆に、大学の大衆化と機会の平等化は効率的な投資選択なのである。

3 大衆化と平等化は効率的である

　育英主義的大学観をもつ人は、大衆大学を非効率で無駄な投資だとみる人である。大学が大衆化すればするほど、進学するメリットは小さくなると思い込んでいる人はかなり多い。しかも、思い込みが強く、現状を調べようともしない。雇用効率の基準を提供してくれる伝統的方法が、マンパワー政策と効果分析である。方法論的には古いが、今でも欠かせない情報を提供してくれるはずである。しかし、雇用効率から高等教育政策を考えるという発想をもたないわが国では、この分野の研究がほとんど蓄積されていない。

　将来の人材需要や職業構造の変化を視野に入れた教育が必要だと語られる言説は、政府文書でも頻繁に使われている。将来を担う人材を養成するのが大学だから、マンパワー需要に応じて、必要な教育分野を位置づけ、それらの分野に投入する資源（ヒト、モノ、カネ）の配分を考えるのは、一つの合理的思考である。単純な思考だと思われるかもしれないが、未来の人材需要を特定するのは易しくないし、経験的に言って、予測ははずれる。しかも、教育と職業の関係を硬く結び付けられる分野は限定的で少なく、二つの関係は緩やかで弾力的に構成されている。それが日本の労働市場の特質である。単純な思考ではなく、複雑に考えなければ分からないのが、日本の教育と職業の関係なのである。だからこそ、日本社会を理解する上でも知的刺激のある研究分野だと思う。

　ところが困ったことに、確かな情報を持たないにもかかわらず、人材需要や職業構造の変化に応じた教育をすべきだという議論だけがしばしば先行する。「実践的な職業教育」や「グローバル人材」は今の流行の言葉だが、それらに該当する職業の具体的な数と質はどうなっているのか。全体のマンパワーの量と質、およびその将来変化がわからなければ、人材需要に応じた職業教育を議論する土俵は作れない。土俵のないところで、新しい高等教育機関の「制度化」だけが議論されている。実践的な職業教育の将来像は、制度の改革ではなく、将来のマンパワー需要の視点から検証しなければならない政策課題である。

　いまひとつの効果分析も、研究蓄積の少ない分野である。世界の動きをみ

第3章　高等教育政策の特質　51

ても、日本の学歴別所得格差を分析しても、大衆化すれば大学の効果が小さくなるわけではない。進学率が上昇しているにもかかわらず、大学教育の経済効果が上昇している。それが21世紀に入ってからの国際的トレンドである。技術進歩が中等教育卒業者よりも高等教育卒業者を需要しているからである。日本も今世紀に入って、高卒に対する大卒の相対所得は上昇している。大衆化すれば大学の効果は小さくなり、雇用効率が減少すると思うのは間違った思い込みである。

　同時に、大学は学力優秀な人にのみ効果があり、優秀でなければ効果がない、というのも思い込みに過ぎなく、間違っている。その一つの証拠を紹介しておきたい。教育年数と労働経験年数によって所得が上昇することを明らかにした人的資本理論に基づいた所得関数の計測である。**表3-1** は、教育年数に「中学校時代の学業成績」を加えたモデルである [1]。

　まず、基本になるモデル1の結果をみてみよう。学歴を教育年数に変換した係数は、0.090になる。これは、教育年数が1年増えると所得が9％増加するという意味である（被説明変数の所得が対数表示になっているので）。教育の収益率、あるいは教育プレミアムといわれる。1年で9％増えるということは、大学4年間で高卒よりも所得が36％増えるという勘定になる。この収益率の値は、国によって異なるけれども、だいたい6％から12％の範囲にある。

　しかし、学力の高い生徒ほど教育年数が長いという相関関係にあるので、モデル1の収益率には学力の効果が重複して現れる。そこで、モデル2である。この収益率は、中学校時代の学業成績をコントロールした数値である。学力が同じ生徒の収益率は7.3％になる。9％よりも減少するのは、学力が及ぼす効果を除いた教育だけの効果を計測しているからである。教育の収益率としては、9％よりも7.3％の方が適切な推計値だといえそうだ。なお、学力の係数は、6.6％。成績が一ランク高くなると所得は6.6％上昇する。学校の学力水準は、所得を上昇させる効果をもっている。「学業成績なんて、社会に出れば何の関係もない。何の足しにもならない」というような物言い（「関係ない仮説」）は棄却される。学力の高い層は、高卒でも大卒でも

表 3-1　教育効果の推計－男子常用労働者（60歳以下）の所得関数（2005年）

	モデル 1	モデル 2	モデル 3	モデル 4 成績上位	モデル 5 成績中位	モデル 6 成績下位
教育年数	0.090** (0.006)	0.073** (0.007)	0.056** (0.009)	0.075** (0.013)	0.069** (0.010)	0.071** (0.015)
学業成績		0.066** (0.014)				
成績×教育年数			0.0051** (0.001)			
労働経験年数	0.066** (0.005)	0.067** (0.005)	0.068** (0.005)	0.082** (0.009)	0.068** (0.007)	0.047** (0.011)
労働経験 2 乗	-0.001** (0.0001)	-0.001** (0.0001)	-0.001** (0.0001)	-0.001** (0.0001)	-0.001** (0.0001)	-0.001** (0.000)
調整済み R2 乗	0.309	0.321	0.322	0.284	0.284	0.170
有効サンプル数	1105	1097	1097	362	471	264

() 内は標準誤差／ **1%有意／ *5%有意／従属変数は対数所得

　将来の所得が有意に高くなる。学力の高い高卒と学力の高い大卒を比較すれば、7.3％の所得増になり、逆に、低い高卒と低い大卒を比較すれば、同じ7.3％の所得増になる。それが、モデル 2 の意味である。

　もう少し分かりやすくするために、学業成績を上位、中位、下位の三グループに分けて、それぞれの収益率を計測したのが、モデル 4 から 6 の結果である。収益率の係数に若干の違い（6.9％～7.5％）はある。しかし、それぞれの係数の標準誤差をみれば誤差の範囲であり、学力に関係なく、誰でも平均的な収益率を期待できる。しかし、成績下位層のモデル説明力は、0.170にとどまり、他の二つ被比較して小さい。彼らの所得の決め手は、他と比べてやや不安定だといえる。上位層の説明力も小さく、不安的だと思われるかもしれないが、個人の所得分配を説明するモデルは、どの国でも、30 ～40％の範囲でしかない。所得の 6、7 割は運（luck）で決まると考えておくのが健全だろう。

　こうしたモデルに対するいま一つの疑問は、学力と教育年数の間にある交互作用だ。この交互作用の存在を仮定したのが、モデル 3 である。モデル 2

に〈学力×教育年数〉を加えた推計である。しかし、学力と学力×教育年数の二つの間の相関係数が高すぎる（多重共線性）ために、二変数を追加した推計値は、統計的に有意な結果にならない。説明力が高いのは、学力変数を除いて、学力×教育年数だけを追加した推計モデルである。それがモデル3の結果である。これによると、教育年数の収益率は、5.6％になる。収益率が調整されて、モデル2の収益率（7.3％）よりさらに小さくなるわけではない。学力との関係で、収益率が変動するということである。つまり、学力別の収益率（％）＝5.6 ＋ 0.51 ×学力になる。学力（5段階）の順に計算すれば、8.2％→7.6％→7.1％→6.6％→6.1％である。モデル3によれば、学力に関わらず誰でも7.3％の収益率が期待できるとはいいがたく、学力別にみた収益率は6％〜8％の間にある。

　中学卒業時の学力変数を導入すれば、収益率のセレクションバイアス問題が解決されるというわけではない。さらに、この学力は、生得的な能力（IQ）を示しているわけではない。学力に教育の成果が反映されているから、この変数による調整は教育の収益率を小さく見積もりすぎているともいえる。不十分な推計であることは自覚しているが、成績が悪ければ進学する必要はないという通念を反省するには十分だろう。

　雇用効率に関する膨大な研究蓄積をもつアメリカがときどき羨ましくなる。わが国では、「学力の低い者は大学に進学しても意味がない」という根拠のない通念をもち続けて、大学の大衆化がしばしば批判される。それにも関わらず、信頼できる計量分析に取り組もうともしない。人的資本論が教育を悪くするのではなく、こうした知的退廃が教育を悪くする。大衆大学を批判するよりも、「誰でも勉強すれば報われる」という事実を共有して、教師と学生の信頼関係を醸成することが、今の大学教育の現場にとって大切だろう。

4　学習効率と雇用効率の接続

　いまひとつの学習効率については、小中学校の学力問題が中心的テーマとされ、大学教育についてはほとんど関心が払われてこなかった。それどころか、大学教育は役に立たない、会社は大学の専門教育に期待していない、と

長く言われつづけてきた。これもまた根拠のない思い込みだ。確かに、大学で学んだ知識が現場ですぐに役に立つわけではない。すぐに役に立ったらむしろ驚きである。仕事現場に必要な知識・スキルはそれほど単純ではない。技術革新はつねに新しい知識・スキルを求めて、進化している。サラリーマンは毎日が勉強だといってよいだろう。そういう変化する経済社会だからこそ、大学時代の学習が大切になる。大学時代に学ぶ習慣を身に着けておかなければ、社会にでて学ぶ力が育たない。学生時代の学習経験と卒業後のキャリアを調査分析した結果から私たちが提案したのは大学教育の「学び習慣」仮説である（矢野2010）。大学時代の学習は、生涯の財産であり、資本になっている。

　一つの分析事例にすぎないが、学生時代の学びとキャリアの関係について、現在も続けて調査分析を重ねている。いずれ報告する予定だが、学生時代の「学業成績」と「教育満足度」は、異なった要因から形成されている。さらに興味深いことに、「成績」と「満足度」は、卒業後のキャリアに異なった影響を与えている。こうした研究を継続しているのは、学習効率を規定する要因を解明するだけでなく、その学習が雇用効率とどのように関係しているかを重視するからである[2]。

　最近の改革の焦点は、カリキュラム問題になっている。そして、教育の質保証や学習成果、つまり学習効率が問われている。学生の学習実態調査も盛んになった。今後の研究発展を期待して、二つ指摘しておきたい。一つは、学習効率の視点である。学習効率を測定するためには、教育に投入する資源と成果の関係が分からなければならない。そうでなければ、どのような資源をどれだけ投入するのが望ましいか（＝政策）が分からない。いま一つは、すでに述べたように、学習と雇用効率の接続関係を明らかにする必要があるということである。学習効率を検証するには、教育内部の資源問題に閉じるのではなく、雇用効率との関係を明らかにしなければならない。

第3章 高等教育政策の特質 55

第4節　大学の使命：冒険・時間・仲間

1　政策と経営の協力体制

　改革が終わったという認識からすれば、これから重要なのは、政府の「政策」と大学の「経営」との協力体制である。今の政府は、何かと大学に注文をつけている。教育経営やカリキュラムの設計にまで大学が判断すべき方法を伝授し、そのアドバイスに従って頑張った大学にご褒美（補助金）を出すという関係になっている。大学が政府に信用されていない証拠である。中央政府が地方政府にプロジェクトを提案し、そのプロジェクトを遂行した地方に中央が補助金を出す、という形式と同じになっている。あまり健全な中央＝地方関係ではないし、補助金行政は行き詰ったはずである。今の政府と大学の関係は、悪しき補助金行政を思い出させる。

　こうした現実を前にすればこそ、政府の高等教育財政政策と財政研究が重要になる。財政カットする必要があるなら、その説得的な根拠を具体的に示す必要があるし、増やす必要があるなら、その根拠を示さなければならない。その一方で、大学教育の質を向上できるのは、政府ではなく、大学、および教師一人ひとりの努力である。その努力を重ねるのが大学経営の責任である。大学の責任を前提にして、政府にできることは何か。政府がすべきことは何か。それを具体的に見えるようにするのが政策研究である。政府と大学が担う責任は同じではない。その役割をわきまえて、両者の協力体制を築くのがポスト改革時代の課題だと思う。

2　大学の使命

　協力体制といってしまえば、あまりにも凡庸だが、政府も、大学も、今までにない挑戦が求められている。日本の政府は、法令づくりを得意としてきたが、「政策の策定」を苦手としてきた。一方、大学は、長い間ずっと「経営」を苦手としてきた。五つの制度的困難の一つとして、大学の管理運営問題を挙げた。この問題解決に取り組んだのが、国立大学の法人化であり、評価制度だった。ともに必要、かつ画期的な改革だった。しかしながら、制度

改革をすれば、優れた経営が実現するわけではない。最近では、「ガバナンス改革」が提唱され、学校教育法が改定された。経営者（理事長・学長）の意思決定を法的に強化させれば、ガバナンスがよくなるというのである。法令を変えればよくなるという改革思想が続いている。

　法令の改正でガバナンスがよくなるとは思えないが、大学経営の執行部に関与した経験もない私には、経営問題に深く立ち入る力量はない。けれども最後に、「経営と政策」の二つが大事だと述べた気持ちを、一教師としての経験から、吐露しておきたい。

　最近の大学は、企業経営に学ぶことを奨励して、コーポレート・ガバナンス型の統治、および金銭的インセンティブによる「成果主義」人事管理が求められている。大学を合理的な経営体に変えるために、「選択と集中」「競争的資金配分」「成果主義人事管理」など経済的インセンティブと競争による合理化が必要だとされている。今の大学は、昔のレジャーランドからビジネスランドに変貌している。しかしながら、大学がビジネス界と同じなったら不幸である。伝統的な学者共同体でもなく、利潤追求の経営体でもない、新しい大学の経営革新が求められている。

　私学に建学の精神があるように、大学にはそれぞれの理念がなければならない。つまり、大学の使命である。大学のような非営利機関の目的は、企業のそれとは大きく異なっている。ドラッカーの言葉を引けば、「非営利機関は、人と社会の変革を目的」としており、その目的に対して「いかなる使命を果たしうるか」が重要になる。つまり、大学の目的は使命の達成にある。そして、使命は、「表現の美しさ」ではなく、具体的な行動に結びついていなければならず、非営利機関は、「行動の適切さ」によって評価される（ドラッカー 1991）。

3　冒険・時間・仲間

　それほどに大切な使命を定めるのがリーダー（学長等）の役割である。一教師の希望を述べれば、大学における「教育と研究の使命」を達成するプロセスで大事にしてほしいのは、「冒険と時間と仲間」である。

第3章　高等教育政策の特質　57

　レジャーランドでもなく、ビジネスランドでもない、冒険（アドベンチャー）ランドになればいいと願っている。大学という空間に許されている特権は、失敗を恐れず冒険し、失敗に学ぶところにある。レジャーやビジネスが悪いわけではない。勉強も、レジャーも、ビジネスも、そして研究も、冒険あってこその大学である。失敗しないように、勉強したり、遊んだり、研究したりしていては、面白くないだろう。冒険体験の数々の蓄積が、学生を学生らしく、教師を教師らしく、大学を大学らしくする。

　冒険するためには、豊潤な「時間」と愉快な「仲間」が不可欠だ。教師が思索にふけっていると暇人だと指弾されるご時世である。「研究のビジネスランド化」によって、競争資金の獲得に走り回っている教師ほど、資金を集めた教師ほど、偉いことになっている。お金集めに奔走し、業績稼ぎに追われて、教員の時間が劣化している。大学の時間は、産業の時間と同じではない。技術革新のスピードだけが大学の時間の尺度ではないし、短期に成果を挙げたがる政治の時間とも同じではない。速い時間も、ゆったりした時間も、多様に流れているのが大学の時間である。教員の時間だけではない。学生も、大学時代だけしか経験できない事柄と時間リズムをもつのがいい。豊潤な時間があればこそ、失敗を恐れない冒険ができる。そして、冒険と時間を一緒に楽しむ仲間がいればなお素晴らしい。仲間は、自分の専門、自分の所属機関を越えているほど刺激的だ。グローバルに生きるということは、学生および教員が外国の仲間をつくることである。グローバル競争を煽ることではない。多様な冒険は、豊潤な時間と愉快な仲間とともにある。

　自分自身の大学生活を振り返って最も楽しかったのは、文系・理系の学問分野や年齢などの社会的属性を越えた仲間たちとの出会いだった。尊敬する第一線の研究者である仲間の言葉が思い出される。「研究者として困ることが二つある。一つは、お金がないこと。いま一つは、お金がありすぎることだ」。大学現場の混乱を象徴する言葉である。それほど大きな研究資金を必要としない文系の仲間も、大型プロジェクトを立ち上げないと格好がつかなくなっている。その結果、お金の消化に苦慮することにもなる。消化の犠牲になっているのが、30歳前後の若い研究者だったりしているから深刻だ。

もう一人の工学者の友人は、「億のお金の責任者になると、失敗してはまずいという気持ちが先になり、失敗しない研究を優先してしまう。ほどほどのお金であれば、失敗してもいいという気持ちになれて、面白い研究ができる」。さらに、億単位の研究資金を動かしてきた友人の言によれば、「いままでの研究の中で、最もオリジナルなのは、昔のささやかな研究ファンドの成果だった」。日本の学術研究の大きな問題は、研究者と資金の層が薄いところにある。インフラストストラクチャーの層が薄いところで、資金の「選択と集中」(ビジネス化) が重なれば、お金のない困難とありすぎる困難に直面する。

どのような使命を掲げるにしろ、冒険と時間と仲間を優先してほしいと願っている。それが経済的に豊かな成熟社会の大学にふさわしい選択だと思う。ところが困ったことに、冒険なし、時間なし、仲間なしの孤独な研究者の姿がリアルに目に浮かぶ。もちろん、大学の使命は、多様である。それぞれの使命に照らし合わせながら、学内の「制度」と学内の「資源 (ヒト、モノ、カネ)」配分を一体化させるのが、ガバナンスであり、マネジメントである。そんな大学を支援する政府の資源論的政策が構築できれば、政府と経営の協力体制が成立すると期待している。

注
1　日本社会学会による「社会階層と社会移動」(SSM) 調査のデータによる。二次分析に当たり、東京大学社会科学研究所付属社会調査・データアーカイブ研究センターSSJ データアーカイブから〔〔2005 年 SSM 調査、2005 年〕2005SSM 研究会データ管理委員会〕の個票データの提供を受けました。記して感謝したい。
2　高等専門学校 (高専) の卒業生を対象とした調査研究の成果については、最近の著書 (矢野・濱中・浅野 2018) を参照してほしい。

引用・参考文献
天野郁夫 1986,『高等教育の日本的構造』玉川大学出版部。
天野郁夫 2003,『日本の高等教育システム』東京大学出版会。
市川昭午 1994,『日本教育政策学会年報』第 1 号、八千代出版。
市川昭午 2010,『教育政策研究五〇年』日本図書センター　p26。
草原克豪 2008,『日本の大学制度』弘文堂。
矢野眞和 2015,『大学の条件』東京大学出版会。

矢野眞和 2011，『習慣病になったニッポンの大学』日本図書センター。

矢野眞和 2009，「教育と労働と社会－教育効果の視点から」『日本労働研究雑誌』第588号　pp5-15。

矢野眞和・濱中義隆・浅野敬一編 2018，『高専教育の発見―学歴社会から学習歴社会へ』。

文部省 1963，『大学教育の改善について（答申）』（中央教育審議会答申）。

文部科学省 2005，『我が国の高等教育の将来像（答申）』（中央教育審議会大学分科会答申）。

Ｐ・Ｆ・ドラッカー（上田惇生・田代正美訳）1991，『非営利組織の経営－原理と実践』ダイヤモンド社。

Psacharopoulos, G. 1986 "The planning of Education: Where we Stand" Comparative Education Review, Vol.30 No.4. pp567.

さらに学習したい人のための文献案内

市川昭午『教育政策研究五十年―体験的研究入門』日本図書センター 2010 年。

　　教育行政学という制度的枠組みに囚われず、現実の教育政策の課題に真正面から取り組んできた学際的な教育研究者の豊かな思考を、戦後日本の教育政策の歴史に即して、リアルに知ることが出来る。

矢野眞和『大学の条件―大衆化と市場化の経済分析』東京大学出版会 2015 年。

　　本章の論理的展開の根拠となる実証的なデータと分析が詳細に述べられている。大学の入り口から中身と出口に至る今日の政策課題を理解するためだけでなく、政策研究のために最低限必要な統計分析を網羅し、演習し、批判するに役立つ。

第4章　大学の組織

両角亜希子
(東京大学大学院教育学研究科准教授)

本章のねらい

　本章では、大学という組織を動かすメカニズム、国際比較から見える日本の大学組織の制度的特徴など、大学を経営するうえで知っておくべき基礎的な知識を理解することを目的とする。

　まず、言葉の定義を確認したうえで（第1節）、大学の組織をどう見るかに関する代表的な理論を紹介し（第2節）、ガバナンスの観点から見た現代の大学組織の特性を設置形態や主要な国別に概説する（第3節）。続いて、大学のマネジメントとリーダーシップの問題（第4節）にもふれて、最後に内部組織（基本組織単位）の問題について述べる（第5節）。

第1節　なぜ大学組織論を学ぶのか

　大学を経営するうえで、大学という組織がどのような論理で動いているのかという組織のダイナミクスを理解することはきわめて重要である。大学経営において、これをすれば必ず成功するという理論や目指すべき完璧な大学経営のモデルがあるわけではない。大学の組織行動に対する様々な見方や基本的な知識を身につけることによって、それぞれの組織で必要な選択肢を提供し、構成員を巻き込み、改革を実現できるのである。そうした応用力・実践力を発揮するための土台的な知識として、大学組織の論理を理解しておくことが不可欠なのである。

　諸外国の大学経営に関する大学院プログラムにおいて、大学の組織論は必

修科目として設定されることが多いのもそのためである。米国高等教育学会（ASHE）では、高等教育の歴史、政策、大学教育、大学教員論、大学評価、高等教育の経済学と財政など、様々なテーマ毎にリーディングス（基本論文集）を出版しているが、第2版、第3版のものが多い中で、大学の組織とガバナンス（Organization and Governance in Higher Education）に関するリーディングスは、最新号（Bronw2010）は第6版であり、最も多く版を重ねられている。こうした点からも大学組織論がいかに重視されているかがうかがえる。

　この分野は、アメリカを中心に発展を遂げてきた。そのため、アメリカでの研究の紹介が多くなるが、それらを正確に理解するためにも、まずは概念整理を行う。日本語における大学経営を指す言葉として、英語ではガバナンス（governance）、マネジメント（management）、リーダーシップ（leadership）の3つがある。Persons & Mets（1987）によれば、ガバナンスとは「意思決定の構造とプロセス」を、マネジメントとは「その広い意思決定を実施するための構造とプロセス」、そしてリーダーシップとは「個人がそれを通じて意思決定に影響を与えようとする構造とプロセス」とそれぞれ定義される。これらは相互補完的に用いられることも多いが、その概念の違いを理解しておくことが重要である。ガバナンスは、教育研究という特殊な目的をもち、構成員の参加を重要な要因とする大学という組織が、運営される形態を意味し、他方でマネジメントという言葉は、大学も企業などの一般的な組織と同様に、特定の目的に向かって、その達成を目指して、合目的に運営される、という意味で用いられることが多い。具体的にはどのような戦略を実現するのか、どのような計画や資源配分を行うのかといった課題が含まれる。なお、ガバナンスは高等教育機関内部に限らない、より広い概念である。クラーク（1994）は、高等教育における意思決定に影響を与える力（権威）について、学科から国家政府までの6レベルを区分したが、このすべてのレベル内・間での相互作用として理解すべきものである。これに対して、リーダーシップは、言葉と行動によって他者の信頼を得て、他者を動機付けて、一定の取り組みに関与させる影響力を発揮することであり、いわばフォロワーシップとの関係によって規定される概念である。影響力の源泉が、マネジメ

ントでは職位や立場など法的・手続き的に付与された人の任務であるのに対して、リーダーシップでは個人的誠意や専門性による点に違いがある。

第2節　大学組織モデル：大学はどのように動いているのか

大学という組織はどのような論理で動いているのか。大学で構成員が効果的に協働して、大学を動かしていくために、どのような条件や働きかけが必要なのか。複雑系としての大学組織のダイナミクスを理解するために、様々な研究が行われてきた。

他の組織とどのように異なっているのかを理解するために、企業、病院などの非営利組織などとの比較研究も多く行われ、そうした中で、大学組織の特殊性が次第に明らかになってきた。見かけは企業と似ているが、実態は大きく異なるのは、たとえば教員の権威や経営参加が重視されている、つまり同僚性文化の重視、持ち回り人事といった点から説明できる。大学にとって重要なことは管理職が行う選択ではなく、現実の本質についての人々の合意であり、組織の主目的は意思決定ではなく、合意形成であること。大学を動かしているエンジンは利益ではなく、物事の意味付けであること。大学は目標を設定できないのではなく、数多くの相対する目標を一度に抱えていることにあることなど、様々な知見が導かれた。

また、組織のダイナミクスを説明するために様々なモデルを用いた理論が多く作られてきた。たとえば、クラーク (1983) は、政府権力 (state)、市場 (market)、大学寡頭制 (academic oligarchy) の強さに応じて各国の制度を位置付けた「トライアングルモデル」を提唱し、McNay (1995) は、大学全体の政策の定義と、政策の実行に対する統制に着目し、それがゆるやかか厳しいかによって、同僚性 (collegium)、官僚制 (bureaucracy)、法人制 (corporation)、企業制 (enterprise) の4つのモデルに区分し、世界の大学は同僚制・官僚制から法人制・企業制に向かっていることを指摘した (江原・杉本 2005)。これは一例で様々な優れたモデルが作られてきたが、本章では、バーンバウム (1992) をもとに伝統的なモデルを説明する。この本の英語名は How

Colleges Work（大学はどのように動いているか）で、大学の管理運営に携わる者が自分の職務をより多角的に捉え、そうすることによって仕事の改善を手助けする目的で書かれている。ここでいうモデルとは、大学の構造やダイナミクスを理解し、説明するために研究者が策定したものである。ある大学が特定のモデルに合致するものではなく、それぞれのモデルがそれぞれ、大学の何らかの面を映し出すものとして理解すべきである（「政治型大学モデルで見るとＡ大学の派閥争いの性質が理解できる」といった具合に）。また、Ａ大学の場合、カリキュラム改革の議論は無秩序型モデルでみると理解できるが、新学部設置のプロセスは政治型モデルでみると理解できるなど、同じ大学でも様々なモデルが併存することはよくある。どのモデルにも適切な管理運営方法があり、解決策の糸口を探ることができるし、自大学の組織課題を多様な視点からとらえなおすのに、モデルは有効である。大学組織の問題の多くは、前例も正解もないことが多いが、そうした問題に対する結論を考えるうえで、できるだけ複雑で多面的に思考し、組織内に多様な選択肢を提供できることが重要だからである。

1　同僚平等型モデル

　管理職も教職員も同質的で平等という理念に基づいており、階層的構造を持たない水平的な構造を持つモデルである。共同体感覚が重視され、共有する一般的合意が存在する。全員が討議に入る権利を持ち、その共有の価値に則る合意が責任の所在があいまいなままで行われる。組織の規模が大きくなると、規範を支えていた相互交流が失われがちになる問題点はあるが、共通の規範が構成員を職務への努力へと方向づけられるのであれば成果を上げることもあり、必ずしも非効率的な組織モデルとは描かれていない。

2　官僚型モデル

　上司・部下の関係からなる垂直的な階層構造を持つ。大規模な大学組織では、官僚化された方法で規範を実施している。職務を組織的に調整し、明文化した規則で統制することで、合理的かつ公正に目標を追求する組織とする。

官僚制による合理性追求が可能ということは、組織に特定された明確な目標があることを意味する。

官僚制では、すべての権限はトップに属するが、実際は専門知識を持った部下に権限委譲されて実施されるため、逆説的だが、権威は、命令を受け入れる人間の決定に依存している。大学教員などの高いレベルの専門家は、無理に命令しても従わない。形式主義や責任の転嫁が起こりやすいこと、一度動いてしまったものを止めるのが難しいなどの問題点もある。

3　政治型モデル

大学の構成員の価値観やバックグラウンドが多様化すると、共通の合意のない多数のグループが存在するようになる。政治型モデルでは価値観や目標の異なる小さな連合（利益グループ）の集合体として組織をとらえる。合意が存在しない中で、分権的な複数のグループによる交渉に基づき、交渉や連合という政治的な過程が発生する中で意思決定が行われる。

共通の合意や設定された目標がない組織では、新たな課題が生じたときや、従来の連合が崩れたときに政治的過程が動きだす。変化の状況にあって、グループ間で牽制することが安定性をもたらし、また、同時に変化に対応することも可能であるし、政治的過程が認められていることで、異なる目標を持つ教職員集団が一緒に仕事をすることを可能にするメリットもある。特定のグループが情報を支配し、他を弱めることがある、問題が議論の俎上に上がらなければ放置されるなどの問題点もある。

4　無秩序型モデル

複雑多様な組織構造で、要素が大学内外のさまざまな要因により影響を受ける場合、因果関係の予測のつかない組織となる。組織として目標は共有されず、また、メンバーの安定的な参加もなく、合理的意思決定ができない。そのため、ある時点で集まったものにより偶発的に意思決定がされる「ゴミ箱式意思決定」(=「組織化された無秩序」下で意思決定が合理的・一貫的ではない過程をたどることを示したモデル）となる。

第4章　大学の組織　65

　第三者には無秩序に見えるが、枠組みがあるし、役割もルールも存在する。大学内部が「ゆるい連結」で結びついているため、個人や下位組織が自主的に判断できる裁量を持つ。施策や意思決定の因果関係が予測不可能である問題点はあるが、内部的に無秩序であることが、個人や下位組織の単位の判断で外部環境の変化へ柔軟に対応することを可能にするため外部環境が変化するときは有利などの利点がある。管理運営上の規制を強めると、かえって生産性をそぐことがある。

　この4つの大学の組織・管理運営のモデル（同僚平等型、官僚型、政治型、無秩序型）はバーンバウム自身が作成したものではないが、彼はそれらを統合する一つの方法として、サイバネティックモデルを提案している。サイバネティック制御とは、組織の機能を監視し、注目する手がかりや物事がうまくいっていないときに否定的フィードバックを関係者に知らせることのできる自己修正メカニズムで、これによって大学の安定と秩序を達成すると考えた。なお、両角（2010）やピーターソン（2015）では、アメリカの大学が置かれた環境変化の中で、様々な組織モデルが作り出され、研究が発展していった状況を詳しく説明しているので、関心のある読者はあわせて参照されたい。

第3節　ガバナンスから見た大学組織の特性

　第3節では、制度としての組織のあり方（組織の公的な側面）について解説する。各国の大学ガバナンスは、その歴史的背景の違いによって異なったあり方をしている。紙幅の都合ですべての国について扱うことは不可能なので、3つの代表的なガバナンスモデルを説明したうえで、日本の大学、アメリカの大学について詳しく述べる。それ以外の国のガバナンスに関心がある読者は、江原・杉本（2005）、OECD（2005）、Schuetze他（2012）、Shattock（2014）などを参照されたい。

1　3つのモデル

　表4-1 には、金子（2010）による国際的に見た大学ガバナンスの3つの類

表 4-1　大学ガバナンスの基本類型と具体的形態

	政府と大学の関係	大学の内部	具体的な形態
国家施設型	政府は直接に大学を設置し、経済的に支援する。大学は国家の施設の一つ。近年、政府統制の間接化が進みつつある。	教員の合議体としての教授会が基本的な権限を持つ（ギルドとしての大学）。学長は教授会によって選出。教授の代表で任期も短く、任期後は教授の一員に戻るのが通常である。	ヨーロッパ大陸の大学 東アジアの国立大学
政府支持型	政府によって設置されるが、大学運営に対する政府の統制は間接的で、何らかの媒介機関を通じて行われる。	個別大学は独立の組織で、学長はそのガバナンスに責任を持つ。大学の意思決定組織には公益を代表する成員が参加する。	アメリカの州立大学 イギリスの大学
私立型	基本的に有志の寄付によって形成される基本財産を基礎として運営される。ただし、政府も大学の質の維持や、社会的教育機会への需要を勘案し、私立大学の設置を促進ないし制限することは可能。	基本財産を寄付目的に実現のために使い、維持することを委託された理事会によって運営されることが原則である。	アメリカの私立大学 東アジアの私立大学

　型の概要をまとめた。歴史的背景を踏まえて、現代の大学の設置形態を、国家施設型、政府支持型、私立型の3つの整理している。同一モデル内で基本的な特徴は共通しているものの、同じ類型に位置づいていても、いくつかの重要な点において個別の国による相違は大きいことに留意すべきである。各モデルが別の国に輸出（模倣）される過程で、独自の歴史的な背景の中で、それぞれの国にあった形での修正がくわえられていくためである。

　とくに国家施設型は、ヨーロッパでは 1980 年代ごろから、東アジアでは 2000 年代以降に、New Public Management（NPM）の考え方の影響をうけて、直接統制を弱め、競争と評価を重視した政策転換が行われている。国家施設型では政府が社会のニーズを読み取り、支援するモデルだが、社会の変化が激しく複雑化する中で、そうした機能にも限界が出てくる。大学が成長

するうえで、自律的に運営することが重要だと考えられ、それを実現するための制度設計のあり方やその効果など、多くの研究がなされている（Paradeise 2009）。

2　国立大学のガバナンス

(1)大学と政府の関係

　日本の国立大学は、上の類型で言えば、国家施設型である。2004年の法人化前は、文部科学省の内部組織と位置付けられ、政府による直接的な統制を受けてきた。社会の変化に応じて大学組織を拡張・改変しようとすれば概算要求という手続きを通じて、法令と予算そのものを変更しなければならないし、その可否は基本的に政府によって決定されていた。予算は個別支出項目ごとに算出されており、項目間の流用については厳しい制限を受けていたし、教職員は国家公務員として位置づけられるなど、大学の裁量の余地が小さかった。国立大学の法人化により、大学を独立機関として運営の自由度の拡充が目指された。全国立大学が一斉に法人化した点で、世界でもまれに見る大改革として注目された。

　法人化では、①中期目標・中期計画、②6年ごとの国による法人評価、③法人評価の達成度による財政配分、④資金配分の自由度、⑤新しいガバナンス体制（執行部の権限強化と学外者の参加）という5つをセットとした制度設計がなされた。政府からの統制を間接化し、自律的な運営をめざした。詳細は、文部科学省作成の**図4-1**がわかりやすい。国立大学の法人化は、一般の行政改革の政治的な流れの中で行われ、独立行政法人の制度的な枠組みを援用した。学外者の運営参画の制度化、独自の評価システム、学長選考や中期目標設定で大学の自主性を考慮したが、中央省庁が大学運営全般について目標を示し、その達成度を評価するという形での大学評価は他国に例を見ない特徴である（大﨑 2011）。

　法人化から10年以上経過し、新制度が定着する一方で、制度設計の基本的な考え方自体も変容し、むしろ政府の影響力は再び強まっているようにもみえる（両角 近刊）。平成24年の「大学改革実行プラン」を踏まえた「ミッ

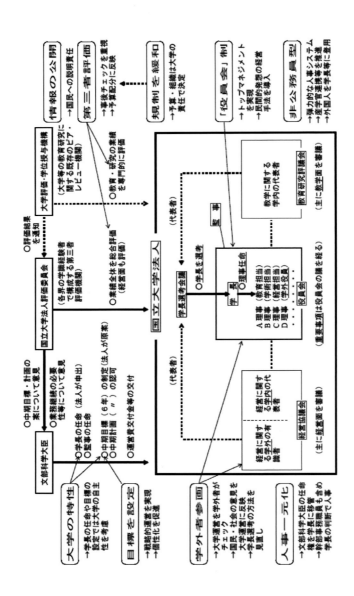

図 4-1 国立大学法人の仕組み
(出典) 文部科学省資料

ションの再定義」が行われ、第3期からは機能強化の方向性に応じた3類型（地域活性化、特定分野、世界水準）から大学が1つを選択し、測定可能な指標（KPI）を設定し、年度ごとに評価し、予算に反映されるようになった。法人化イコール運営費交付金の削減という制度設計ではなかったものの、2005年から導入された効率化係数と病院の経営改善係数、2010年から両係数の代わりに導入された大学改革促進係数などによって、法人化後の12年間で運営費交付金は全体で12％も減少し、経営に大きな影響を与えて、大学間の格差も拡大してきた。

(2) 大学内ガバナンス

　機関としての自律性を高めるために、学長の権限はかなり強化された。国立大学法人法を読むと、学長が意思決定機関であり、代表機関であり、業務執行の総括機関であり、学長の意思決定と行動を法的に拘束する学内機関は存在していない。国際的に見ても、法令上、これほど学長に権限を集中されている国は他にない。諸外国の場合は、理事会的な監視機関があるか、全学を代表する議決機関が最高意思決定機関となっているかである。

　現時点では、ごく一部の例外を除き、学長は学内教職員の選挙を通じて選出される。最終的には学長選考委員会で選考されるので、学内投票の結果を覆すことは可能であり、実際にいくつかの大学でそうしたこともあったが、裁判になるなど、学内に禍根を残し、大学運営に支障をきたすこともある。各種調査によると、法人化後の学長の権限は確実に強まってきて、一定の成果は表れているが、課題もある。たとえば、大学本部の留保分も増えているが、戦略的な再配分と言える部分はまだ少ない点、学長が役員を指名するが、学長が交代すると執行部メンバーがほぼ総入れ替えになり、継続性・安定性を欠く傾向になるなどである。

　法人化で変わったのは学長だけではない。事務局も大きく変わった。法人化前は、学内運営においては教授会の役割が大きかったが、教授会自治を基盤とした教員中心の運営方式の下では、事務局には、定められた諸規則に基づくルーティン化した事務処理が求められたし、文部科学省の官僚主義的な

統制が厳しく、そうした役割をさらに強化していた面もあった。事務局の指揮命令権限は人事を含めて文部科学省から異動官職としてやってくる事務局長をはじめとする幹部職員にあった。法人化後は、事務局の編成から人事まで、その権限は文部科学省から大学の学長に委譲されたので、事務局長を置くかどうかも含めて、各大学が事務局の再編、人事について様々な工夫（たとえば独自採用）を凝らすようになった。職員が大学運営に対してより関わっていくことが求められるようになり、企画立案能力など新たな能力が求められ、系統的な人材育成や能力開発が重視されるようになってきた。

(3) 公立大学のガバナンス

　公立大学も 2004 年に法人化が行われた。基本的な枠組みは国立大学に類似しているが、いくつかの重要な点で異なる。ここでは国立大学との違いを述べる形で、公立大学のガバナンスの特徴を明らかにしたい。

　第一は、地方公共団体の裁量に委ねる弾力的な制度設計になっている点である。法人化するかどうかも選択でき、2004 年の時点では 77 校中 1 校のみが法人化を選択し、その後徐々に増えて、平成 28 年では 88 校中 67 校が法人化している。国立大学法人では 1 つの法人が 1 つの大学しか設置できない「一法人一大学」制を取るが、公立大学法人はその限りではない。理事長は原則として学長が務めるが、学長を理事長と別に任命することも可能になっている。法人評価も地方独立行政法人全体の評価委員会として設置している場合と公立大学法人専門の評価委員会として設置している場合の双方が存在している。

　第二は、設置自治体との関係である。国立大学法人は文部科学大臣が設置者だが、公立大学では地方公共団体の長が設置者である。都道府県レベルから基礎自治体レベルまで様々な自治体が設置者になるが、設置自治体との関係性も多様になっている。

　第三は、職員人事である。事務局長や主要な職員は自治体から派遣され、数年で入れ替わるケースが多いし、一般の職員も同様である。国立大学と文部科学省との関係と違うのは、派遣される職員が必ずしも教育行政部門の職

員とは限らない点にある。プロパー職員も増えているが、職員の専門能力の開発に多くの課題を抱えている。

3　私立大学のガバナンス

(1)大学と政府の関係

　私立大学と政府の関係を考えるうえで、重要なキーワードは「私立大学の自主性」で、できる限り行政介入を排除する制度設計になっている。戦前の強権的な私立学校令に対する私学人の強い警戒感から、私立学校法に指導・監督という言葉が排除され、文部科学大臣は所轄庁となっている。私立大学・学部を設置する際には、設置審査を受けるが、それ以外の統制手段がほとんどない状態で戦後の私立大学はスタートした。**図 4-2** に文部科学省作成の学校法人のガバナンスの図を示したが、今も所轄庁から設置認可しか書かれておらず、こうした認識を象徴しているし、2003 年審査からの届出制の導入、設置審査の準則化など、事前規制は緩和される方向で推移してきた。1975 年の私立学校振興助成法制定により、私立大学に対する経常費助成が始まり、一定の支援を得るようになったが、同時に決められた計算書類を整え、補助金額算定ルールを通じた、学生の水増し率、教員・学生比率など、教育の質の面での統制を受けるようになった。文部科学省が直接に補助金の配分をするのではなく、日本私学振興財団（現在の日本私立学校振興・共済事業団）が補助金業務を担い、私学の自主性に配慮した制度設計となっている。1984 年には、文部科学省が同省所轄の学校法人の経営について調査・指導・助言を行うことを目的に学校法人運営調査委員制度も作られた。

　大学の自主性が重視され、長年、政府が十分なコントロール手段を持たない状態が続いてきた。進学需要が拡大している時代には大きな問題にならなかったが、18 歳人口が減少し、私学の経営危機が叫ばれる中で、状況は変化しつつある。文部科学省も 2005 年に「経営困難な学校法人への対応について」をまとめ、経営困難に至る私学を出さないように、経営分析や指導助言に力を入れてきたが、法令上は、私立大学に対する解散命令に対する規定があるだけで、そこに至るまでの政策手段をほとんど持っていなかった。

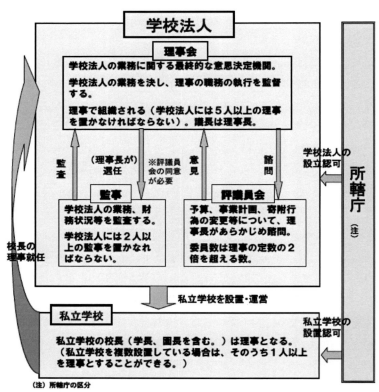

図 4-2　私立大学のガバナンス
（出典）文部科学省資料

「学校教育法第 14 条（変更命令）の規定は私立大学に適用しない」とされてきたが、平成 14 年の学教法改正によって、教育面についての段階的な是正勧告が可能になった。法令違反以外の経営面のついての変更は長らくできなかったが、学校法人堀越学園事件（在籍者がいる学校法人に初めて出された解散命令）を契機に、平成 26 年私立学校法が改正され、可能となった。学校の運営が法令に違反し、著しく不適正な状況に陥った際に、報告徴収・立入検査が可能となった点、あらかじめ私立学校審議会の意見を聞いたうえで、措置命令や役員の解任勧告が可能となった点、理事の忠実義務を規定した点が主な変更点である。

　今後さらに厳しさを増す私学経営に、文部科学省がより積極的に関わるべきだと主張する議論も出てきた（渡辺 2017）。2016 年 4 月から文科省に設置された「私立大学等の振興に関する検討会議」においても、経営危機への対応への必要性だけでなく、他の公益法人等と比較しても、公益性の担保に課題があることなど、多くの指摘がなされた。近年、地方創生の議論の中で、大都市部の私立大学の規模拡大が、地方中小大学の経営危機を招いているという議論がなされている。かつて工場等制限法（首都圏 1959 年、近畿圏 1964 年、2002 年に廃止）によって、大都市部への大学の新増設が抑制されたが、現在は東京 23 区の新増設の禁止が議論されている。

(3) 大学内ガバナンス

　設置者である学校法人と大学が組織的に分離しており、依拠する法律もそれぞれ私立学校法、学校教育法に分かれている。基本的に、私立大学の最終的な意思決定機関は理事会、諮問機関は評議員会と位置付けられている。近年、学長のリーダーシップの重要性が強調されているが、私立大学の場合は理事長との関係性の中で、学長のリーダーシップをどのような範囲で、どのような内容と考えるのか、議論が必要である。

　私立大学の公共性を担保するために、理事の数を設定し、評議員会を必須としている点、監事の存在、同族経営の禁止などが特徴とされてきたが、法的な規定は緩やかで、大学による多様性が大きい（両角 2010）。2004 年の私

立学校法改正では、権限・役割の明確化のために、①理事会を法定化し、代表権を理事長に与え、②外部理事を必須、③評議員会を諮問機関化（ただし、議決機関にする余地も残した）、④財産目録等の関係者への閲覧義務化、事業報告書、監事報告書も閲覧対象にするなどの改正が加えられた。

経済同友会による「私立大学のガバナンス改革－高等教育の質の向上を目指して」（2012）では、学長・学部長を構成員による選挙でなく、理事会による選考にすべきとの提案がなされた。経済同友会が指摘したように学部教授会が強すぎる私学もあれば、ワンマン経営者が問題を起こす例もあり、私立大学のガバナンスを議論するうえでは、その多様性への理解が不可欠である。日本私立学校振興・共済事業団が2013年に行った「学校法人の改善方策に関するアンケート」で学長選考方法について複数回答で尋ねているが、選考委員会による選出（50.6%）、理事会による指名（42.2%）、選挙による選出（35.9%）となっている。いわゆるオーナー系大学も多い。「現理事長が創業者の親族」と定義し、尋ねた私学高等教育研究所の「私立大学の中長期経営システムに関する実態調査（2011年）」によると、オーナー系私学は回答校の43%に上った。理事長と学長が同一人物のケースも認められている。上の調査を用いた分析（両角 2013）によれば、理事長・学長兼任型18%、学長付託型（理事長と学長が別人で選挙を経ずに学長を決定）46%、経営・教学分離型（理事長と学長が別人で、教員選挙によって学長を選出）36%となっていた。経営・教学分離型は歴史が古い大学ほど、規模が大きい大学ほど多く、オーナー系は少ない、トップの在任期間も短いなどの傾向の違いがあること、ガバナンスの違いによって、マネジメントの特徴や課題が異なることなどが指摘されている。

4 アメリカの大学のガバナンス

(1) 大学と政府の関係

アメリカの連邦政府の役割は、機関への直接的一般目的助成を禁じた1972年の連邦教育法改正法の成立以来、学生の直接助成、研究プロジェクトへの助成が中心である。公共的利益の監視という役割も担っている。

2005 年にスペリングス教育長官が立ち上げた高等教育将来構想委員会の報告書で、アクセス向上や学費軽減、アカウンタビリティの強化のための学習成果の直接的測定の必要性などを提言し、大きな影響を与えたのはその一例である。

他方、州政府は、公立の高等教育機関に直接助成するため、公共的利益の監視だけでなく、高等教育サービスの提供者としての役割を果たしている。州と大学の関係性は、すなわち、州の管理の強さ（裏を返せば、大学の独立性の強さ）は州によって大きく異なる（OECD 2005）。そうした州間の違いは、一般的政府の構造、政治的文化、歴史的な違いを反映している。

法的地位の観点から、①州憲法による公法人格を有する大学、②州法による公法人格を有する大学、③法人格を有しない州政府の機関としての大学に分類できる。①憲法による法人は数州で採用されているが、州の政治的圧力を大学の運営に与える影響を最小限にする理念に基づいており、大学を政府の立法、司法、行政と並ぶ独立した第四権として機能される。そのため、大学の独立性は最も高い。②州法による法人は最も多いタイプである。州から独立しているが、規定のあり方によって、その地位は多様で、独立性の点でも大きな違いがある。③法人格を持たない大学は本質的に独立性がないと言われるが、きわめて少数である。

州立大学の管理運営は、直接的な責任を負う大学理事会と各大学の取り組みを調整する州高等教育調整委員会という専門機関によって行われることが多い。アカウンタビリティを強調する州政府と自治を求める大学の間には亀裂が生じやすく、それを軽減するために、州と各大学理事会との間に調整委員会が設置されている。ただし、州によっては大学理事会のみが置かれて、調整委員会がない州もあれば、州の中長期的な高等教育発展計画を策定する計画委員会が置かれる州（大学の設置認可や課程新設の承認、あるいは各大学の管理運営に直接かかわらない）など、州間の違いは大きい。**表 4-2** には、州政府の大学に対する関係のパターンを示したが、左に位置するほど州の管理が強い。私立大学では現行の理事が次期の理事を選ぶケースがほとんどだが、州立大学の場合、理事は知事や議会などの州の政治プロセスを経て選任される。

76

表4-2　州の権限の強さの違い

大　　　　　　　←州政府の大学に対する権限→　　　　　　　小

大学理事会 (Consolidated Governing Board)		調整委員会 (Coordinating Board)					計画委員会 (Planning/ Service Agencies)
		教育課程認可権　あり			教育課程認可権　なし（監督、助言勧告のみ）		
州に1つの大学理事会がすべての州立大学を管理	州に2つの理事会があり、大学とコミュニティカレッジを別に管理	予算作成する場合	予算の監督と助言の場合	州法上予算に関与できない場合	予算作成する場合	予算の監督と助言の場合	法令上予算や教育課程認可を行わない
9州	14州	15州	6州	1州	該当なし	2州	3州

（注）OECD2005、224頁より作成。該当する州の数は2002年時点のもの。

　なお、私立大学は各州における法人設置法のもとにおかれた私法人としての法的地位を有する。大学理事会が法人格を有している。

(2) 大学内ガバナンス

　アメリカの大学内ガバナンスは多様な点に特徴があるが、共通点については、以下の4点にまとめられる。日本の国立大学法人法のような法律は存在しないが、アクレディテーション、コンプライアンス、州政府の監督、連邦政府の学生奨学金の受給資格などを通じて、様々な統制をうけている。

　第一は、日本の大学と異なり、意思決定（make decision）と執行（take action）の役割が組織的に明確に分離されている点である。大学の基本的な方向性についての意思決定を行うのは理事会（governing board）で、そうした方針を実現するために具体的な施策を実施するのが学長を中心とする執行部（administrator）である。理事会の最も重要な仕事は、学長を指名・支援・監視すること、基本財産の維持・管理とされる。

　第二は、管理組織の規模が大きく、専門職化している点である。アメリカでは学外出身の学長が多いが、学長選考委員会が、高等教育新聞（Chronicle of Higher Education）の公募情報、あるいはサーチ会社などを用いて、候補者を選考できるのは、大学経営人材の外部市場が存在しているからである。大学経営の手腕で評価され、評価の高い学長は給与も高い。学長は資金収集活動や外部に対して大学を代表する仕事を担うことが多く、教育研究活動の実質上の最高責任者は、学長に次ぐ第2のポジションであるプロボスト（教学担当副学長）が担う。大学経営が発展する中で、1980年代に大学経営人材が増えてきた。学部長以上が基本的に経営陣の一員で、プロボストが適任者を選考し、最終的に理事会や学長による任命されることが多い。外部人材市場が発展しているのは職員も同様である。職員は、日本のようなジェネラリスト志向ではなく、職務内容も明確で、一定分野で経験・訓練を積んでキャリアアップをしていく専門職である。

　第三は、素人支配（layman control）の原則である。学長など職権上の（ex officio）理事以外は、基本的に学外者が大学の理事になり、給与ももらわない（ボランティア）。大学を教授陣のみに任せておくと、独善的で閉鎖的になるから世間の風を入れなければならないという理念が根底にある。実現すべきミッションをもち、寄付やボランティアなど多くの市民の参加や共感によって支えられているアメリカの非営利組織のガバナンスの原則とされている。日本のように現職の教職員が理事として経営に参画することはないし、常務理事などいわゆる職業理事（理事として仕事を行い、給与をもらう）もいない。組織の決定によって直接の利害を受けるものが、意思決定にかかわることを回避するためである。

　第四は、理事会はガバナンスを担当して、長期的な課題に責任を持ち、学長を中心とする執行部はマネジメントを担当し、短期的な課題を検討し、教員は教学に関する権限をもつ「共同統治（shared governance）」の理念が重視されている点である。こうしたパワーバランスの中でいかに革新のダイナミズムを作りだすのか、試行錯誤が続いている（ボック 2015）。

第4節　大学のマネジメントとリーダーシップ

1　戦略的マネジメントの導入と発展

　大学の経営についての実践や研究が最も進んでいると思われるアメリカにおいても、大学に戦略的な意味での経営という概念が取り入れられたのは、1970年代半ば以降である。経済不況の中、政府補助の削減が進み、18歳人口の減少が見込まれたが、大学経営に危機によって大学マネジメントの研究も実践も大きく進んだ。戦略的計画（strategic planning）、マーケティング（marketing）、経営管理（management control）などの企業経営を参考にした経営機能強化が唱える多くの研究が行われた。

　現在では、そうした企業経営を範とした大学経営モデルは、実践の場で一定の定着をした一方で、研究面では単純な経営強化論は力を失った。大学組織研究の知見から考えれば、単一の理想的な経営形態が存在するかは疑問で、大学の特質によって異なるし、周りの状況に応じて変化する。大学のあり方を、閉鎖系（closed system）ではなく、開放系（open system）ととらえれば当然である。近年は難題取り巻く環境に対して、先を見越して積極的に行動している優良大学のケーススタディを通じて、その共通点を探る研究が多くなされている。Sporn（1999）は環境にうまく「適応（adaptation）した大学」の、Clark（1998）は1990年代以降、政府の補助金削減の中で、自律的に行動し、革新を続ける「企業家的大学（entrepreneurial university）」にみられる共通点と相違点を探った。スポーンは、適応を促す要因として、専門的経営、経営的精神、同僚的組織運営、支持的リーダーシップ、多様化された組織を、阻害する要因として、資源の依存、法的規制、保守的文化、弱い統合、目標と戦略の欠如を挙げている。クラークは、企業家的大学の条件として、強い運営体制、周辺組織の発展的拡大、多様な財源の基盤、活性化された中核的教育研究組織、統合された企業的文化を挙げている。

　紙幅の関係で詳しく説明することはできないが、日本でも戦略的計画、IR（Institutional Research）（小林・山田 2015）など、アメリカなどで発展してきた経営改革の小道具・概念が紹介され、多くの大学に導入されるようになり、研

究も盛んになりつつある。たとえば、大学の中長期計画がうまく機能する諸条件を探った研究において、構成員の巻き込みの重要性、計画の実質化の必要性などが明らかにされている（篠田 2010、両角 2013）。

2　政策にみるリーダーシップ強化策

　戦略的に経営を行っていくためにも学内におけるリーダーシップの確立は不可欠である。日本では、教育力の向上や国際化などの大学改革を進めるために、大学のガバナンスを改革することが必要だという議論が長年続いている。政策的には、平成7年の大学審議会答申「大学運営の円滑化について」以降、多くの政策文書の中で、学長のリーダーシップの確立の必要性が繰り返し主張されてきた。そこでの政策的な手段は、学長の権限強化のための制度改正と予算を通じた支援である。2015年には学校教育法を改正し、教授会の役割の明確化（「重要な事項を審議する」→「学長が教育研究に関する重要な事項について決定を行うに当たり意見を述べることとする」）、副学長の職務の明確化（「学長の職務を助ける」→「学長を助け、命を受けて公務をつかさどる」）を通じて、学長の権限を強化するガバナンス改革が行われた。また、学長裁量経費として使える予算を配分、補助事業要件として一定のガバナンス改革を求めるなど、様々な方策で、学長が権限を集中・発揮できる仕組みを政策的に整えつつある。一連の政策を通じた、学長のリーダーシップの重要性の浸透、権限の強化、予算や人員の手当などにも一定の意義はあるが、それだけでリーダーシップが発揮できるとは考えにくい。リーダーシップとはフォロワーシップとの関係で評価すべきものだからである。

3　構成員の参加を促すアカデミック・リーダーシップ

　諸外国の大学リーダーシップ研究においては、構成員の参加を促すようなリーダーシップの重要性がたびたび指摘されてきた。先行研究の多くは、カリスマ的・中央集権的なリーダーシップに否定的な見方をしている（大場 2011）。大学では合意形成を促すリーダーシップの重要性、カリスマ的リーダーシップはむしろ非生産的、大学内の各所・各層にリーダーシップが存在

することが重要性、大学に求められるリーダーシップは、多様な組織文化、先導者の偏在性を反映して一様ではないことなどが指摘されてきた。

組織文化によって求められるリーダーシップが異なる。先に見たバーンバウムによると、同僚平等型大学の学長は「平等な仲間の一番目」の存在で、構成員に強制することなく、彼らの期待と共有された価値に沿って仕事をする代理人であることが求められる。官僚型大学の学長は、合理的な思考を行い、公正かつ効果的に仕事を遂行することが求められる。正統性を持ち、公正な運営をする学長が指導者として支持される。政治型大学の学長は、異なるグループが受け入れ可能な形での問題解決を試みる調停者であること、無関心な構成員を政治参加に導く役割が求められる。無秩序型大学の学長は「大学はどうあるべきか」ではなく、「どう機能しているか」に基づいた仕事が求められる。つまり、リーダーシップの発揮にはいくつかの選択肢があり、組織や課題の特徴に応じて、選択することが重要である。

万能なやり方があるわけではなく、組織ごとに案件ごとに判断をしなければいけないからこそ、それを実現できる人材の育成・経営能力の向上が重要になる。そうした背景で、アメリカでは管理組織の専門化が進んできた。学長をはじめとする上級幹部職員の養成プログラム、公募活動、高い報酬など様々な要因によって支えられており、すぐにまねできるものではないが、様々なヒントを与えてくれる。

日本においても、1990年ごろから大学経営人材の育成に対する関心が高まってきた。大学行政管理学会が発足し、経営人材養成のための大学院コースもいくつか開設された。こうした動きの中心は事務局員であったが、経営人材としての上級管理職（理事長、理事、学長、副学長、学部長など）の役割や経営能力の向上の必要性も指摘されるようになってきた（夏目2013）。大学の上級管理職への調査によると、学長がリーダーシップを発揮するうえで、「ビジョン・戦略を作る能力」と「関係者間の調整を行う能力」が特に重要だが（王・両角2016）、こうした能力ほど、教員からの不満が大きいことも指摘されている。（両角2014）。日本の大学上級管理職は、大学経営に関する教育・研修を受けた経験も少なく、経験頼りで大学経営が担われている状況にある。

第 4 章　大学の組織　81

第 5 節　基本組織単位

1　2 つのモデル：講座（チェア）・ファカルティとデパートメント・カレッジ

　最後に大学の内部組織（基礎的な組織単位）の問題を整理しておく。大学が
どのように動いているのかという点に、内部組織のあり方は大きな影響を与え
えているからである。

　大学の内部組織の作り方には大きく 2 通りある（クラーク 1983）。ひとつは、
ヨーロッパ的な内部組織である、講座（チェア）とファカルティ、もうひと
つは、アメリカ型の内部組織である、デパートメントとカレッジである。

　講座とはある学問領域を意味するが、その学問領域に担当する（1 人の）
教授が任命されて、研究と教育の責任を持つ。その典型のドイツの大学では、
1 人の教授を中心とした組織だが、日本では、そこに、助教授、助手が加
わって 1 つの講座になる。講座の連合体としての組織が学部（ファカルティ）
である。

　他方、アメリカでは、学生はカレッジに、教員はデパートメントと別組織
に所属している。デパートメントは、アメリカの大学の最も基礎的な組織単
位で、研究領域をともにする教授、准教授など複数の教員が加わって組織さ
れる対等平等のもので、小さいカレッジだと 2 〜 12、大きな大学では 50 〜
100、時にはそれ以上を数える。教育面では、学位プログラムを単位に構成
されているが、デパートメントに直結していない。アメリカの大学はカレッ
ジとして出発し（カレッジは教育の組織であって、研究の組織ではない）、最初はほ
とんどが必修制のカリキュラムで教育をしていたため、チェアシステムは不
要で、単一のファカルティがおかれ、教授陣だけがあった。ファカルティが
成長するにつれて、分科する専門領域を組織するために、下位の単位が必要
になり、デパートメントができた。アメリカの場合、選択科目制度がこの制
度に拍車をかけた。科目選択の自由が大幅に認められ、教授も自分の専門と
する分野の仕事をするゆとりを与えられた。アメリカ型の内部組織では、新
しい専門分野が出現した場合に、新しい教育ニーズが登場した場合に、フレ
キシブルに対応できるメリットがある。

2 日本における内部組織

　日本で内部組織として講座制が導入されたのは 1893 年であるが、講座制が教育研究の粗単位として整備されるに従い、帝国大学に限られた特権として、講座、学部教授会の自律性を基礎とする自治の慣行が形成されていった（寺崎 1979）。講座制が取り入れられる以前は、それまでは大学の教授たちの専門領域に対する責任意識が弱く、問題を生じていたため、責任を持ってもらうために導入された（天野 1994）。細分化された学問分野ごとに配置され、その集合体として、学科・学部が構成される組織論は、欧米の諸学問を再生産させる点で有効だった。戦後、1971 年の 46 答申の中で、教育組織と研究組織の分離という項目が掲げられた。教育上と研究上の組織を区別することで、それぞれの組織の望ましい人員構成を適切な予算配分などが確保され、合理的な運営が容易になると考えられ、1973 年には新構想大学として筑波大学が誕生した。教育上の組織である学群と、教員の所属組織である学系を分離したアメリカ型の内部組織を導入したが、長年、他の大学にほとんどインパクトを与えなかった。教員組織と教育組織を分けた場合の複雑さ、裏を返せば、学部教授会の持つ効率性の良さ（学部が、教育も研究も人事も予算もすべて集まり、統合される場で、そこに教員が集まって、一度に決められる）があったと考えられる。筑波方式は、管理運営の機能をプロフェッションに任せない限り、組織運営が複雑になるのは必然である。

　しかし、近年、学部制の問題点が指摘され、変化が起こりつつある（IDE 2013）。学部の編成原理である学術的専門領域の体系で規定される知識と、学生が必要とする能力・資質の間に、ずれがあるが、教育課程を柔軟に変化させて、創設することが難しいこと、既存の学問領域を総合する学部の設置が多くなされたが、上記の問題を根本的に解決していないことが問題視されるようになった。教育、研究のニーズに即した教員組織の編成ができない点に学部制の欠点があり、戦後、大学に義務付けられた一般教育、義務付けが解消した後の教養教育の在り方が問題となり続けたのも、それが学部の組織原理とは異質の教員組織を必要としたからである。こうした中、平成 17 年 1 月中央教育審議会答申「我が国の高等教育の将来像」でも学位プログラム

という考え方が示され、近年、国立大学を中心に教育組織と教員組織の分離（教教分離）する組織改革が進みつつある。こうした組織改革が学部制の欠陥を埋めるには至っていないが、これまで自明とされてきた学部を基本とする組織のあり方が問われていることは間違いない。

おわりに

　日本では、大学経営の高度化のために、学長のリーダーシップ強化が課題とされ、ガバナンス改革などの制度的な改正を通じた政策誘導が図られてきた。そうした一連の政策により、大学現場の意識は変わりつつある。しかし、それぞれの大学組織が抱える問題は一律ではなく、固有の課題の解決が求められている。それを可能とするためにも、大学の組織特性を理解した経営人材の育成などが重要になると同時に、学部制など、日本の大学で所与と考えられてきた仕組み自体が問い直されつつある。

引用・参考文献

天野郁夫（1994）『大学－変革の時代』東京大学出版会。

王帥・両角亜希子（2016）「大学上級管理職の経営能力養成の現状と将来展望―上級管理職調査から」『大学経営政策研究』第 6 号、17-32 頁。

大﨑仁（2011）『国立大学法人の形成』東信堂。

江原武一・杉本均（2005）『大学の管理運営改革－日本の行方と諸外国の動向』東信堂。

ロバート・バーンバウム（1992）『大学経営とリーダーシップ』玉川大学出版部。

マーヴィン・W・ピーターソン（2015）「大学組織」パトリシア・J・ガンポート編著『高等教育の社会学』玉川大学出版部。

バートン・クラーク（1983）『高等教育システム―大学組織の比較社会学』東信堂。

デレック・ボック（2015）『アメリカの高等教育』玉川大学出版部。

金子元久（2010）「大学の設置形態―歴史的背景・類型・課題」国立大学財務・経営センター『大学の設置形態に関する調査研究』。

小林雅之・山田礼子（2015）『大学の IR：意思決定支援のための情報収集と分析』慶應義塾大学出版会。

篠田道夫（2010）『大学戦略経営論―中長期計画の実質化によるマネジメント改革』東信堂。

夏目達也編（2013）『大学経営高度化を実現するアカデミック・リーダーシップ形成・継承・発展に関する研究』平成 22 ～ 24 年度科学研究費補助金（基盤研究(B)）最終報告書。

国立大学財務・経営センター（2010）『大学の設置形態に関する調査研究』（国立大学財務・経営センター研究報告第 13 号）。

寺崎昌男（1979）『日本における大学自治制度の成立』評論社。

大場淳（2011）「大学のガバナンス改革―組織文化とリーダーシップを巡って―」『名古屋高等教育研究』第 11 号，253-272 頁。

両角亜希子（2010）『私立大学の経営と拡大・再編―1980 年代後半以降の動態』東信堂。

両角亜希子（2013）「私立大学の中長期経営システム」『私学高等教育研究叢書：中長期経営システムの確立、強化に向けて』67-100 頁。

両角亜希子（2014）「大学教員の意思決定参加に対する現状と将来像」広島大学高等教育研究開発センター『大学論集』第 45 集、65-79 頁。

両角亜希子「日本の大学ガバナンスの課題―高等教育政策の変容と自律性―」東京大学教育学部教育ガバナンス研究会編『グローバル化時代の教育改革―教育の質保証とガバナンス―』（東京大学出版会、近刊）。

OECD（2005,06）（国立大学財務・経営センター翻訳）「大学経営危機への対処―高等教育が存続可能な未来の確保（全 2 巻）」。

IDE 現代の高等教育（2013）『大学組織を問い直す』Vol.550（2013 年 5 月号）。

渡辺孝（2017）『私立大学はなぜ危ういのか』青土社。

Peterson, M.W. and Mets, L.A. 1987 "An evolutionary perspective on academic governance, management, and leadership" in Peterson, M.W. and Mets, L.A. (eds) Key Resources on Higher Education Governance, Management, and Leadership, San Francisco: Jossey-Bass.

M. Christopher Brown II (2010) *Organization and Governance in Higher Education* (*6th Edition*) (*Ashe Reader*) , Pearson Learning Solutions.

Michael N. Bastedo (2012) *The Organization of Higher Education: Managing Colleges for a New Era*, Johns Hopkins Univ Pr.

Catherine Paradeise, (2009) *University Governance: Western European Comparative Perspectives*,Dordrecht: Springer.

Sporn, Barbara, (1999) *Adaptive University Structures: An Analysis of Adaptation to Socioeconomic Environment of US and European*, Universities,London: Jessica Kingsley Publishers.

Clark, Burton R., (1998) *Creating Entrepreneurial Universities: Organizational Pathways of Transformation*, Oxford: Pergamon.

Michael Shattock (ed)(2014) *International Trends in University Governance: Autonomy, self-government and the distribution of authority*, Routledge.

H. Schuetze , W. Bruneau & G. Grosjean (eds)(2012) *University Governance and Reform: Policy, Fads, and Experience in International Perspective*, Palgrave Macmillan.

さらに勉強したい人のための文献案内

ロバート・バーンバウム『大学経営とリーダーシップ』玉川大学出版部 1992 年。

How Colleges Work: The Cybernetics of Academic Organization and Leadership
本章でも説明した大学の組織モデルについて、架空の大学の話としてわかりやすく説明
されている。大学経営者は、どのモデルを読んでも、自大学にあてはまる要素が見つかり、
対処法のヒントを見つけられるのではないか。

James L. Bess and Jay R. Dee *"Understanding College and University Organization –
Theories for Effective Policy and Practice"* **Stylus Publishing 2008.**
アメリカの大学組織論のテキストの一つ。テーマごとに理論が整理されているだけでなく、
理論を現実に即して理解するための、事例と事例に対するディスカッションがまとめられ
ている。グループでの学習に向いたテキストと言えるかもしれない。

第5章　大学の財務管理

丸山文裕
（広島大学名誉教授）

本章のねらい

　国立大学法人は財務諸表を作成し、文部科学大臣の承認を受けた後、一般の閲覧に供しなければならないと定められている。言うまでもないことであるが、財務諸表は法律で規定されているから、毎年作成し保管するのではない。財務諸表には作成する目的がある。

　国立大学は経常費の約40％、私立大学は約10％の公的資金が投入されている。財務諸表はそれに対するアカウンタビリティのための情報であり、また箇々の機関が、将来の教育研究サービスを提供するための活動計画に資する情報資源である。

　財務諸表は財務管理の基礎であり、本章では国立大学の財務管理について解説する。国立大学法人は独自で経営を行う自律した組織である。経営の健全化には、収入を増加し、支出を抑えることで、これは営利企業と変わらない。しかし国立大学の場合、経費節減は、場合によっては教育研究サービス活動の低下を意味する。本章では、教育研究水準を落とさず、節減をすることが財務管理の目的の一つであることを示す。最後に、国立大学のマクロな財政財務状況を概観し、国立大学が財務財政上、置かれている位置を確認する。また私立大学の財務管理との違いの一部にも触れる。

　2004年国立大学の制度改革が実施され、国立大学法人制度が発足した。それ以前の大学の財務管理は、実質的には文部科学省の責任と権限の下で行われていた。しかし法人化後、国立学校特別会計も廃止され、個々の国立大

学が自律した経営体として、自らの責任で財務管理を行うことになった。各国立大学法人の採用する経営戦略、財務管理も法人の将来を左右することにもなる。

本章では国立大学を中心とした大学の財務管理について概説するが、部分的に私立大学のそれにも触れる。国立大学は私立大学と比べて、経営判断の範囲と自由度が異なる。私立大学は、教職員給与、資産管理、学生定員、授業料水準の設定、組織改編等の自由度が大きく、経営判断もより複雑となる。ここでは国立大学法人を検討の中心として、私立大学については別な機会において論じたい。そして財務管理の網羅的な概説は、すでに刊行されている国立大学財務・経営センター「国立大学法人経営ハンドブック」などを参照していただくとして、ここでは、比較的見逃されている点や重要であると思われる項目に絞って検討を行う。最初に財務管理の目的とプロセスについて述べ、以下このプロセスに沿って、まず予算獲得と学内配分について考察する。そして国立大学の管理者を対象にしたアンケート調査の結果に基づきながら、法人制度の財務管理体制と今後の課題について、大学管理者の意見を紹介する。つぎに財務諸表の作成を検討し、それに基づいて行われる監査と評価について述べる。最後に国立大学のマクロな財政・財務状況をデータによって確認する。

なお本章では国立大学財務・経営センターの行ったアンケート調査および出版物がたびたび引用されている。当該センターは大学評価・学位授与機構と 2016 年 4 月に統合し、現在「独立行政法人　大学改革支援・学位授与機構」と名称を変更しているが、本章で引用するのは統合以前の研究成果であるので旧名称にて表記する。

第 1 節　財務管理の目的とプロセス

国立大学は法人化以前には、国立大学全体としての収支が管理対象であったが、法人化後収支は個別大学の問題に移された。大学の財務は、大学の使命や戦略目標を達成するための資源戦略と資源管理を貨幣的尺度で

支援し、執行するものと定義される（山本 2006）。よって財務管理（financial management）とは、財務が効率的に進捗するよう統制、支援することであり、人事管理（personnel management）と施設管理（facility management）と共に、ヒト、カネ、モノの管理を行う大学経営の中核である。さらに管理を統制、監査するのが、ガバナンス（governance）という見方もできる。

　大学の目的は、教育研究遂行であり、財務管理はそれを支える基礎である。国立大学の運営費交付金は、毎年減少傾向にあるが、この状況下で経営の効率化をはかり、さらに新たな資金を調達して、教育研究機能を充実させるか、または交付金減額に伴ってミッションの教育研究が漸次的に縮小するのかは、財務管理にかかっている。その重要性はますます増加し、大学の財務管理上の裁量度も増加すると同時に、その責任も重くなった。そして財務経営の自由度を大きくすることにより、教育研究を活性化させるのが、法人化制度改革の狙いである。

　大学は、間近のそして中期のミッションを達成するために、財源を確保し、適正に使用し、将来のための教育研究業務の効率を上げなければならない。そのために財務管理が必要である。また同時に資源提供者に情報を開示し、どのような過去の教育研究効果が得られたのかを示さなければならない。これも財務管理の役割である。すなわち財務管理は、将来と過去の双方の業績に関連する。未来と過去のための財務管理は相互に関連し、過去の財務状況を総括することは、未来への業務規模、機能などの方向を決めるものである。また将来計画は過去の業績評価なしにはありえない。

　表 5-1 は財務管理の目的、内容をまとめたものである。財務管理は、将来の大学業務の効率化、業績の拡大、永続化の目的を持ち、業務内容は、企画、戦略計画を通じて予算獲得、使用計画の作成、学内資源配分を実施することである。その理念は経費節減と収入増によって大学の成長安定を図ることである。また財務管理には、公的資金が投入されている国立大学の過去の活動を顧み、アカウンタビリティの達成としての目的がある。決算書や財務諸表の作成を通じて、内部点検評価、外部監査を受け、予算の適正執行、コンプライアンス、透明性の確保を目指す。

第5章　大学の財務管理　89

表 5-1　財務管理の目的

志向	将来	過去
目的	永続性　業績拡大　意思決定　効率化	アカウンタビリティ　情報開示
達成	企画　戦略計画	監査　点検評価
業務内容	予算獲得　使用計画　配分	決算　財務諸表作成
理念	コスト削減　収入拡大　成長安定	適正執行　コンプライアンス　透明性

表 5-2　財務管理のプロセス

サイクル	Plan	Do	Check	Action
業務項目	予算計画	執行　会計業務	決算　管理	監査　改善
理念	成長　安定	効率	適正	質の向上
内容	概算要求　予算獲得、編成	購入　契約　会計　営財　資産管理	監査資料作成　剰余金処理	内部および外部監査
業務対象	対外折衝　学内調整	外部者との契約　学内会計	学内情報　情報公開	学内および学外調整

　国立大学法人制度は、「目標による管理」が特徴の一つである。これは経営効率化、業績管理の手段として民間企業においても取り入れられてきた。そこでは Plan（計画）―― Do（実施）――Check（評価）――Action（改善）からなる PDCA サイクルの仕組みが基礎となる。財務管理のプロセスも、PDCA サイクルに準じており、財源確保のための戦略、企画、資源配分、その使用の業務管理、資源使用後の情報開示とその監査に分けられる（**表5-2**）。よって財務管理の範囲は、財源確保や監査のように学外の外的要因の変化や外的組織からの要請への対応と、また学内の業務を遂行する学内業務の双方に関連することになる。また国立大学の財務管理は、年度サイクルごと、中期目標期間サイクルごとそれぞれ実施される。

　財務の業務範囲は、予算関係、会計経理関係、契約関係、営財関係等である。予算関係業務には、概算要求、中期計画、年度計画の予算、予算編成、予算管理、決算に関するものが含まれる。会計経理関係業務には、出納業務、

財務諸表の作成、資金の管理、財務会計業務システムのメインテナンス等、に関するものである。契約関係には、政府調達契約、物品供給契約、役務関連契約業務がある。営財は、資産管理、資産運用業務である。表 5-2 は以上をまとめたものである。Plan 段階、予算計画の理念は、大学法人の成長と安定があげられよう。Do 段階、執行では、無駄を省く、効率が理念として優先される。Check 段階、決算では、適正、コンプライアンスが理念である。Action 段階、監査の理念は、教育研究業務における質の向上である。財務においてPDCAサイクルの各段階での理念が異なっており、どれを強調するかは、各大学の財務管理の特色となる。

第 2 節　財源と財務管理体制

1　予算獲得と学内配分

　予算は、大学の教育研究活動について収入と支出を科目別に数値化し、財務管理の基礎となるものである。一般に大学における予算サイクルは、①本部の予算ガイドライン提示：各部局が予算見積りを作成する際に参考とする全学の予算編成方針の周知。②部局ごとの予算要求：多くの場合、前年度予算の実績に基づいて要求が作成される。③収支均衡：部局の要求額と本部の収支見積もりを合わせる調整であり、査定削減か収入増加の可能性を検討することになる。④組織としての承認。⑤モニタリングと調整：年度途中において収支を監視し、場合によっては調整がなされる。⑥決算：諸監査を受けるに堪え、次年度以降の予算作成の有用な情報である財務諸表の提供、である（国立大学財務・経営センター 2004）。

　国立大学は、政府からの財源措置として運営費交付金が配賦され、それを学内の各部局へ配分する。理念的には大学の教育研究コストを算定した後、大学の授業料などの自己収入との差を公的財源から補填することが望ましい。しかし教育研究のコスト計算は、教育研究の達成水準の設定および教育と研究の活動区分が難しいため、正確な数値は算出できない。また授業料は、教育コストだけでなく機会均等の理念も含めて水準が設定されていると考えら

れる。そのため政府からの運営費交付金は、学生の教育費用が特定され算定されるわけではない。さらに学内配分も教育費用が計算されて行われるわけではない。多くの場合、毎年前年の実績を斟酌して算定される。上記の予算サイクルの①予算ガイドラインと②予算要求が、前年度実績に基づいて行われる理由である。これは日本の国立大学だけでなく、多くの国のパブリックセクターの大学の予算配分で変わらない方法となっている。

　政府財政のひっ迫もあり授業料は、大学の自己収入源として経営にとってますます重要となりつつある。しかし国立大学の場合、中期目標計画に適切な水準の授業料設定を掲げているところもあり、教育コストを超える授業料を課すことは難しい。結局授業料以外の自己収入を増加させること、無駄な経費を削減すること、教育研究経費を確保すること、が大学経営やそこでの財務管理にとって重要と考えられている。次節で詳しく検討する国立大学財務・経営センターが実施した財務担当理事のアンケート調査によると、自己収入の増加には、「競争的経費の一般管理費負担の増額」の可能性という回答が最も多く、57.0% が可能性ありとしている（国立大学財務・経営センター 2012）。その次には、寄付金の増額（40.7%）である。「新入生や在学生の授業料の増額」や「入学者数の拡大」による収入増加は、いずれも 7 割前後が、当面は考慮しないとしている。

　学内予算配分には、部局等構成員の一定のコンセンサスが必要なる。構成員が納得する配分根拠を示すには、透明性、公平性を担保した厳密なコスト計算が必要である。しかしここでもコスト計算は難しく、結局のところ前年度主義によらざるを得ない。財務担当理事へのアンケート調査によれば、国立大学の場合、各部局への配分額は平均して予算全体の 53.2% である。配分の決定方法は、「前年度基準による」のが最も多く、54.3% であり、「学生・教員数による算定式」を用いるのは、13.5% である。「学長の裁量による」のは少なく、「達成度の評価」によるのも少ない。しかし今後は、「前年度基準による」のは、減少させると答えたのは 47.7% であり、「学長の裁量による」のは 50.0%、「達成度による」のは 46.5% と、変更を望む回答がある（国立大学財務・経営センター 2012）。

20世紀終わりから、各国で高等教育政策を実現させるために、大学への資源配分の方法が変更されてきた。日本でも前年度に倣って一律に配分する基盤的経費から、教育研究プロジェクトや研究計画の審査を経て、配分が決定される競争的資金へのシフトがなされている。さらに大学内部での予算配分にも同様の手法が用いられることもある。競争的資金の獲得を増加させるために、獲得額に対してインセンティブを与えるのもその一つである。

競争的資金や外部資金獲得は、財源多様化を目指す大学にとって努力すべきであるが、負の面も明らかになってきた。例えば研究プロジェクト遂行が、大学の負担となる場合である（国立大学財務・経営センター 2015, p92）。時限のある研究プロジェクトの資金提供が終わった後に、当該大学負担でさらにプロジェクトが継続される場合は、外部資金獲得が大学の財政的負担となってしまう。このような場合には、中期的な資金計画を立てることが必要となる。人件費についても、新たな試みとして業績による給与制度が大学に導入されつつあるが、それが大学全体の業績の向上に貢献しているか、それがどのような影響を及ぼすかの検証も必要である。経済的インセンティブが、人々の業績や生産性向上にネガティブに作用することもあることは最近の実験経済学が教えてくれる。

2　財務管理体制と今後の課題

国立大学財務・経営センターでは、大学管理者に対していくつかのアンケート調査を継続的に実施し、国立大学の経営管理の動きを追求してきた。ここではそのうち財務管理に関する意見をレビューし、財務管理の課題について検討する。国立大学の財務担当理事に対するアンケート調査では、自大学の財務管理体制の評価がなされている。その結果、「全学の収入・支出の迅速な把握」、「各部局の収入・支出の迅速な把握」、「キャッシュ・フローの管理」、これらの項目については、担当理事からは各大学で十分なされていると評価されている（国立大学財務・経営センター 2012）。資金運用では、「短期資金の運用」、「積立金等の長期資金の運用」、についても各大学の財務担当理事の評価は高い。その他の財務管理については、「経営判断の基礎情報の

データベース化」、「財務状況の客観的な分析」、「長期的な財務戦略の作成」、などがある。各大学の財務担当理事によると、上記の会計処理や資金運用に比べると、財務分析関連は十分に行われているとは言えず、これらの項目、特に「基礎情報のデータベース化」への評価は低く、今後の課題であることが判明した。

　各取り組みがどの程度財務経営の手段に有効であるかについて財務担当理事に評価してもらうと、「中長期的な人件費の見通し」の有効性の評価が高かった。「中長期的な収支計画」や「中長期的な資金計画」も有効となると判断された。また「類似大学との体系的なベンチマーキング」、も有効である。「部局別の財務分析」について有効であるとの評価は低い。

　財務担当理事によると、経費削減の手段として各大学で将来可能性があるのは、「一人当たり研究費の削減」である（58.1%）。次には「各部局への配分額の一律削減」である。そして「一人当たり教育経費の削減」が続く。「管理的経費の一律削減」については、上記の削減策に比べて可能性を示唆する回答は少なく、32.6%にすぎない。これについては、各国立大学で管理的経費の削減がすでに進んでおり、それによって今後の削減の可能性としては低いという回答結果と推測される。人件費に係る経費削減の手段として、「非常勤教員および非常勤職員の削減」が可能性としては高いと指摘されており（45.3%）、「退職職員の後任の採用の抑制」、や「退職教員の後任の採用の抑制」が続く。

　国立大学の財務担当幹部事務職員に対するアンケート調査では財務業務の負担について、回答を得た。そこで判明したのは、「本部での予算・決算事務」、「本部での経理・出納事務」での負担感が大きいということである。また「科学研究費や外部資金の申請、管理」、そして「調達・入札」についての負担感も大きい。その反面、「部局での予算・決算事務」および「部局での経理・出納事務」の負担感はさほど大きくはないと回答された。この理由として、以下で見るように各大学で本部での事務の集中化が進み、部局での事務量が減少したことが考えられる。また今後改善の余地が大きいと判断されたものには、「調達・入札」である。

事務体制の改善については、「各部局での、人件費を含めた支出の把握」、が有効と判断されており、その方向に改善するとの回答も多い。そして「全学の事務業務の本部への集中」、についても有効と判断されている。これについてはその方向にすでに改善が進んでいるとの回答も多い。他方職員の業務負担も同じように、現在も今後もきわめて大きな問題だとしている。「職員の専門職化」、「複数部局での事務処理の統合」、「各部局での、授業料、外部資金を含めた収入の把握」、「アウトソーシング」についても有効性の指摘がなされている。

3　施設整備

　国立大学制度改革後の中期目標計画期間は 2015 年 3 月で 3 回目を終えた。改革当初の混乱も収まり、国立大学の財務管理も次第にルーティン化が進んでいる。しかし財務管理にはさまざまな課題が残り、それは国立大学制度全体と個々の大学での問題に分けられる。例えば財務担当理事のへのアンケート調査によると、法人化以降の財務管理について、「施設の維持・管理」が現在きわめて大きな問題であり、今後もさらにきわめて大きな問題化する、と答えていることが分かった。また他の調査でも、施設の維持管理が、財務管理上困難な問題との意見が表明されている。国立大学への公財政支援は、経常的経費については、運営費交付金によって、他方、施設整備については、施設整備補助金から財源措置される。後者は建設公債を財源とし、政府の財政状況によって交付が影響を受け、必要な時期に必要な水準で措置されるわけではない（山本 2006）。大学が中期目標計画を立て、施設設備を整備しようとしても、財政的にバックアップが保証されているわけではない。毎年各大学が建物の新築補修についての概算要求額の 1 割くらいしか財政措置されているにすぎない。

　施設整備に対する財源措置は国立大学全体の問題ではあるが、各大学は対策も立てている。財務担当理事へのアンケート調査の回答によれば、各大学は、「建物の維持・補修の資金について長期的な計画をたて」（77.5%）、「建物の維持・補修のために目的積立金を確保している」（61.6%）。長期的な借

り入れについては、附属病院には附属病院を有するほとんどの国立大学が、「国立大学財務・経営センターから借り入れ」ている。病院以外であると、「民間金融機関からの借り入れ」は、2割以下である。ただし今後はその可能性もあるとの回答は、66.3% になる。現在のところ国立大学では「債務償還が経営上大きな負担になって」はいないことが調査で明らかとなった。また「大学単独の債権や公的機関からの共同債権の発行」については必要ないという回答が多い。

　国立大学支援組織の活用について、学長、理事、副理事など幹部教員の多くは、経営能力の向上に向けて、「国立大学財務・経営センターの研究会、セミナー」および「国立大学協会のセミナー」等に出席していることが判明した。財務担当理事へのアンケート調査から、「大学経営のための、相互理解、情報交換の場」および「公的な大学支援組織による、大学経営情報の分析・提供」も必要とされている。さらに「公的な大学支援組織による大学経営のコンサルティング」も要望されている。他方「銀行、コンサルタントなどによる大学経営相談」および「財務専門人材の外部からの採用」については、必要でないとの見方も表明されている（国立大学財務・経営センター 2012）。

第3節　財務諸表の作成とその活用

1　財務諸表

　国立大学法人は決算として、企業会計に準拠した貸借対照表を始めとする財務諸表と、国の会計に準じた決算報告書を毎年作成し、それらを文部科学大臣に提出し、承認を得ることになっている。国立大学会計基準注解1で示されているように、国立大学法人は、その財政状態と運営状況を負託主体である国民に開示する責任を負っている。また業務運営について、事後チェックによる業績評価が適正に行われるべきであるとされる。つまり会計情報は、国民対する説明責任の達成と、業績評価に資する情報の提供機能を有する。財務諸表のうち①貸借対照表は、国立大学法人の財政状況を明らかにする（国立大学会計基準第40）。②損益計算書は、国立大学法人の運営状況を明らか

にし当期の利益又は損失を確定させる（同41）。③キャッシュ・フロー計算書は、キャッシュ・フローの状況活動区分別に表示し、活動全体を明らかにする（同42、注解34）。④利益の処分又は損失の処理に関する計算書は、当期末処分利益の処分又は当期末処理損失の内容を明らかにする（同43）。⑤国立大学法人等業務実施コスト計算書は、納税者である国民の国立大学法人等の業務に対する評価および判断に資するため、一会計期間に属する国立大学法人等の業務に関し、国立大学法人等の業務実施コストに係る情報を一元的に集約して表示する（同44）ことになっている。

　財務データの活用には、説明責任の向上、中長期経営計画への利用、資源配分や予算計画への情報、経営財務改善への利用、などがあげられる。ただしそこには限界も指摘されている（国立大学財務・経営センター2016, p42-43）。1つは、国立大学の目的が、利潤追求ではないため、財務指標による業績評価はできないことである。国立大学法人は、企業と異なって、国から財源措置を受け、法人化後も意志決定が各法人内で完結しない政策の実施主体であり、利益獲得を期待する出資者がいない点で、特徴的である。そのため国立大学法人の費用認識と収益認識が企業とは異なることになる。その結果国立大学法人会計において、コストを損益計算書と実施コスト計算書に分けて表示しているが、これは企業会計では説明できない（古市2009）。また高等教育の目的は教育研究活動であるが、その成果は単年度では測定できない限界もある。

　第2に、予算作成は国の財政と同じで現金主義で行われるが、財務諸表は発生主義によって作成されるため、予算上の費用と財務諸表の損益とが異なって解釈される。国立大学法人会計基準は、企業会計に準拠しているとはいえ、国立大学は教育研究遂行が目的であり、利益獲得を目指しているわけではないため、目標計画に沿って業務遂行すれば損益均衡となる。国立大学法人が教育研究についてどのような業務遂行をしているかを理解するには、財務諸表と決算報告書など複数の財務データを検討する必要がある。また国立大学の施設整備は、運営費交付金ではなく施設整備費補助金でなされるため、国立大学法人の経営努力が限定されてしまう。第3に、教育、研究、

第5章　大学の財務管理　97

教育研究支援、診療経費の区分が各法人で異なって判断されるので、法人間の比較が困難となる点である。

　損益計算書は一会計期間に発生した費用と収益を表し、国立大学法人の運営状況を示す。これは法人が実施した教育研究業務の費用がいかなる財源、収益によってなされたかを明らかにする。損益計算書から自己収入を控除したのが業務実施コスト計算書であり、大学法人の教育研究等の業務運営費用が、どれだけ公財政支出で賄われているかを示す。具体的な数値については、第4節3で見る。

　国立大学の場合、施設整備も主として公的財源で賄われるが、損益計算書や業務実施コスト計算書には、施設整備費補助金は含まれてはいない。それは年度計画の予算額と実際の執行額を示した決算報告書に反映されている。しかし決算報告書には科学研究費補助金等の収入が掲載されておらず、国立大学法人の年度の収入と支出を見るには総事業費を見なければならない。

　各大学が独自に行う財務分析は、財務諸表に基づいて行われることになる。財政分析において、特に有効なのは時系列分析と人件費比率などの比率分析である（野中他 2001）。『国立大学の財務』において使用される指標は、①財務の健全性・安定性：継続して教育研究活動ができるか、②活動性：教育研究水準の向上ができる財務体質か、③発展性：多様な財源確保ができているか、④効率性：教育研究活動が効率的に行われているか、⑤収益性：自己収入が十分確保できているか、に分けられる。これらにおいて開発された指標は、変数の取り方でさらにさまざまなバリエーションができる。また単年度の財務諸表を分析したところで、得られる情報は限られる。年度を挟んだ時系列的データ分析や、大学特性が類似した他大学と比較したレーダーチャート等を活用することが必要となる。さらに『国立大学の財務』等で使われる指標だけではなく、各大学の特性や実状に合わせて、独自に開発することも必要となる。

　各国立大学が作成する財務諸表は、経営判断に用いられるが、それについてアンケート調査によれば、財務担当理事の多くは、それが実際に「役立っている」と回答している（国立大学財務・経営センター 2012）。また「財務担当

事務職員の多くは、財務諸表について基本的な理解をしている」と回答している。それらは「経営協議会の議論の基礎となっている」、多くの国立大学では、財務諸表について「監査法人、公認会計士による経営相談を受け、それが役立っている」と判断されている（国立大学財務・経営センター 2012）。

2　学校法人会計基準との違い

　私立大学法人が準拠する学校法人会計基準は、1970 年開始された私学助成に伴って設定された。学校法人会計基準第 4 条では、学校法人は、資金収支計算書、事業活動収支計算書（従前の消費収支計算書から 2015 年書式変更されたもので、国立大学法人会計で損益計算書に当たる）、貸借対照表を作成しなければならない。この基準で特徴的なのは、基本金の扱いである。基本金とは、①教育用に学校法人が取得した固定資産、②教育充実のため将来取得する固定資産用の金銭資産、③基金として継続的に保持する金銭資産、④計上すべき資金、である。

　2015 年以前の学校法人会計基準は、基本金を控除して消費収入を定義し、一方企業会計ではそれについては、純利益の損益計算の後に行われる点、また学校法人会計では基本金で購入した固定資産の減価償却費を、消費支出に加算する点などで、企業会計と異なっている（野中他 2001）。それについての批判もあり、検討もなされてきた。第 1 の点については、損益取引と資本取引が混同されていること、第 2 の点について、固定資産購入時に、基本金組み入れと減価償却の費用の 2 重取りがおこなわれていること、である。すなわち消費収支差額の計算において、基本金組み入れは内部留保であるにもかかわらず、消費収支差額は赤字となりえ、実態を反映していないことになる（古市 2011）。そこで基準が改正され、基本金組み入れの後に消費収入を定義することを廃止し、基本金組み入れ前当年度収支差額を定義した（梶間,2014）。これによって毎年度の収支バランスの実態が把握しやすくなった。しかし基本金組み入れ後に収支均衡をはかる考え方には変わりはない。

　学校法人会計基準の目的の一つは、交付された補助金を適正に用いているかを示すアカウンタビリティの達成にあり、この役割は主に資金収支計算書

により果たされている（古市 2011）。さらに私立大学のミッションが、教育サービスを提供し続ける永続性にあるならば、その財務的な裏付けを示すことも重要である。資産、負債、基本金の一覧表である貸借対照表は、サービス提供に必要な資産が、負債以外でどれだけ賄われているかを示し、財政状況を示すには重要な情報である。さらに基本金の変動計算を行っている事業活動収支計算書（旧消費収支計算書）は、教育サービスを永続的に行う財政的基盤の変化を示すことになる（古市 2011）。これらのことから、学校法人会計基準が、企業会計基準と異なっていても、基準の目的が達成されれば批判は当たらないという見方もできよう。

　国立大学と私立大学は決算財務諸表を作成しているが、異なる点が多いため比較することはできないと指摘される（国立大学財務・経営センター 2016　著者注：この指摘は 2015 年以前の学校法人会計基準によっている）。①国立大学の貸借対照表には「資産見返り負債」「寄付金債務」など、私立大学の貸借対照表にはない特殊な項目がある。②私立大学には基本金を「基本金及び消費収支差額の部」に留保することができるが、国立大学は「目的積立金」は前述の特殊な負債項目として計上される。③私立大学の「消費収支計算書」の収益には基本金は差し引かれているので、「消費収支差額」と国立大学の「当期純利益」とは比較できない。④私立大学の「資金収支計算書」には前受金などを含んでいるため、国立大学の現金収支の「キャッシュ・フロー計算書」とは比較できない。⑤私立大学の「事業活動収支計算書（旧消費収支計算書）」の「教育研究経費」、「資金収支計算書」の「教育研究経費支出」には、国立大学の「教育研究支援経費」なども含まれるため、比較できない。国立大学や私立大学では、公認会計士による監査ばかりでなく、経営協議会や保護者への財務諸表の公開がなされる。そこで状況の正しい理解が得られるためには、国立大学会計基準、学校法人会計基準、の違いについてわかりやすい説明が必要となる。

3　内部・外部の監査と評価

　国立大学法人制度は、文部科学大臣が中期目標期間の目標を定め、各大学

法人が目標・計画に従って教育研究活動を行い、期間末に評価を受ける目標管理に特徴があり、そこには「統制と評価」システムが組み込まれている。それは、「人員・資材・資金（いわゆるヒト・モノ・カネ）などの経営資源を、組織目標の達成に向けて最も効率的に配置して運用し、さらには定期的にモニタリングしながら必要な軌道修正を行って組織目標を効率的に達成するための組織内部および外部のシステム」である（国立大学財務・経営センター 2004, 第 6 章 p13）。

　国立大学法人法によって、内部監査及び外部監査という評価の仕組みが構築されている（国立大学財務・経営センター 2004, 第 6 章 p13）。この仕組みを支えるのが、財務諸表であり、それぞれが表す情報はさまざまである（古市 2008）。またその利用も多様である。これらの財務諸表は、年度末期末に自己点検・自己評価、監事監査、外部監査、外部評価、等に用いられる。さらに将来の計画、とりわけ予算計画、予算配分の基礎となる。国立大学法人内に設置される経営協議会や教育研究評議会は、財務諸表を通じてそれぞれ組織及び運営の状況、教育及び研究の状況について自己点検・自己評価を行う。また文部科学大臣によって任命された監事は、業務監査や財務諸表について意見を付す。これらは自主的な内部評価、内部監査であり、内部改善を目的とするものである。

　それに対して、文部科学省に設置される国立大学法人評価委員会による評価は、業務実績に関する評価や、積立金の処分における経営努力認定に係るものである。その結果は運営費交付金に反映される外部評価である。外部評価には、法人評価委員会の他、大学評価・学位授与機構、政策評価・独立行政法人評価委員会による評価がある。さらに評価ではないが、文部科学大臣が選任した会計監査人による財務諸表の外部会計監査がある。

　国立大学法人化によって新たに設置された監事は、文部科学大臣から任命された職制である。「監事監査に関する参考指針」（国立大学法人等監事協議会 2012）によれば、「監事は、業務運営の状況を把握するため、役員会、その他重要事項を審議する会議に出席し、意見を述べることができるものとする」とある。

監事の通常の業務として、会計監査、業務監査の機能を果たすことが求められる。会計監査には、国立大学法人が財務諸表の作成と報告のための体制を構築運用しているか、会計監査人が職業的専門家として監査を実施しているか、会計監査人の作成した監査報告書に疑問点はないか、等を確認することが含まれる。業務監査には、国立大学法人の教育研究業務や社会貢献・国際交流に係る監査だけでなく、国立大学法人が法令遵守体制を確保しているか、情報保存管理体制が整備されているか、法人情報の開示体制が構築されているか、損失危険管理体制が敷かれているか、等に関する内部統制システムの構築・運用に係る監査が含まれる（国立大学法人等監事協議会 2012）。

独立行政法人通則法の改正（2015 年 4 月施行）に伴って、国立大学においても監事の機能強化等がうたわれており、その役割の重要性が増している。アンケート調査によれば、国立大学の学長は監事の業務監査、会計監査における監事の機能を高く評価している。アンケート調査の結果では監事が「役立っていない」、「あまり役立っていないと」、回答した学長は皆無である（国立大学財務・経営センター 2015）。

国立大学法人には、監事による監査のほかに、会計監査人による監査、財務諸表の正確性、合理性を確保するため会計監査法人等に属する会計監査人による監査が、準用通則法によって義務付けられている。さらに国が資本金を出資しているため会計検査院の対象となり、書類提出と実地検査が義務付けられるが、これについては法人化前と変わらない。

第 4 節　国立大学のマクロな財政・財務状況

1　マクロ財政

大学のミッションを定義し、目標計画を構築し遂行するには、大学を取り巻く外部環境の変化を的確に捉える事も必要となる。財務管理に関しても、日本の高等教育のマクロ財政変動をとらえておくことも重要である。特徴的な傾向としては、国立学校特別会計が廃止され以降、民間資金・公的資金が直接機関レベルに投入されるようになったことである。かつて郵貯、簡保、

年金資金を原資とした財政投融資資金も、金融・資本市場から債券で調達した資金の形で国立大学等に流入している（水田 2009）。

国立セクターでは、学生一人当たり公的経常財源が減少しているが、それは学生数の増加に対して経常財源が増加していないことが原因である。国立大学の公的経常財源である運営費交付金は、学生一人当たり換算で、法人化以降減額されている。私立大学の学生一人当たり経常費補助金も一般補助は停滞気味であるが、競争的資金である特別補助金は増額されている。国立大学の教員一人当たり受け入れ研究費は、過去一貫して増加し、公的資金の代表である科学研究費も増額されてきた。民間資金も増加している。私立大学への教員一人当たり研究費は公的民間資金とも横ばいである（水田 2009）。

また国立大学の予算配分は、基盤経費から競争的資金にシフトしている。基盤経費は教員数学生数などの基準によって、一定の公式によって計算され配賦される。よって基盤的経費は、大学も予め大まかな予算額が推測できるため、短期ばかりでなく中期執行計画が立てやすい。しかし競争的資金は、研究プロジェクトの申請によって採択が決定される。研究プロジェクトが終了した時点で研究資金継続の保証がないため、中期計画が立てにくい。また施設設備などの整備に充当することも容易ではない（丸山 2013）。基盤経費についても、次第に業績評価の結果が反映されるような競争的性格を持つようになってきた。運営費交付金が法人評価委員会評価の結果を反映するのがその一つの例である。

このような財源やその配分方法が変化する中で、大学の財務を所管する組織も対応がなされる必要があろう。例えば、競争的資金の獲得を支援する組織整備、URA（ユニバーシティ・リサーチ・アドミニストレーター）や大学の各種データを収集整理し、情報発信する IR（インスティチューショナル・リサーチ）組織の充実も図ることが必要となろう。

2　国立大学の財務状況

国立大学財務・経営センターでは、国立大学法人の財務等のデータを法人化以降、毎年収集分析し、『国立大学の財務』としてまとめている。それ

第 5 章　大学の財務管理　103

によると全体の 2016 年度末の財政状況は、以下のとおりである。国立大学法人全体の資産総額は、9 兆 8,429 億円、負債総額は 2 兆 9,653 億円である。純資産総額は、6 兆 8,775 億円、うち利益剰余金は、4,969 億円であり、金融資産の割合が少ないのが特徴となっている。この現金や有価証券などの当座資産は、中期目標期間の 6 年間サイクルで増加していることが、財務・経営センターの調査分析で明らかにされている。有形固定資産のうち土地の占める割合は減少しているが、建物などは増加している。これについては目的積立金が、施設整備に計画的に使用されてきたためと分析されている（国立大学財務・経営センター 2016）。

　2016 年度の損益状況については、費用について人件費が 1 兆 4,666 億円で 49.4% を占める。教育経費は 1,643 億円、研究経費が 2,472 億円、診療経費が 6,932 億円と附属病院にかかる経費が相対的に大きくなっている。法人化後の 2004 年から、教育経費、研究経費、診療経費は増加している一方で、人件費の伸びは停滞し（図5-1）、政府の国家公務員給与抑制策の効果が明らかである。収益は 3 兆円で、その内、運営費交付金が 9,729 億円と総収益の 32.4% を占めている、附属病院収益 1 兆 645 億円、学生納付金収益 3,454 億円である。法人化後 10 年の推移については、運営費交付金と学生納付金が減少しているが（図5-2）、附属病院収益、受託研究関連収益、寄付金収益、財務収益、その他が伸びている。

　個々の国立大学では、人件費の割合は業務費および一般管理費の 50~80% である。多くの大学で常勤教職員等人件費を減少させ、非常勤教職員等人件費を増加させている。国立大学法人は行政改革の一環として人件費削減を課せられている。しかし人件費は国立大学のミッションである教育研究活動の資源であるので、これが減少すれば活動自体に影響がでる。総人件費は、①給与、報酬等支給総額、②退職手当支給総額、③非常勤役職員等給与、④福利厚生費、⑤最広義人件費、⑥常勤給与等＋非常勤給与、の区分がなされており、これらのどれを減少させるかは大学法人によって異なる（山本 2008）。例えば、①給与、報酬等支給総額は、ほとんどの大学法人で減少しているが、中には増加させている大学もある。

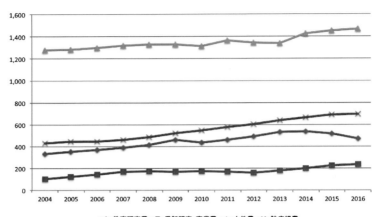

図 5-1　経常経費の推移

データ出所：大学改革支援・学位授与機構（2018）『国立大学法人の財務』平成 29 年度版.

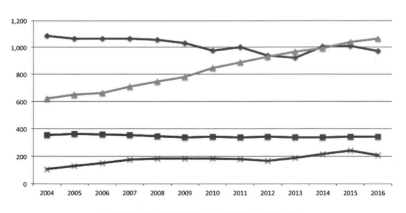

図 5-2　経常収益の推移

データ出所：大学改革支援・学位授与機構（2018）『国立大学法人の財務』平成 29 年度版.

第 5 章　大学の財務管理　105

　資金収支、キャッシュフロー状況については、業務活動によるものは、プラス 3,122 億円、投資活動によるものマイナス 2,432 億円、財務活動によるものマイナス 684 億円、全体でプラス 5 億円となっている。財務活動収支については 2012 年に緊急経済対策である「産学連携による実用化研究開発の推進」が財務活動収支に反映されており、これについては年度によって増減が著しい。

3　国民負担状況と予算決算

　『国立大学の財務』では、毎年国民負担状況を算出している。それによると損益計算書上の費用に加えて、減価償却費や引当外の退職給付債務増加額と、国の財産を無償で使用することにより発生する経済学的コストである機会費用を合計すると、総コストは 3 兆 1,063 億円となり、損益計算書より 1,415 億円多くなる。この総コストから学生納付金や附属病院収益等の自己収入 1 兆 8,270 億円を控除したものが、税金からの負担であると考え、国民負担と呼んでいる。総コストの 41.2% が税による負担となる。

　国立大学の場合、主とする財源が国からの予算であり、私立大学では定員という制限がある学生納付金であり、それぞれ予算制約が課せられている。営利企業と異なって、経営自助努力が収入増加に結び付くわけではない。また国立大学の場合、経営努力によって、余剰金が生ずればよいというものでもない。余剰金の発生は教育研究サービスが提供されない理由によって生ずる可能性もあり、これは大学教育研究の質が低下していることを意味し、大学のミッション遂行に何らかの支障をきたしているということである。大学の財務管理にとって、まず予算と決算が、一致することが大切である。

　国立大学の予算決算の差異状況は、国立大学財務・経営センターの資料から国立大学全体、機関特性別、規模別に知ることができる。予算・決算差異状況については、収入では法人全体で 1,284 億円のプラスであり、産学連携・寄付金収入の 713 億円、運営費交付金の 168 億円、これは繰越によるところが大きいとされる。附属病院収入の 487 億円がプラス要因である。施設整備費補助金はマイナス 94 億円である。支出では、決算が予算を 1,172 億

円オーバーしている。診療経費が 425 億円オーバー、事業の繰り越しによる施設整備費は 200 億円のアンダー、人件費の削減による教育研究経費は、33 億円のアンダーである。国立大学の予算決算を比較検討した研究によると、近年では多くの大学で人件費を節減し、教育研究経費に充てていることが明らかにされた（山本 2006）。収入と支出において予算よりも決算が多いのは、附属病院および産学連携関連項目であり、それらにおける外部資金獲得活動が活発化しているともいえる。

　日本私立学校振興・共済事業団では、各私立大学の財務データをまとめて『今日の私学財政』として毎年出版公表している（日本私立学校振興・共済事業団）。それによれば 2016 年度、私立大学法人の固定資産および流動資産の合計は、548 法人 27 兆円、負債は 3 兆 8 千億円余りである。有価証券、現金預金等の運用資産は、9 兆 9 億円であり、先に見た国立大学法人の資産と比べて大きくなっている。私立大学法人の事業活動収支状況は、教育活動収入は 6 兆 1 千億円、このうち学生納付金収入は 53％、補助金 9.5％、事業収入他は 34％である。教育活動支出は 5 兆 9 千億円、内人件費は 52％を占める。教育研究経費は 41％、管理経費は 7％を占める。

　医歯系法人を除く大学法人の財政状況は、2016 年度で資産合計は 19 兆 4 千億円、負債合計は 2 兆 4 千億円、運用資産は 7 兆 1 千億円、要積立額は 9 兆円と 1 兆 9 千億円不足している。医歯系法人を除く大学法人の事業活動収支状況は、教育活動収入 3 兆 5 千億円、基本金組み入れ 4,300 億円である。教育活動収入の 75％が学生納付金である。補助金は 12％ を占める。教育活動支出は 3 兆 4 千億円、うち人件費は 1 兆 9 千億円、56％を占める。教育研究経費は 35％、管理経費は 9％を占める。

引用・参考文献
梶間栄一（2014）『学校法人会計の仕組みと決算書の見方』ぎょうせい。
国立大学財務・経営センター（2004）『国立大学法人経営ハンドブック』。
国立大学財務・経営センター研究部（2012）『国立大学法人の財務経営担当者調査』。
国立大学財務・経営センター（2015）『国立大学における経営・財務運営に関する調査報告書』。
国立大学財務・経営センター（2016）『国立大学の財務』平成 27 年度版。

第5章 大学の財務管理　107

国立大学法人等監事協議会（2012）『監事監査に関する参考指針』。

日本私立学校振興・共済事業団『今日の私学財政』。

野中郁江、山口不二夫、梅田守彦（2001）『私立大学の財政分析ができる本』大月書店。

古市雄一朗（2008）「国立大学法人会計基準における開示内容の検討―説明責任の観点を中心に―」『大学財務経営研究』第5号　国立大学財務・経営センター　pp187-205。

古市雄一朗（2009）「国立大学法人会計基準と企業会計の異同についての検討」『大学財務経営研究』第6号　国立大学財務・経営センター　pp139-158。

古市雄一朗（2011）「高等教育機関が提供する会計情報についての検討」『大学財務経営研究』第8号　国立大学財務・経営センター　pp53-61。

丸山文裕（2013）「高等教育への公財政支出の変容」広田照幸ほか編『大学とコスト』岩波書店　pp49-76。

水田健輔（2009）「日本の高等教育をめぐるマクロ財政フローの分析」『高等教育研究』第12集 日本高等教育学会　pp49-70。

山本清（2006）「大学政策と経営への財務分析の活用」『大学財務経営研究』第3号　国立大学財務・経営センター　pp1-18。

山本清（2008）「財務にみる法人化後の大学行動」『大学財務経営研究』第5号　国立大学財務・経営センター　pp3-14。

山本清（2011）「財務面から見た大学の経営行動」『大学財務経営研究』第8号　国立大学財務・経営センター　pp39-50。

さらに勉強したい人のための文献案内

国立大学財務・経営センター『国立大学法人経営ハンドブック』2004年。
　　国立大学法人化制度開始時に発行された国立大学経営の手引書。一部制度法律改正に伴って実態に合わない部分もあるが、財務管理はもちろん大学経営に関して網羅的に解説している。

国立大学財務・経営センター『国立大学の財務』平成27年度版2016年。
　　各国立大学の財務状況および財務指標をまとめたもの。国立大学全体の財務状況もわかり、財務指標について解説もある。なお平成28年度版からは大学改革支援・学位授与機構から『国立大学法人の財務』として刊行されている。

第6章　大学の人事管理

山本　清
(鎌倉女子大学学術研究所教授)

本章のねらい

　教職員は大学の教育研究活動における最も重要な「資産」であり、同時に最大の「経費」であるのが通例である。その意味でヒトの管理は高い教育研究活動を実現し、革新性と持続性を確保するうえで極めて大切である。同時に活動の自律性から企業や役所の組織の管理の原理が適用できない点にも配慮が必要である。そこで、教職員の人事管理の基礎と大学の活性化の観点から留意する点を概説する。

第1節　大学の組織管理と人事管理

1　大学組織と人事

　大学は教育研究活動を中心に行う組織である。その活動は大きく人材育成（教育）と研究に分かれ、労働集約的であり、ヒトである教員・職員と学生が最大の資源である。したがって、経費面で人件費の占める割合が大きいという量的側面及び成果を規定する意味での質的側面の双方で、人事管理は大学経営で極めて重要である。大学組織はヒューマン・サービスという点で医療・介護や理美容業等に似て、専門職・準専門職・一般職の異なる職種群から構成されている。他方、医療や介護は健康や健常者に戻るという比較的明確な目標があるのと異なり、大学は知識や真理の追究といった曖昧な組織目標になっている。大学の教員と職員の関係は研究所の研究員と職員の関係と似ているものの、教員は原則として研究だけでなく教育を担うのが、研究

第 6 章　大学の人事管理　109

を行う研究所や教育を担う初等・中等教育機関と異なる点である。また、教育研究には大学の自治と学問の自由が尊重されることになっていて、医師や弁護士等の専門職の判断に加え、活動内容自体の自律性が保証される特色がある。このことは教員の自主性・創造性が他の専門職に比して強く、大学（帰属集団）よりも学界（準拠集団）への忠誠心が強いとされる（Gouldner, 1958; Weick, 1976; Becher, 1994）。実際、有能な教員は他の大学・機関等に移動することもできる。近年では職員についても専門職化が進み、米国・英国では従来のカウンセリングや留学生・キャリア教育に加え IR（Institutional Research）や URA（University Research Administrator）等の新しい職[1]も登場し、これら職群についても専門職団体の準拠集団としての役割が強まっている。

　しかし、組織よりも専門・学術への忠誠心が強いことは、組織使命や目標の達成と個々の成員との活動にコンフリクトが生じる可能性がある。実際、学術的な研究生産性には準拠集団へのコミットメントが影響し、帰属集団へのコミットメントは有意な影響を与えないとされている（Jauch et al., 1978）。それゆえ、大学の人事管理においては、いかに両者を調和化・調整させるかに留意しなければならない。また、大学組織のトップ層の役員は、教職員の組織忠誠度を高め組織業績を向上させることが求められる。本章では我が国の大学の職種別の構成や身分の概要について述べ、次いで人事・給与・評価や研修等について解説する。

2　職種

　学校基本調査によれば、我が国の高等教育機関の本務者（常勤の正規教職員）は**表 6-1**に示す通り、約 43 万人である。教員と職員の比率は 45 対 55 であり、やや職員が多い状況になっている。

　このうち大学に限定すると、教員数は教授 69,176 人、准教授 42,836 人、講師 20,659 人、助教 40,518 人及び助手 5,828 人　計 180,879 人であり、女性の割合は約 23% となっている。特に教授に占める女性の割合は 14% と低い。他方、職員数については事務系 84,745 人、技術技能系 9,394 人、医療系 124,804 人、教務系 4,588 人及びその他 3,945 人、計 227,476 人となって

表 6-1　高等教育機関の教職員数（平成 26 年度）

設置形態	教員（本務者）	職員（本務者）
国立	68,146　（64,252）	78,009　（75,556）
公立	13,530　（13,013）	15,477　（15,184）
私立	111,687　（103,614）	141,182　（136,736）
計	193,661　（180,879）	234,668　（227.476）

注：高等教育機関とは大学・短期大学・高等専門学校を指す。なお、教員には学長・副学長を含むが通信教育は
　　含まない。括弧内は大学のみの数値である。

いる。教員と比較すると女性の割合は 66% と男性より高いが、医療系（看護師等）の 83% が女性であることが大きく影響している。ただし、事務系に限定しても 47% となっているから、大学職員は性別の差が小さな職といえる。

3　身分

　大学が労働集約的でかつ専門職の自律的活動を基盤とする組織であることは、大学経営的には教職員の中核人材に有為な人物を得る必要があること及び人件費以外の経費も確保しなければならないことから人件費の制約にも配慮することになる。実際、教員のうち兼務者は本務（専任）者をやや上回っており、職員について兼務者は 5 千人弱であるものの、派遣社員等の非正規職員が多く働いている。また、常勤教職員・本務者として区分されていても、任期付職員、再任用職員が拡大しており、週のうち短時間勤務する雇用形態の者（特任教員・特定職員・特任研究員等）も少なくない。たとえば、東京大学の教職員で常勤は 8,976 人、非常勤は 7,371 人（平成 25 年度財務諸表の附属明細書「役員及び教職員の給与の明細」）となっている。また、学術研究懇談会（RU11）を構成する 11 大学における教員は、文部科学省（2015）によると平成 25 年では任期付教員は全体の約 4 割を占めるようになり、米国並みの状況になっている。

　このように教育研究活動に必要な人材を財源制約のなかで確保しようとするため、人材の流動化・変動費化が進展しており、人事管理の対象者や内容

が広範囲になっている。

第2節　採用・配置転換・昇進・退職管理

　常勤の本務者は大学の教育研究活動の中心を担うことから、優秀な人材の採用が極めて重要である。我が国の労働市場は特に大企業では新卒一括採用が基本とされ、就社意識が強いが、大学の教員と職員の人事管理方式は大きく異なる。それは、伝統的に職員は日本の一般的な職種と同じキャリア（終身）システム、教員にはポジション（職位）補充システムが採用されてきたことによる。

1　採用

　教員の採用は、原則として公募あるいは推薦によってなされる。大学の新設や学部増設などの場合を除き、離転職により教員が欠員になった時に採用人事が起案される。業績・学歴や教育経験等の書面審査を経て絞られ、面接・模擬講義等をへて最終候補者が人事委員会で決定される。最終的な決定は大学ごとに異なり、学長、理事長、役員会等様々である。現在では博士後期課程を経て直接助手・助教に採用されることは少数派であり、助手や助教の職に採用（大学等の高等教育機関の本務教員以外から本務教員に採用された者という定義）された新規学卒者の占める割合は 20% 及び 10.5% にとどまっている。平成 25 年度学校教員統計調査によれば、大学部門 11,314 人の採用前の状況は新規学卒者 999 人（8.8%）、臨床医等 3,205 人（28.3%）、研究員 2,112 人（18.6%）、企業・官庁・自営業 1,545 人（13.6%）などとなっている。職員の採用も公募によることが多いが、毎年度定期的に一定数を採用する場合には試験・面接等により選考がなされる。国立大学では地域ブロック単位で統一試験を実施して人材の確保に努めている。また、一部の専門的な職（国際交流等）については、国公私立大学とも中途採用や公募により人材を得ている。これは、新たな人材需要に応えるには既に専門的能力を有する者を採用した方が早く対応でき、養成費用も節減できる利点があるからである。

2 配置転換（含む出向）

　教員の場合は、専門領域の業績や能力に応じて採用されるため、大学組織内部で配置転換されることは少ない。むしろ、教員市場（外部労働市場）で他の大学等に職を求めて異動することが通常である。他方、職員の場合、基本的に組織内異動（内部労働市場）であり我が国では学務とか財務、総務等のいくつかの職域の中で専門性を強めていく異動が多い。ただし、国公立大学では本省・首長部局への異動や、国立大学では他の国立大学等への組織間異動もあり、そうした経験を通じて幅広い政策知識やネットワークを形成することが期待されている。

3 昇進

　昇進とは同じ組織内でのより上位の職位への異動であり、一般的には給与と連動する。教員であれば、助教から講師、講師から准教授、准教授から教授への昇格になる。また、職員ならば、一般職員から主任、主任から係長、係長から課長、課長から部長への昇進が代表的なものである。この昇進は、職位に必要な能力があることが条件になり、また、定員管理や人件費管理がなされている場合には、その定員あるいは人件費の上限を超えないことが必要になる。企業のようにヒトや経費を増加させてもそれ以上の収入が期待される場合には昇進の基準を満たせば昇進は可能であるが、規模拡大が出来ない場合には公務員の人事管理に近い運用になる。このため、組織管理及び業績管理の観点からも、職位の業務を行うにはどのような能力が要求されるかを明確化しておかねばならない。人事の公正を確保するだけでなく、能力がないものが上位の職位について業績が低下したり、組織運営が混乱してはいけないからである。

4 退職

　我が国では従来、職員は60歳、教員は60歳から70歳までを定年とする雇用体系が多かったが、高齢者雇用の観点から65歳までを視野においた人事管理が必要になってきた。50歳を超えた教職員に弾力的な雇用形態を適

第6章 大学の人事管理 113

コラム 英国の大学の教授昇進

　2年ほど前に、筆者は英国のある大学（ビジネススクールのランキングでは5位以内）のビジネススクールの准教授から教授への昇進人事に関し、大学の昇進委員会から外部審査の依頼を受けた。審査は関連分野で国際的に権威ある学者2名から受ける規定になっている（もう一人はロンドン政治経済学院（LSE）の教授）。昇進基準は公開もされているが、個人的に知り得たこともあるので大学は匿名で概要を紹介する。教授、准教授、上級講師の職位ごとに基準が設定されており、研究・教育・社会貢献の3つの領域につき要求される能力と卓越性の水準が定まっている。昇進申請者は研究か教育のいずれかの卓越性と残りの2領域の能力を示すことが求められる。教授の多くは研究の卓越性と教育と社会の能力を証明することが多い。ここで研究の卓越性とは国際的に卓越した学術誌への掲載と学術的影響力の実績、招待講演、学術賞の受賞、研究資金等であり、研究に要求される -- 能力が国際学術誌への年1本以上の掲載等と比較すると高い水準になっている。国際的に卓越した学術誌とは分野のトップジャーナルを意味する。指針としてより具体的な数値も設定されており、過去3年間で平均2本以上などが示されている。分野によらず大学として国際学術誌への論文掲載本数を基準にできるのは英語圏の大学特性にもよるが、人事や政府補助金が研究の成果（評価）と連動していることが大きい。数値基準を満たすため特定期間に集中して実績を挙げたり、有力な研究者と共同論文を書いたりする事態も見られる。

用することは、若手人材の採用や組織の活性化あるいは経験豊富なスタッフによる若手等の育成を可能にする利点もある。この際、いったん退職して再雇用等に移行することもある。また、不正等への処分として懲戒解雇を行う場合もある。今後、大学組織の統合や再編等で早期退職や勧奨退職等も想定され、企業等の対応を参考にした検討も求められよう。

第3節　給与・処遇

　大学の多くは人件費が最大の費目であり、財務管理からも重要である。ただし、消耗品や光熱水道費のように変動費的な性格は低く、むしろ教育研究活動を安定的に行う上の固定費的なものである。また、優秀な人材を大学組織に定着させ十分な活動を促し、同時に外部から有能な人材を獲得する点で、経済的な誘因を考慮しなければならない。このため、業績や能力、経験等を

表 6-2　教員の平均給料月額（千円）

職名	国立	公立	私立	計
教授	487.7	528.7	569.9	541.6
准教授	413.8	434.9	466.5	441.7
講師	382.5	380.9	392.2	391.6
助教	336.2	343.8	327.9	336.2

出典：学校教員統計調査（平成 25 年度）。諸手当及び調整額は含まない。

考慮して給与水準が決定される。

1　給与

　我が国の教員の平均給料は**表 6-2** に示す通りであり、職位が上位の職名になるにしたがい増加する。また、設置形態では基本的に国立、公立、私立の順に大きくなっている。

　多くの国公大学では、年俸制を導入しているところを除くと、給与管理と人員管理の両面から給与等級（級と号）を定めている。上位の級への昇給は原則として昇進を伴い、同じ級内の昇給は号俸が上がることを意味する。例えば、東京大学では教員について 1 級から 6 級に区分し、1 級：教務職員、2 級：助教・助手、3 級：講師、4 級：准教授、5 級：教授、6 級：教授を標準的職位としている。また、職員については 1 級から 10 級に区分し、1 級：一般職員、技術職員、2 級：主任、一般職員、技術職員、3 級：技術専門職員、係長、主任、4 級：副課長、技術専門員、技術専門職員、係長、5 級：課長、副課長、技術専門員、6 級：部長、課長、技術専門員、7 級：部長、8 級：部長、9 級：部長、10 級：部長を標準的職位としている。

　ここで議論になるのは、年齢・経験という年功と給与との関係である。職位よりも年功が影響し、しかも年齢を経るにしたがい給与も上がるという賃金曲線が我が国の給与特性とされていた。この傾向が大学組織でも見られるかを平成 25 年賃金構造基本統計調査にある男子教員について示したのが**図6-1** である。これは所定内給与（月額）であり賞与等を含んだ年間給与では

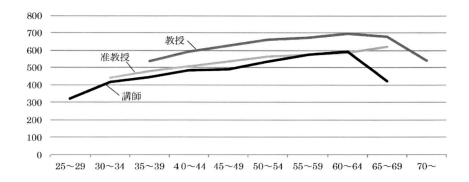

図 6-1 年齢階層別の所定内月額給与（男子, 千円）

ないが、60歳までは年齢が高くなるに伴い給与も増加すること、また、教授と准教授・講師とは同一年齢でも職位による給与の違いはあるものの准教授と講師の違いは小さいことが理解できる。上記統計調査では性別・年齢別・職位別で大学職員の区分はないため、参考として「平成25年度国立大学法人東京大学の役職員の報酬・給与等について」(p5) に基づき東京大学の職員（事務・技術職員）の年齢階層（4歳毎）と年間平均給与の関係を示すと、24歳以降59歳まで年齢とともに給与は増加しており年功制の性格が強いといえる。

　なお、成果や業績と報酬をどのように関連づけるかに関しては、成績主義の弊害、特に教員については経済的・明示的な誘因は内発的な動機づけには逆効果であるという指摘も根強い。また、人事考課と関係する業績評価制度に対しても組織レベルと個人レベルの対応があり、教員側の適応・対処行動は種々であることが示されている（Teelken, 2015）。大学教員に関する業績給の効果については諸外国の実証研究でも明確でない（Pfeffer and Langton, 1993）。他方、我が国の大学は米国の有力大学と比較して給与が低いため、国際的に著名な学者を採用することが困難であるという意見がしばしば聞かれる。優秀な教員には高い報酬を支払う必要があるというのは、高等教育市場の実態

でもあり、内発的動機づけの理論と正反対である。確かに米国のハーバード大学やコロンビア大学等のトップ校の教授の年間給与は国立の2-3倍程度である（The Chronicle of Higher Education の http://data.chronicle.com/faculty-salaries/）。ただ、注意すべきことは、米国の教員給与が全般的に日本より高いのでなく、高いのはトップ校であり、中位校では逆に日本の大学と同等あるいは低いものもあるという事実である。

　とりわけ、教育という視点からは教員層全体の活動の質を維持向上させることが重要であり、教員間の連携が促進されるような人事管理が求められる。他方、職員については米国では職種による差異が大きく年齢別のデータはないものの平均給与はトップ校でも教員の半額以下（http://data.chronicle.com/category/ccbasic/15/staff-salaries/）であり、我が国よりやや良い水準にある（教員と職員の給与の違いは日本では小さい、東京大学のデータでは40-43歳の年間給与平均で教員は約8百万円、職員は約6百万円）。

　業績や活動に報いるためには所定内給与よりも賞与に反映させることが弾力的に対応でき、財源的にも実行可能性が高い。もちろん、企業のように業績が上がることが収益・利益を高め、報酬財源も確保でき、それが一層の業績向上の動機づけになるという好循環は大学では自動的に期待できない。外部資金の間接経費等で報いるか、一定の財源を先に確保して相対評価で良いもの相当に多くの賞与を与える他ない。我が国では賞与の査定部分（勤勉相当）として支給されているが、業績等による大きな差は生じない運用が多いようである。前述の報告によれば、一律支給分が賞与総額（100%）の65%程度になっているため、最高と最低は教員で110.7%と95.3%、職員で108.5%と94.3%の違いにとどまっている。

2　教員の業務実態

　大学教員は教育・研究・社会貢献活動と学内の管理運営を担っており、職員は自ら社会貢献活動を実施するとともに管理運営と教育・研究等の支援業務を担っている。したがって、大学活動の第一線は教員の活動であり、4つの異なる活動に時間や資源をいかに配分するかが人事管理においても重要で

ある。我が国では従来、大学の種別にかかわらず教員は研究志向とされてきたが、近年研究時間の減少が問題になっており、そのことが研究活動の国際的な地位の低下を招いているといわれる。実際、科学技術・学術政策研究所(2015) が分析した結果では、大学等（大学、短大、高等専門学校等の高等教育機関）の教員の研究時間割合は 2002 年の 46.5% から 2013 年に 35.0% と減少している。反対に社会貢献活動は 9.8% から 19.1% に増加している。

　もとより、大学教員は 4 つの活動に対して報酬が支払われていると解されるから、研究時間だけを確保すれば良いものでない。大学の使命達成の観点から、どの程度の研究時間を確保すれば研究が活性化し、教育や社会貢献活動も目標に達するかを教職員全体の人的資源や時間の管理の視点で効率的に配分することが重要である。研究時間を増やすため有効な手段として教員側は、大学の運営・事務手続きの効率化や教員専任教員の確保による教育負担低減とする回答が多い。ただし、評価や申請業務等の学内事務等の時間割合は 2002 年の 19.9% から 2013 年の 17.5% と微減であり、一層の効率化は管理運営業務を職員が中心に担うガバナンス体制と教員間の種別化（研究専任教員、教育専任教員、総合教員など）という大学組織文化の変革を必要とする。また、研究人材と資源の投入を増やすことで教員の実質的な研究時間（割合でなく）を増加させることも有効である。しかし、これには資源調達をどうするか、学術・科学技術政策で大学をどう位置付けるかという政策・財政面での検討が同時になされねばならない。

第4節　人事考課

　大学の人事考課も、他の組織の場合と同じく、組織成員の業務実績や能力などを評価することであり、目的は組織としての配置転換・昇進・昇給等への利用及び能力開発・指導である。

　能力開発は個々の被評価者の成長や学習の側面と組織としての人材開発・組織の活性化の両面があり、目標申告や面接型の方式がとられる。また、昇進・昇給を合理的かつ公正に実施するために評価が必要である。もっとも、

外部労働市場が部分的に機能する教員に関しては他大学等への転出が可能なため内部管理としての人事考課には限界があり、優秀な人材の定着や動機づけには報償や環境整備が同時に重要である。

1 教員評価

このため教員評価においては、人事考課は能力評価よりも業績評価に力点が置かれている。ただし、業績の内容や項目については大学の使命や戦略目標に照らして選定し、優先度や重みづけを行うことが、人事考課を組織管理に結びつけたり、個々の教員に活動を促す点で重要である。さらに、大学組織としては全体として教育、研究、社会貢献や管理運営の充実・向上を図ることが肝要であるから、教員特性に応じて重点項目を選択する方式も有効である。

岡山大学は全教員について人事評価を先駆けて実施したこと（佐々木他, 2006）で知られており、その評価項目も大きく上記4つに区分されている。具体的な項目は、教育では担当授業科目（履修登録者数、最終登録者数、成績、授業アンケート結果）、授業担当総コマ数、FDに取り組む姿勢、教育対象学生数、教育改善等助成金、教育活動に関する受賞、教科書・教材等、学生活動支援、教育活動に関わる報道等となっている。次に研究では、論文、総説・解説記事、著書、翻訳、辞書・辞典の編集、学術雑誌編集委員、論文査読、学会等における発表・役割、出典・出場・入賞等、報道機関発表、発明・工業所有権、学会賞等受賞、科研費・競争的資金獲得実績、受託研究受入実績、共同研究実施実績、学内競争的資金、産学官連携等、寄付金・講座・研究部門である。そして、社会貢献では、公開講座・講演会等、高大連携、生涯学習支援貢献、審議会・委員会等、調査・研究会等、診療活動・医療支援、教育実践、国際貢献、産業支援、他機関等における教育支援、ベンチャー企業設立となっている。最後の管理・運営では、部局長等の実績、全学的な委員等、所属部局等の委員等、入試関連業務となっている。これらの評点が処遇に反映されることになっているが、特に優秀な教員及び問題があると認められる教員に関して賞罰的な運用がなされることになっている。

2　職員評価

　一方、職員評価においては大学組織の内部労働市場性を考慮し、能力評価と実績（業績）評価の両面を行っている場合が多い。岩崎（2014）の調査によれば、職員の人事評価は国立大学が公立大学・私立大学に比して積極的に行っているため、ここでは評価シートが公表されている高知大学を例にして説明する。高知大学の人事評価は業績評価と能力評価に区分される。業績評価は目標達成状況の評価であり、目標設定は被評価者（職員）が設定し、その自己評価を評価者が評価する体系になっている。職員は職務に関する業務内容（3〜5個程度）につき、達成目標（いつまでに、何を）、困難度、目標の追加・修正を行い、自己評価をする。そして、評価者はこの自己評価について所見を書き、最終的に5段階に評価する。評価は目標の難易度と努力の程度に依存するため、どの程度の難易度かにつき評価者と被評価者の間で合意があることが望ましい。一方、能力評価は以下の19項目について5段階で評価される。大きく課題遂行能力（15項目）と姿勢・態度（4項目）に大別され、姿勢・態度は個人特性や資質の評価につながらないように注意しなければならない。

〈課題遂行能力〉
1. 知識・技術（業務に必要な知識、技術）
2. 理解力（課題や状況を的確に把握し理解する能力及び自己の職務に関連する物事を正しく早く修得し理解できる能力）
3. 情報活用力（情報の取捨選択、整理を行い業務へ活用する能力）
4. コミュニケーション（自らの考え方を的確に伝えるとともに、相手の意思を把握して円滑な意思疎通を図っていく能力）
5. 企画力（担当する業務に関して、新しい考え方や手法を構想し具体化する能力）
6. 判断力（状況に応じて的確な判断・意思決定を行う能力）
7. 変化対応力（その時々の状況変化に反応して柔軟に対応する能力）
8. 進捗管理（担当内容を理解し、手順や手続き工程に沿って業務管理を行う能力）
9. 危機管理（業務を遂行する過程で起こりうる潜在リスクを予測する能力）

10. リーダーシップ（部下や同僚、後輩に対し、適切な指導や助言を行う能力）

11. 折衝力（相手の立場に配慮し、分かりやすく正確かつ理論的な説明ができる能力）

12. 信頼性（担当する業務の進め方や成果に関する能力）

13. コスト意識・効率性（費用対効果を意識しながら業務を遂行しようとする能力）

14. 改革意識（業務に対する課題意識を持ち、状況の変化に対応しながら業務の改革・改善に取り組むという意欲・姿勢に関する能力）

15. 指導・育成力（意欲、能力、適性を正確に理解し、育成方針を立案し、能力向上の方向性を示し、適正な指導や動機付けを行い、育成を図っていく能力）

〈姿勢・態度〉

16. 責任性（自分の役割や責任を自覚し、誠実に業務に取り組もうとする能力）

17. 積極性（仕事に対して前向きで自発的な取り組み姿勢に関する能力）

18. 協調性・チームワーク（組織の一員としての自覚を持ち、与えられた仕事の範囲内でチームワークにプラスになる行動に関する能力）

19. 倫理性（職員としての倫理観を持ち、大学内の規律に沿った行動に関する能力）

3　人事考課の活用

　教員評価及び職員評価とも評価結果は処遇に反映され、組織の活性化等が図られる。しかし、人事評価は過程が透明でないと被評価者の納得や理解が得られず、給与や職位と連動すると公正性が重要である。他方、客観性と公正性を確保しようとすると評価作業や時間・費用が嵩むことから、詳細な評価マニュアルや制度の精緻化は弊害もあることに留意しておけねばならない。また、人材育成や能力開発という観点からは、何を修正・努力すれば能力向上や業績改善になるかが評価を通じて明らかにされる必要がある。そのため、行動と能力・業績の関係を人事評価のデータを蓄積することで明確化することが望まれる。

第5節　研修・育成・規律

　大学の教職員の能力や動機づけを向上させ、組織へのコミットメントや業

績改善につなげることは人事管理の基本である。人事考課もそうした装置とみることができるが、大学に特有なものとして、能力開発と職場環境について述べる。大学の教育研究は教員の自主的・自律的な活動が基本であり、個々の科目の単位認定を通じて教育履修がなされる。また、研究はチームとしての共同研究もあるが、個々の教員の裁量の程度が大きい。したがって、教員は大学組織への帰属意識が必ずしも高くないこともあり、職員も専門職になると似た傾向になる。さらに一般職員では大学を取り巻く環境変化や組織改革のため、自ら必要な知識や能力を修得する必要に迫られる。教員の教育研究を大学使命に一致させたり、教員の組織コミットメントを増加させること、一般職員の能力を開発し育成することである。FD（faculty development）/SD（staff development）と総称される内容がどこまでを含むかは論者によって異なる（日本高等教育学会, 2010）が、ここでは知識・技能の修得、能力開発及び人材育成を指すと定義する。採用時の研修は今やどの大学でも実施していて、基本法令や組織・雇用規定等の解説がなされている。ただし、大学教員には初等・中等教育の教員のように教員免許制がないため、教育に関する知識・経験・能力に関する採用時及び採用後の研修が特に必要と思われる。また、職員に対してもどのような能力・経験を積んで職務をしていくかのキャリアパス管理の見地から SD の体系化が求められている。米国のような大学の職群ごとの専門職団体がほとんど存在しない我が国では、専門職団体の研修制度に委ねることは困難であり、大学団体による実施や大きな組織の大学では大学内部での能力開発が望まれる。

　また、組織的なものでなく、教員・職員が個々人のレベルで専門職として能力開発や知識習得を図る行為（professional development; PD）に関しても支援することが重要である。高等教育や経営管理の大学院に進学し学位取得を目指す場合に授業料の一部を負担したり、取得時に奨励金を支給する等が支援策として考えられる。その際、知識・能力（学位や資格を含む）の習得に対して人事面でどのように処遇するかを明確化しておくことが重要である。大学として推奨されるような能力等は何か、また、その能力を獲得した場合に処遇に反映することは、構成員の能力開発を促すだけでなく、組織にとっても

人的資源の強化になるからである。

　労働環境や組織環境という見地からは、大学は学位授与権限あるいは多様な構成員からなる組織特性ゆえセクハラ・パワハラ・アカハラといったハラスメント対策に万全でなければならない。ハラスメントをなくし多様性を確保することは、大学組織の活性化にもつながり、多様な人からなる職場を実現するには「仕事と生活の両立」(work-life balance) にも配慮した人事管理が確立される必要がある。

　我が国の大学の人事管理でも教員への成果志向、職員への専門職化を進める政策が進行する反面、一時期の任期付き雇用や人事考課における業績評価は見直しの動きもある。大学も社会に開かれ、学術は国境を超えて成立するものであるから、人材の流動性と雇用の安定性、多様性と若手や女性の雇用増、競争性と公正性、の3つのバランスをどのようにとっていくかが各大学に問われている。

注
1　Whitchurch (2008) のいう第三の職である。

引用・参考文献
岩崎保道 (2014)「大学における職員評価の現状―設置者別にみた特徴と課題―」『大学教育ジャーナル』第 11号、pp.56-62。

科学技術・学術政策研究所 (2015)「大学等教員の職務活動の変化―「大学等におけるフルタイム換算データに関する調査」による 2002年、2008年、2013 年調査の3時点比較―」。

佐々木恒男・齋藤毅憲・渡辺峻 (2006)『大学教員の人事評価システム』中央経済社。

日本高等教育学会 (2010)『スタッフ・ディベロップメント』高等教育研究第 13 集。

文部科学省 (2015)「大学教員の雇用状況に関する調査―学術研究懇談会 (RU11) の大学群における教員の任期と雇用財源について―」。

Becher, T. (1994). "The Significance of Disciplinary Differences", *Studies in Higher Education*, 19(2), pp.151-161.

Gouldner, A.W. (1958). "Cosmopolitans and Locals: Toward an Analysis of Latent Social Roles 2", *Administrative Science Quarterly*, 2(4), pp.444-480.

Jauch, L.R., W.F. Glueck and R.N. Osborn (1978). "Organizational Loyalty, Professional Commitment, Academic Research Productivity", *Academy of Management Journal*, 21(1), pp.84-92.

Pfeffer, J. and N. Langton (1993). "The Effect of Wage Dispersion on Satisfaction,

Productivity, and Working Collaboratively: Evidence from College and University Faculty", *Administrative Science Quarterly*, 38(3), pp.382-407.

Teelken, C. (2015). "Hybridity, Coping Mechanisms, and Academic Performance Management: Comparing Three Countries", *Public Administration*, 92(2), pp.307-323.

Weick, K.E. (1976). "Educational Organizations as Loosely Coupled Systems", *Administrative Science Quarterly*, 21(1), pp.1-19.

Whitchurch, C. (2008). "Shifting Identities and Blurring Boundaries: The Emergence of Third Space Professionals in UK Higher Education", *Higher Education Quarterly*, 62(4), pp.377-396.

さらに勉強したい人のための文献案内

Alison Hall, Managing People, Open University Press 2003.

　大学の人事管理だけを扱っている著作であり、著者の豊富な実務経験を踏まえ、Robin Middlehurst 教授による人事考課・業績評価の部分を含む。雇用のサイクルにしたがって、人事管理者の視点から、採用と選考、採用後の試行期の管理、業績評価と昇進管理、注意を要する状況（病休、ストレス、ハラスメント等）、仕事と生活のバランス、退職（離転職）管理の6章から構成されている。各章に具体事例が挿入されており、体系的に学習するのに有益である。

国立大学財務・経営センター『国立大学法人経営ハンドブック(2)』2006 年。

　国立大学が法人化したことに伴い自律的な法人経営が求められるようになったことを踏まえ、各大学の参考になる資料として編纂されたハンドブックの第2集である。特に第2章人事管理、第3章組織業務の管理及び第4章業績評価が関係する。人事管理は大学経営全体でどのように位置づけられ、相互に関係しているかを理解するのに役立つ。国立大学法人向けに作成されているが、国立大学法人制度の特性による部分がどこかが明示されているため、公立・私立大学関係者にとっても有益である。

第7章　学生の募集戦略

小林雅之
(桜美林大学総合研究機構教授)

本章のねらい

　18 歳人口の減少期を迎えて、学生募集は多くの大学にとって最重要課題となっている。本章のねらいはエンロールマネジメントや授業料や奨学金あるいは大学の情報発信や情報公開さらに財務計画などを例に、学生募集戦略を大きく理解することにある。とくに、私立大学を念頭に、授業料と奨学金戦略の重要性を提起する。ついで、自大学はどのような大学であるか、どのような方向を目指しているのか、大学の情報発信や情報公開が学生募集に重要な役割を果たすことを取り上げる。また、学生募集戦略と関連して、戦略計画や財務計画との一体的な遂行が重要であることを明らかにする。さらに、学生募集にとって IR がいかに有効かを説明する。

第1節　学生募集戦略の重要性

　18 歳人口の減少期を迎えて、学生募集は多くの大学にとって最重要な課題となっている。私立大学全体では 4 割以上が定員割れを起こしている。しかし、大学による差はきわめて大きい。日本の高等教育システムはヒエラルキー的構造をなしている。ヒエラルキーの頂点に属する少数の大学以外では、大学が望む学生を合格させても、実際には多くが入学しないという問題を抱えてきた。特にヒエラルキーの下部にいくほどその問題は深刻だった。それが定員割れという現状につながっている。

　多くの大学にとって学生確保は、死活問題となった。そのため学生募集戦

略はますます重要になっている。電車の駅や車内、野球場、テレビのコマーシャルなど、大学の広告が巷に氾濫している。オープン・キャンパスや複数入試など珍しくなくなった。しかし、学生募集戦略とはそういう広告や情報発信などの手段の導入だけなのだろうか。

　大学の魅力が学生を惹きつける。これが本質的なことである。広報や入試方法は限られた手段に過ぎない。様々な募集のテクニックを駆使して短期的には入学者を集めたとしても、長期的には競合校（ピア校）より魅力のない大学には学生は惹きつけられない。ピア校と比較して、惹きつけるものは何か。そのためには、自大学はどのような学生を卒業生として送りだそうとしているのか、そのために、どのような教育をしているのか、そして、どのような学生を求めているのか、これらを明らかにすることが重要である。これは、それぞれディプロマ・ポリシー、カリキュラム・ポリシー、アドミッション・ポリシーに相当すると言えよう。ただ、そうした個別のポリシーだけでなく、大学はどのような大学であるか、どのような方向を目指しているのかを学内外に広く情報発信し明らかにすることが最も重要である。

　そのためには、学外の環境について、自大学の全国や地域の学生市場のなかで置かれている立場（ポジショニング）を明確にするマーケティングと、ピア校と比較して（ベンチマーキング）、自大学の強みと弱みを明らかにすることがまず必要とされる。

　他方、18歳人口の減少に伴い、高卒者ひいては大学志願者が減少するだけではない。志願者の学力、興味関心、目的などきわめて多様化してきている。学力の問題だけでなく、大学教育にあまり関心のない、目的意識の明確でない学生や、不本意就学者に対して、どのような学生募集が効果的だろうか。こうした変わりつつある学生に対して、そのニーズを明らかにし、それに応えることは重要である。ただ、大学の場合には、必ずしも学生のニーズにそのまま応えることをもってよしとするわけにはいかないところに難しさがある。大学は社会のニーズも的確に捉え、これに応えなければならないからだ。

　大学を卒業した後、学生が参入する労働市場も大きく変化している。かつ

てのような終身雇用制は一部の企業や官公庁のような組織に限られている。大卒者の3人に一人が3年以内に離職する様な、不安定な労働市場に現在の大卒者は直面している。このような中で、雇用主の大卒者に対するニーズも変化してきている。ただし、これも短期の雇用主のニーズに応えていけばいいというものでもない。つまり、大学を取り巻く環境は大きく変化してきている。これを客観的に把握することは、学生募集にとって不可欠なことだ。それはインスティチューショナル・リサーチ（IR）あるいはマーケティングの重要な役割のひとつである。自大学がターゲットとしているエリアの学生市場の学生数が問題ではない。その中で、自大学に関心のある、逆に自大学が欲しい学生がどのくらいいるのかが問題なのである。

　ここでは、こうした学生募集の基本的な考え方を示す。学生募集は、単なる入学者数の確保という量的問題ではなく、大学の望む学生をいかにして獲得するかという問題でもある。しかし、紙幅の都合上、本章で取り上げるのは主に授業料や奨学金あるいは大学の情報発信や情報公開さらに財務計画など、一部の戦略に限られる。本章ではとくに、私立大学を念頭に、授業料と奨学金戦略の重要性を提起する。しかし、それも学生募集にとって、限られた手段であることには変わりはない。ついで、大学の情報発信や情報公開が学生募集に重要な役割を果たすことを取り上げる。さらに、学生募集戦略と関連して、戦略計画や財務計画との一体的な遂行が重要であることを明らかにする。また、学生募集に関しては、同じくアメリカの大学で盛んに行われているIRが重要な役割を果たしている。これについても日本の大学ではまだ端緒についたばかりである。ここでは、学生募集にとってIRがいかに有効かを説明する。最後に、日本の大学の学生募集戦略のポイントを提示する。

第2節　エンロールメント・マネジメント

　それでは、実際に学生募集戦略をどのように考えていったらいいのであろうか。ここでは、早くから学生募集戦略を展開しているアメリカの事例を取り上げ、日本の大学の学生募集を検討する際のヒントを得たい。本章でとり

あげている学生募集戦略は大学の入り口のみを対象としている。しかし、アメリカの大学では、現在では大学の入り口から出口、つまり、学生募集から卒業まで一貫して学生を捉えるエンロール・マネジメントが主流となっている。このため、ここでは、学生募集に関連する入り口までのエンロール・マネジメントを中心に紹介するが、エンロール・マネジメントがより広い活動であることに留意したい。また、アメリカのエンロール・マネジメントを取り上げるのは、あくまで日本の大学の学生募集戦略のヒントを得るためであり、そのまま日本の大学に導入することを意図していないことをお断りしておく。

　先にふれたように、学生募集戦略について、最も重要なことは、単に量的な入学者数の確保ではなく、どのような学生を獲得するかということである。このためには、どのような学生が志願し、実際に入学しているかを明らかにする必要がある。志願者の出身地域や高校の特性などをまず分析する必要がある。そのうえで、量的な予測を立てるのである。

　入学までのプロセスは、かなり複雑である。学生からみれば、進学の決定、志望校の探索、受験校の決定、申請（志願）、合格、入学というプロセスとなる。大学側からみると、一般にこのプロセスを経るにしたがって該当する学生数は次第に少なくなる。

　そこで、量的な指標として次のようなものをチェックする必要がある。

　　　志願率＝志願者数／入学定員
　　　合格率＝合格者数／志願者数
　　　歩留まり率＝入学者数／合格者数
　　　定員超過率＝入学者数／入学定員

　定員超過率は、1 をある程度上回るか下回ると私学助成が減額になるので、日本の私立大学では最重要の目標となる[1]。このため、私立大学では、この定員超過率の目標をセットして、それを達成するために、歩留まり率や合格率を設定していくという逆の作業になる。このようにして、定員超過率を 1

に近く収めるテクニックは各大学がそれぞれ工夫しており、非常に高度なものから手作りのものまである。

アメリカの大学では、一般に上記の合格率と歩留まり率を、様々な規定要因との関連を組み込んだ重回帰分析やロジットモデルなどの高度な統計モデルを用いて分析している大学が多い[2]。大学だけでこうしたテクニックを用いることが難しい場合には、外部のコンサルティング業者に委託することもある。ある大学の事例では、様々な要因を検討した結果、入学の決定に最も重要な要因は、キャンパス訪問の回数で、2度以上来る生徒はほぼ入学するという。もちろん、これはある大学のきわめて限られた例で、規定要因は大学によって異なることに注意しなければならない。

大学にとってきわめて重要な問題は、個別の年度の入学者の予測だけではなく、入学者数がどのように推移するか予測することである。このためには、まず、授業料や偏差値など入学者数に影響する要因を分析する必要があり、多変量解析さらに予測のためには、シミュレーションや線形計画など、その他の各種の高度な統計的手法が用いられる。これらについては、かなり専門的な知識とスキルを必要とするため、ここでは後に授業料と奨学金の設定と予測合格者や歩留まり率や入学率の簡単な例を示すにとどめる。しかし、単に分析の手法の適切さだけでなく、適切なデータを収集することが何より重要になる。これはIRの重要な役割である。

逆に、手作りの例としては、すべての合格者をリストアップして、一人一人の合格者について、その入学可能性を検討しているような大学もある。経験に頼る方法だが、かなり予測精度は高いという。だが、これも大学によって異なることに注意しなければならない。

第3節　授業料と奨学金の設定

入学者数の予測と関連して、授業料と大学独自奨学金の設定は、学生募集や財務計画の中でもきわめて重要な項目である。とりわけアメリカの大学では近年高授業料／高奨学金政策が採られるケースが多く見られる。

1 高授業料／高奨学金政策の展開

1980年代以降、とりわけ1990年代から現在に至るまで、アメリカの多くの大学は大学授業料のディスカウント（割引）戦略として高授業料／高奨学金政策を用い始め、これがアメリカ高等教育界で大きな論争になっている[3]。この政策は、定価授業料（sticker price、list price、published priceなどと呼ばれる）は高額に設定するけれども、実際の授業料（純授業料（net tuition））は大学独自奨学金（institutional aid）によってディスカウントするというものである。大学独自奨学金とは、大学が学生に提供する給付奨学金である。このため、定価授業料より実際に学生が支払う純授業料は、大学独自奨学金の分だけ低くなる。

たとえば、定価授業料を300万円に設定したとしても、大学独自奨学金を250万円支給すれば、学生が実際に支払う授業料（純授業料）は、50万円となる。大学独自奨学金の額は、個々の学生によって変えることができるので、純授業料は学生によって異なることになる。つまり、300万円全額を支払う学生からまったく授業料を支払わない学生、場合によっては給付奨学金の方が定価授業料より多い、負の純授業料の学生までいることになる。NACUBOの調査によると、ディスカウント率の平均は、2004年には34％だったが、2015年には43％まで上昇している。つまり、平均では、学生は定価授業料の半分強しか払っていないことになる（National Association of College and University Business Officers 2016）。

高授業料／高奨学金政策は、学生を確保しつつ大学の収益を増やすことと、大学の望む学生を獲得するという二つの大きな目的がある。高授業料／高奨学金政策が大学の収入を増加させることは、次のように説明できる。大学は、定価授業料を引き上げると同時に、一部の学生に、大学独自奨学金を選択的に提供する。すべての学生に奨学金を出すのではないから、大学の純収入は授業料の値上げ分と大学独自奨学金の差額分だけ増加する。つまり、定価を支払う学生からはフルに授業料を徴収でき収入を増加させ、その一部を大学独自奨学金にあてる。定価授業料を支払う学生が多くない教育機関でも、空席の代わりにディスカウント料金を払う乗客を乗せる航空機の場合のように、

学生を増やすことで収入を増加させることができる[4]。

この政策によって、大学は定価授業料を高く設定することが可能になる。大学は低価格競争をするより、高価格を設定することにインセンティブをもっている。教育は財やサービスの質が簡単にわからない経験財である。この場合には、情報の非対称性から、価格が質をあらわす指標となりやすい。つまり、高価格＝高費用＝よい教育という公式が成り立つと考えられる。これは一般にブランド品の場合にあてはまり、「シーバス・リーガル効果」と呼ばれる。このため、定価をあげることに大学はインセンティブを持つ。逆に、低価格は低品質とみなされる恐れがあるため、定価を下げることは難しく、定価は維持して実質的なディスカウントをする戦略がとられるのである。このように、授業料を高く設定することは大学にとって十分理由がある。

高授業料／高奨学金戦略の第二の目的は、こうしたディスカウント戦略によって、大学の使命にあった学生を獲得することである。学生獲得のためのインセンティブは、ロスチャイルドとホワイト（Rothschild and White 1995）による経済学的なモデルで明らかにされている。大学は他の産業と非常に異なり、インプット（入学者）が、アウトプット（卒業生）を規定するという特徴がある。大学の質は、大学の学生の質に依存している部分が多々ある。大学が入学者の質を高めれば、卒業者の質を高め、大学のブランド価値を上げることができる。このため、大学は、大学独自奨学金によって、大学の望む学生を獲得するインセンティブをもつ。高奨学金によって、特定の学生にターゲットを絞った戦略を展開することが可能となった。

特定のターゲットの学生とは大学の使命に対応する特性を持った、大学が獲得したい学生である。しかし、それは必ずしも高学力の学生とは限らない。たとえば、コミュニティ・カレッジは成人学生や低所得層に高等教育機会を提供することを使命としている。また、学生の構成の多様性を尊重することが大学の使命であり学生の教育にとって重要であると考える大学では、多様性を重視した学生募集戦略を採用している。このように高授業料／高奨学金政策のもうひとつの大きな目的は、大学が大学独自奨学金によって大学の望む学生を獲得することを可能にすることであり、高授業料／高奨学金戦略は、

大学による学生獲得競争の結果であり、原因となっている。

この政策は、大学独自奨学金によって、大学が望む学生を獲得することを可能にし、授業料収入も定価授業料を高額に設定することにより増加させることができる一石二鳥の政策とされ、アメリカの私立大学から始まり、現在では多くの公立大学でも採用されている。

高授業料／高奨学金政策は、それまでの低授業料政策への批判として登場した。低授業料政策は大幅な公的支援を前提とするから、高等教育進学者が増加し、社会に対する貢献や外部効果が小さくなると正当化するのが困難になる。とりわけ、国公立大学に高所得層が多く進学すれば、所得の逆進的な配分になると批判される。これは1960年代にハンセン（Hansen）とワイスブロッド（Weisbrod）によって繰り広げられた有名な論争のテーマであった（Hansen and Weisbrod 1969, 1971）。公立大学に対する公的補助のための財源としての税は、所得に対して比例的な比率かあるいは逆進的な比率である傾向があり、公立大学の恩の受けることのない多くの低中所得層によって支払われているという批判である。これに対する反論もなされ、現在でも高等教育の費用負担をめぐる大きな論争点となっている。

もう一つの批判は、たとえ無償であっても、高等教育進学に関しては、生活費や放棄所得などの費用負担が必要であり、こうした負担を減少させるには、低授業料や授業料無償より奨学金の方が望ましいとされる。また、無償のため、在学期間が長期化する傾向も指摘されている。

しかし、高授業料政策への移行の背景として最も重要な要因は、高等教育の費用を公的に負担することは、各国とも高等教育のマス化と公財政の逼迫により困難となってきたことである。公財政支出の効率化という観点からも高授業料／高奨学金政策は望ましいとされる。こうして、高授業料／高奨学金政策への移行は世界的な動向となっているとみられる[5]。

2 高授業料／高奨学金政策への批判

高授業料／高奨学金政策に対する批判は、いくつかの点からなされている。まず、第一の目的である大学収入の増加に対して、この政策は、資産の乏し

い大学に不利な政策であり、資産の乏しい大学の収支を悪化させ、資産の多い大学と資産の乏しい大学の二極分化を促進するという批判がある。高授業料／高奨学金政策は、効率的であると主張されている。しかし、過度の大学独自奨学金は、大学経営にとっては、むしろ収支を悪化させているという例もある。大学は入学する学生に対して異なるディスカウント率を設定する。最も入学してほしい学生にはディスカウント率を高く設定する。しかし、大幅にディスカウントされた学生が大量に入学すれば、結果として収入は減少することもある。割引率の設定や合格者の決定を誤れば、かえって収入を減少させたり、大学の望む学生を獲得することができなくなる。純授業料が学生の限界費用（学生ひとりあたりの追加費用）より高ければ、学生を増やすことで、大学は収入を増やすことができる。しかし、逆になれば大学の収入は減少することになる。しかし、この点は理論的には言えても、実際に予測することはきわめて難しい。

　また、定価授業料を高額に設定すれば、授業料収入は増加する。しかし、志願者は減少する可能性が高く、さらに合格者や入学者が減れば、授業料収入は減少する。授業料を増減したときに、志願者がどの程度増減するかを示す率は、価格弾力性と呼ばれ、一般に低所得層ほど、また多くの選択肢を持つ学生（高学力、大都市居住など）ほど、弾力性は高くなる傾向が見られる。さらに、競合する大学の授業料設定も学生の志願に影響を与える。大学はこうした点を考慮して、単に収入を増やすだけでなく、大学の望む学生を獲得することを目指して、定価授業料水準を決定するとともに、割引率を個々の学生に応じてきめ細かく設定することが必要とされる[6]。

　また、先にふれたように、価格は質をあらわすようにみえるために、授業料は高価格になりやすいという批判がある。先にも述べたように、低授業料は低品質とみなされる恐れがあるため、大学は定価授業料をあげることにインセンティブを持つ。このため定価授業料は維持あるいは値上げして大学独自奨学金で実質的なディスカウントをする政策がとられる。この場合には、高価格は必ずしも高い質を意味しないことになる[7]。

　この他にも、学生は奨学金の有無や受給額より定価授業料の絶対額つまり

低授業料の方に反応する傾向があり、高授業料は負担感が強すぎて進学意欲をそぐことになる、という批判もある。つまり、あまりに高額な「定価」は、たとえ奨学金が受給できる者には実際には低い純授業料であるとしても、多くの高等教育志願者を落胆させ、高等教育あるいは当該大学への志願を断念させると考えられる。とくに、低所得層の学生にこの傾向は強いとされ、結局、進学する高所得者に奨学金が配分され格差は拡大するという批判もある。一般に、定価授業料についての情報は奨学金より広く知られているため、低授業料政策の方が低所得者の教育機会に貢献すると考えられる。また、学生が受給する奨学金の額は学生が入学する前年まで確定しないため、奨学金より授業料に反応するとも言われている。とくに、ローンは低所得層の負担感が強く、返済不能に陥ることを恐れ、進学を断念したり、より低授業料の公立コミュニティ・カレッジに進路を変更している傾向がみられる。このように、高授業料／高奨学金政策に対して、公正の観点からも多くの批判がある。

　このように高授業料／高奨学金政策は、実際に実施されているという理由からだけでなく、望ましい授業料／奨学金政策は何かという理論面からも、実際の効果について実証面からもアメリカでは、広範に論議を巻き起こしている。これに関して膨大な実証研究が行われている。

第4節　授業料と大学独自奨学金の設定

　実際に、大学がどのように授業料と大学独自奨学金を設定するかは、大学経営上最重要な政策となる。しかし、個別の授業料の設定について、明確な理論的根拠はない。

　大学独自奨学金で純授業料がどのくらい割引されているかを示すのが、割引率（大学独自奨学金金額／定価授業料金額）である。したがって個々の大学にとって最も重要なのは割引率とその割引率に割り当てる合格者数である。ボーム／ラポフスキー　2009年をもとに架空の例でその実際を示そう[8]。

　この架空の大学の例では、**表7-1**のように定価授業料100万円に対して、4つの割引率を設定し、学生募集をした。その結果、志願者は3,000名、合

表7-1　授業料割引の例（定価授業料100万円）

割引率	75%	40%	30%	0%	計
志願者数	500	300	700	1500	3000
合格者数	500	300	500	700	2000
合格率	100%	100%	71%	47%	67%
入学者数	200	100	300	200	800
歩留まり率	40%	33%	60%	30%	40%
授業料収入	5000	6000	21000	20000	52000

(出典) ボーム／ラボフスキー　2009年を筆者が修正。

格者2,000名、入学者800名となった。このうち、割引率が75％と最も高い志願者の純授業料は25万円で、大学が最も望んでいる学生のため、志願者500名のすべてが合格し、合格率は100％だが、実際の入学者は200名にとどまった。割引率が40％の場合は、純授業料は60万円で、志願者は300名、入学者は100名となった。割引率が30％の志願者は700名で入学者は300名、割引率ゼロつまり定価授業料100万円を支払う者は、志願者数1,500名中入学者200名であった。

　結果として、この大学は、授業料収入として800人の学生から5.2億円を得ることができた。つまり割引を行わなければ、学生1人当たり授業料は65万円になり、大学全体では、割引率は35％ということになる。

　このように、割引率の設定や対象とする学生の特性などの設定によって、授業料収入は変わることになる。日本の大学でも、合格率や歩留まり率を考慮して、授業料水準を決定しているが、アメリカの大学の場合には、さらに複雑な授業料設定がなされている。しかも、ここでは4つの割引率の例を示したが、ある州立大学では16の割引率が、州内学生や州外学生、学力、家計所得などによって細かく設定されている。また、別の州立大学では、多くの要因を考慮した公式によって個々の学生の割引率が決定されるため、実質的な割引率はゼロから100％まで連続的な数字になっている。

　なお、実際には志願者は志願時には自分の割引率がわかって志願しているのではない。しかし、大学独自奨学金について、大学がある程度選定基準を

公開しているため（GPA3.0以上など）、受給できると予想を立てることができると考えられる。また、大学は合格通知とともに、アウォード・レターと呼ばれるフィナンシャル・プランを提示する。ここには、大学独自給付奨学金や連邦政府奨学金やローンなど学生生活を送るのに必要な費用とその財源が提示されている。合格した学生は、このアウォード・レターを進学先の決定の重要な判断材料とするので、どの程度学生支援をするかは、進学先の決定に重要な影響を与える。**表7-2**にアウォード・レターの架空例を示す。実際には大学によって書式は異なり、かなり詳しいものから簡潔なものまである[9]。日本の大学において、同じようなものを作るのは難しいが[10]、ヒントにはなろう。

　日本では、基金には乏しい大学が多いため、高授業料／高奨学金政策は、取れるところから取り取れないところにまわす、という性格が見えやすい。このため、公平性について議論を呼ぶ可能性があることには注意しなければならない。また、歩留まり率や割引率を自大学のデータ分析に基づき、慎重に決定する必要がある。

第5節　大学の情報公開・広報と学生募集

1　大学の情報発信と情報公開

　大学情報の発信は様々な媒体を通じて多くの大学が実施している。電車の中、野球場、テレビ広告など、大学の宣伝を目にする機会は多い。広報活動は学生募集の中心的な活動となってきている。先に説明したアウォード・レターもアメリカの大学では、情報発信としてきわめて重視されている。

　しかし、ここでは、大学の情報発信だけでなく情報公開が個別の大学にとってもかつてないほど重要となってきていることを強調したい。その背景として主に四つが重要である。一つは、大学の質保証・質の向上の観点から、大学情報を明らかにし、大学の透明性を高めることが必要となったためである。とりわけ、グローバル化の中で、国内だけでなく国外にも大学の情報を公開していくことが重視されている。学生や研究者の国際的な移動のためにも、

表 7-2　アウォード・レターの架空例

123　アビー・アベニュー
ブンキョウ
カリフォルニア

トーシン大学

　トーシン大学は、あなたに 2015-16 年度に下記の学生支援を提供することを決定しました。
決定は主にあなたの成績と家庭の状況と居住地に基づいてなされました。

		秋学期	春学期	計
給付奨学金	連邦ペル奨学金	2,698	2,697	5,395
	大学独自奨学金	2,500	2,500	5,000
	州政府奨学金	1,000	1,000	2,000
	小計	6,198	6,197	12,395
ローン	連邦スタッフォード・ローン (利子補給あり)	1,700	1,700	3,400
	連邦スタッフォード・ローン (利子補給なし)	1,000	1,000	2,000
	連邦プラス・ローン	5,000	5,000	10,000
	小計	7,700	7,700	15,400
アルバイト	連邦キャンパス・ワーク・スタディ	500	500	1,000
その他	コミュニティ財団	500	500	1,000
合　計		14,898	14,897	29,795

　その他の学生支援も可能です。学生部に相談してください。

大学が何をしているか、国際的にも明らかにすること、情報発信と情報公開が求められている。大学の質保証の一環として大学の情報公開は大きな意味を持ってきているのである。

もう一つは、高等教育の市場化のなかで、学生・親といった高等教育の買い手に対して十分な情報を提供することが求められるようになったことである。市場メカニズムが機能するための一つの条件は、完全情報、つまり売り手の大学に関するすべての情報が購入者に事前に与えられなければならないということである。これまで偏差値が大学の選択の重要な基準であったが、少子化の中で、受験者が減少し、入試圧力が減るとともに、大学について、偏差値以外の情報を求める傾向がますます加速している。

これまで日本の大学は情報公開に積極的とは言い難かった。しかし、上述のような背景から大学情報公開の重要性がとみに高まっている。大学が高額の授業料を取って、どのような教育をしているか、公費を投入して社会に対してどのような貢献をしているか、大学の説明責任が問われている。これが3つめの背景である。

第四に、個別大学にとっても、大学情報の公開のためには、自分の大学の活動を把握することが不可欠であるため、これを分析し、改善につなげることができる。このように、大学の情報公開はIRとしても重要な意義を持っている。逆に言えば、大学情報公開を進めるためには、大学のIR活動を組織化することが不可欠である。

このように大学の情報公開は、単に大学情報を発信するのとは異なる。大学の透明性を確保し、説明責任を果たすことが重要なのである。先にふれたように、学生募集戦略で最も重要なことは学生を惹きつけられる大学であることである。そして、大学の目指す方向を学内で共有し、それを学外に示すことが情報公開である。しかし、透明性の確保と説明責任の一方で、他方でプライバシーの保護という問題もある。アメリカに限ったことではないが、どの大学も他校とりわけ競合校の情報は知りたがるが、自校の情報は他校に知られたくない。このせめぎ合いの中で、様々な仕組みを作ることで、大学の情報公開が進展してきた。とりわけアメリカの場合には、政府レベル・団

体レベル・個別高等教育機関レベルと様々なレベルで大学情報の公開が進められていることが大きな特徴である。これらについても詳しくは小林・山田（2016年）を参照いただければ幸いである。

2　大学ポートレート

　アメリカにおける大学情報の共通の公的な公開システムとして日本でも大学ポートレートが、2014年度に設立された。以下、大学ポートレートの意義と現状について簡単に紹介する。詳細は私学振興・共済事業団の大学ポートレートのホームページと大学評価・学位授与機構と文部科学省のホームページから資料を入手できる。

　大学情報を公的な機関によって提供することによって、共通のフォーマットで提供することができ、ユーザーは信頼感をえることができる。また、比較可能なことでベンチマーキングに利用することができる。

- 2014年度より創設、参加は個々の大学の判断に委ねられている。2017年11月現在で国立大学は100％、公立大学は85％、私立大学と私立短期大学は97％参加している。
- 国公立大学は大学評価・学位授与機構のデータベース、私立大学は私学振興・共済事業団のデータベースを用いているが、ユーザーからはヴァーチャルにひとつのデータベースに見えるようになっている。
- 最も重要なユーザーとして受験生とその保護者を想定している。
- 掲載項目についてはユーザーを重視し、教育や学納金や生活環境に関する情報を中心に提供しており、大学の選択に委ねる任意項目も多くなっている。
- 大学情報の特定の項目（例　授業料）の一覧表示はできず、個別大学ごとに表示される。

　もちろん、すべていいことづくめではない。大学情報が公開されれば、大学のランキングにも利用されることは避けられない。情報公開による「風評

被害」を懸念する声も私学関係者には根強いものがある。それでも、大学ポートレートが、IR を通じた大学改革の静かな、しかし着実な一歩となることが期待される。そのためには、大学ポートレートを、一覧表示ができるようにするなど、さらに使い勝手がよく、多くの情報を含むように拡充していくかが大きな課題である。いずれにせよ、個々の大学の参加と主体的積極的な取り組みが活性化のためには不可欠である。

　大学ポートレートのような大学情報の公開は、一見、単なる情報の発信や公開だけだと思われがちである。しかし、大学と社会の関係、大学間競争、さらには大学内部にも大きなインパクトを与える可能性がある。公開情報を利用して各大学は他大学とベンチマークすることによって、自大学の強みと弱みを明らかにすることができ、自大学に対する認識を学内で共有することができる。つまり、IR にとってはきわめて重要なデータを提供するものである。また、アメリカのように、公開大学情報によって実証的な研究が飛躍的に進展する可能性もある。いずれにせよ、学生募集戦略にとって、大学の目指す方向性を示し、さらに透明性の確保と説明責任のため、大学の情報公開がきわめて重要であることを改めて強調したい。

第6節　戦略計画と IR の重要性

　学生獲得による授業料はとりわけ私立大学にとって最大の収入源である。しかし、学生募集戦略と戦略計画や財務計画が密接にリンクしている大学は多くない。大学は、戦略計画とアクションプランと財務計画を統一的に有機的に連携して策定し、実行していく必要がある。先に説明した授業料と奨学金の決定や学生募集戦略は、これらの一部であり、学生募集戦略を考える上で、これらとの関連を常にはかっていくことが重要である。以下、簡単に概略を述べる。詳しくは小林・山田編（2016）を参照されたい。

　戦略計画（Strategic Planning）はまだ日本の大学ではそれほどなじみがないものかもしれない。戦略計画については、様々な定義があるが、最も簡明な定義の1つは、ラポフスキー（Lapovsky）の「大学の役割とミッションを再

確認し、これに手を加えるもの。長期、複数年にまたがる全体的、総合的なもの」である（片山他 2009、6-7頁）[11]。日本では中期計画が戦略計画に近いものと考えられるが、日本の大学の中期計画の多くは、包括的、総花的、羅列的で、大学の戦略を策定し、実行するものになっているとは言いがたい。

　戦略計画の主要な目的は、資源の獲得によって、機関の将来と予想される環境変化とを結びつけながら、ミッションの成功をもたらすことにある。このように戦略計画の策定のためには、環境を把握するための環境スキャンやSWOT 分析やベンチマーキングなどの IR の手法が重要な意義を持つ。

　さらに大学の長期の活動は、戦略計画を組織の中で実行に移す試みということができる。これに対して、予算のサイクルの中で決定される、資源の各部署への配分を含んだ計画を別に実行計画（アクションプラン）として策定する。これは、工程表（ロードマップ）や予算や人員配置を示すものである。

　財務計画や財務シミュレーションも学生募集や IR と密接に関わっている。このことは私立大学の場合には授業料収入が最も重要な収入源であることや、IR が数字や統計分析を主な業務とすることから、容易に理解できる。IR は学生募集部門や財務部門などにデータの提供を行うだけの場合もあれば、学生募集計画や財務計画や財務シミュレーションの策定に参加する、さらにはそれらの策定が IR 組織や担当者の業務となっている場合などもあり、様々である。これは戦略計画の場合と同様である。財務計画や財務シミュレーションについては、多くの大学が財務部門などで実施しているし、専門的なものは他の参考文献に譲り、ここでは、まず財務計画について、学生募集とIR と関連する点に絞って説明する。また、簡単なシミュレーションの例を示す。

　財務計画は、施設計画、投資計画、資産整備計画、入学者予測計画など、これまで取り上げたあらゆる計画を財務面から合体したものであり、収入源としての授業料・手数料や政府からの補助金、委託研究等に加えて寄付募集や基金、負債といった項目が盛り込まれている。

　次にアメリカの一部の大学は、戦略計画を毎年度の予算に反映させるために複数年度にまたがる経常予算モデルを構築している。経常予算モデルは戦

略計画に直結している必要があり、戦略計画に盛り込まれた中長期の目標を入学者数や授業料、基金からの繰入、寄付といった収入項目や教職員の報酬、稼働率等の支出項目に関する前提条件に反映させ、それが財政に及ぼす影響に関する分析（感応度分析）やシミュレーションを行うことができる構造が望ましいとされている（図7-1）。また、年次予算の基礎となりうることが期待されている。このモデルは、予算で何が起こっているかを明らかにすると共に、ステークホルダーに対する透明性を高めることにも貢献している。

　こうして学生募集と財務計画や経常予算計画をリンクし、絶えず状況に合わせて修正していくことが、次期の学生募集にとっても重要な情報となる。また、戦略計画を策定すること自体も重要だが、そのプロセスにおいて、大学のリーダーが大学の状況や構造を理解することが重要である。戦略計画は、ダイナミックで、柔軟性、創造性と想像性に富むものである。この中でもとりわけ柔軟性が強調される。また、計画の策定より実行、変化を生むことが重視される。このように戦略計画を策定し、それと関連づけて学生募集戦略は実行されていくことが重要である。

第7節　日本の大学における学生募集戦略のポイント

　ここまでアメリカの大学のエンロールメント・マネジメントや戦略計画や財務計画と入学者の予測など、学生募集戦略に関わる重要な活動を概略した。これらの活動はIRによって下支えされている。なかでも大学の内外の環境をスキャンし、自大学のポジショニングを明らかにすることはきわめて重要である。先に人口動態とりわけ2018年以降の18歳人口の減少問題や学卒労働市場の不安定性などの環境要因を挙げたが、他にも日本特有の入試と学生募集や日本的慣行、地域間格差の問題とりわけ東京一極集中と地方の大学の問題など、取り上げなかったが重要な要因は多い。入試については、これまで大学側が圧倒的に買い手市場であったために、大学の都合による慣行が形成されてきた。たとえば、入試期日の設定、高額の入学金、いわゆるAO入試と青田買いの問題などがある。本章で紹介した高授業料／高奨学金政策

（今後10年間の増減に関する想定）

		2008	2009	2010	2011	2012
	（経常収入）					
志願者数：　−5％ずつ上昇	授業料・手数料収入	290	320	342	361	384
	学生援助	70	81	93	100	104
一人当たり学納金：　6％ずつ上昇	実質授業料・手数料収入	220	239	249	262	280
	政府助成	70	74	82	88	88
	基金からの繰入	26	26	26	30	36
寄付金：　3％ずつ上昇	寄付	23	24	26	36	26
	補助事業収入	49	53	56	60	64
基金からの繰入：　5％ずつ上昇	経常収入合計	388	415	439	475	494
	（経常支出）					
	教育	142	155	164	173	180
	研究	66	71	77	82	84
教職員数：　3％ずつ上昇	学術支援	45	51	53	56	74
	学生サービス	45	49	53	57	63
	機関支援	61	66	73	76	72
一人当たり教職員人件費：　3％ずつ上昇	補助事業支出	46	49	51	54	61
	その他の支出	3	1	2	1	1
	経常支出合計	407	440	472	499	534
教育研究費：　6％ずつ上昇	経常外収入	−1	62	129	87	239
	純資産の増減	−20	37	96	63	199
管理経費：　−5％ずつ上昇	期首における純資産	863	843	881	976	1,039
	期末における純資産	844	880	976	1,039	1,238

図 7-1　Ａ大学の経常予算モデルのイメージと収入・支出の前提条件

（注）経常予算の数値は架空例であり、実際の大学の数値そのものではない。

（出典）片山英治他 2009 年。

に関しても、大学の基金がないと、取れる学生から定価授業料をとり、それを原資とした給付型奨学金にするというクロス補助の性格が明確になってしまう。こうしたクロス補助が日本の公正観に合うか。つまり、学生によって純授業料に差があることを日本の場合、親や学生が納得するのか、検討が必要であろう。また、無理な高奨学金政策が大学財務の悪化をもたらしている例もみられ、導入によってどのような変化が想定されるか、エンロール・マネジメントとして、慎重な検討が必要である。

　いずれにせよ、こうした要因を分析しても、日本の大学にとっては、暗い将来像しか見えてこない。本章では、これに対して、アメリカの大学の学生募集戦略を検討することで、日本の大学の将来について、ヒントを探ろうとした。アメリカの大学も1980年代には18歳人口の減少に直面し、多くの大学が倒産すると言われた。しかし、結果的には成人学生と留学生の増加で、予想したような大学の大量倒産は起きなかった。

　ここで強調したいのは、学生募集戦略として成人学生や留学生を増やすことを提案するのではないということである。これらは既に日本の大学でも提案され、一部では実施されている。しかし、その学生募集戦略が適切かどうかは、ここで紹介したような様々な視点から検討し、その結果を受けて、採用するか決定しなければならない。特に重要なのは以下のような検証である。

- 大学のおかれている学内／学外の環境の分析（環境スキャン）
- ポジショニング（高等教育の中の位置）
- ベンチマーキング（他大学との比較）
- 高校生／保護者の進路決定の調査分析
- 留学生と社会人の可能性
- 自宅通学生を増やす可能性

　個々の大学の戦略に関していえば、大学ごとに個別の環境、事情があるため、個々に取り組む必要がある。このためには、繰り返しになるが、IRが重要である。しかし、どの大学でも当てはまるものとして、たとえば高等教

育政策のウォッチングの例では、大都市圏の大学の抑制問題である。「まち・ひと・しごと創生総合戦略」（2014年12月）で大都市圏の大学等の入学定員超過の適正化が提案され、2016年に私学の定員超過率の是正で定員超過率 1.1 倍から 1.3 倍で全額不交付という厳しい措置が取られた。さらに「地方大学の振興及び若者雇用等に関する有識者会議最終報告」（2017年12月8日）で、東京 23 区における大学の新増設の抑制が決定された。しかし、他方で、地方大学の振興については、奨学金という個人補助による誘導政策を採られたことにも目を向ける必要がある（総務省・文部科学省「『奨学金』を活用した大学生等の定着促進」「地方公共団体と地方大学の連携による雇用創出若者定着の促進」（2015年4月））。さらに、2017年12月に閣議決定された「新しい経済政策パッケージ」では、年額約 8,000 億円という巨費を高等教育進学者のうち、住民税非課税世帯及びそれに準ずる世帯の者に、授業料減免と給付型奨学金を支給する新しい学生への経済的支援を決定した。これについても、文部科学省の専門家会議が細部の設計を検討し、2018年6月に大まかな実行案を提示した。このパッケージ案は 2020 年から消費税の 10% への値上げを条件に実施される予定となっているが、大学の授業料減免に対する補助金のあり方に大きな変更を迫るものであり、動向を注意深くウォッチする必要がある。また、高大接続テストや新しい専門職大学・短大など、多くの新しい政策が次々に現れている。これに対して、本章で示したような進学動向を敏感にとらえて、個々の大学が将来の戦略を構築することが何より求められているのである。

注

1　ただし、以上の説明は、入学定員超過率のものであり、私学助成の対象となるのは収容定員超過率なので、1 年限りのものではない。とはいえ、入学定員超過率が 1 より大幅に上回るか下回れば、収容定員超過率にも影響を与える。それが 1 年限りのことではなければなおさらである。

2　アメリカの大学には入学定員という考え方はないので、合格率と歩留まり率のみが分析の対象とされる。

3　高授業料／高奨学金政策については、多くの文献があるが、批判も含めて Winston 1993 が参考になる。

4 授業料割引（ディスカウント）の具体的な説明は、ボーム／ラポブスキー（2009 年）を参照されたい。

5 高授業料・高奨学金政策は、2006 年以降イギリスのすべての大学でも採用されている。

6 詳しくはボーム／ラポフスキー　2009 年を参照されたい。

7 この点に関する詳しい議論は McPherson and Winston（1991）を参照されたい。

8 サンディ・ボーム／ルーシー・ラポフスキー　2009 年をもとに筆者が数字などを修正したものである。

9 このように大学によって書式が異なるため、この書式の統一が提唱されている。

10 連邦政府の学生支援の申請書には、学生が希望する高等教育機関を4つまで記入し、この申請書を送ることができる。これによって高等教育機関は、学生が必要とする学生生活費から家族からの経済的支援推計額を差し引いた差額を計算する。これに基づき、様々な経済的支援を決定し、アウォード・レターで学生に通知する。日本では、この家族からの経済的支援推計額や高等教育機関に送付するようなシステムはないため、アウォード・レターと同等のものを作成するのは難しい。

11 戦略計画の詳細については、片山他（2009）および小林・片山・劉（2011）を参照されたい。

引用・参考文献

浅野茂「エンロールメント・マネジメント」小林雅之・山田礼子編『大学の IR　意思決定支援のための情報収集と分析』115-130 頁 2016 年。

今井健・今井光映『大学エンロールメント・マーケティング——大学 EM の 4C スクェア——パラダイム』中部日本教育文化会 2007 年。

片山英治他『大学の戦略的計画（1）―インテグリティとダイバーシティ実現のためのツール―』東大－野村　大学経営ディスカッションペーパー No. 12　東京大学大学総合教育研究センター 2009 年。

小林雅之・山田礼子編『大学の IR　意思決定支援のための情報収集と分析』慶應義塾大学出版会 2016 年。

サンディ・ボーム／ルーシー・ラポフスキー（小林雅之・劉 文君・片山英治・服部英明編訳）『授業料割引と基金の運用管理』東大－野村　大学経営ディスカッションペーパー No. 9　東京大学大学総合教育研究センター、2009 年。

山田礼子『アメリカの学生獲得戦略』玉川大学出版部 2008 年。

Hansen, W. Lee and Weisbrod, Burton A.（1969）The Distribution of Costs and Benefits of Public Higher Education: The Case of California. *Journal of Human Resources*, 4, 176-91.

Hansen, W. Lee and Weisbrod, Burton A.（1971）On the Distribution of Costs and Benefits of Public Higher Education: Reply. Report for Wisconsin University, Institute for Research on Poverty.

McPherson, M. S. And G. C. Winston（1991）The Economics of Cost, Price, and Quality in U. S. Higher Education. Williams Project on the Economics of Higher Education, DP-13.

National Association of College and University Business Officers（NACUBO）（2015）

NACUBO Tuition Discounting Study 2015.

Rothschild, M. & White, L. J.（1993）University in the Marketplace: Some Insights and Some Puzzles, in: C. T. Clotfelter & M. Rothschild（Eds.）*Studies of Supply and Demand in Higher Education*. 11-42.

Winston, G. C.（1993）Robin Hood in the Forests of Academe, in: M. S. Mcpherson, M. O. Shapiro and G. C. Winston（Eds.）*Paying the Piper: Incentives, and financing in U.S. Higher Education*. U. of Michigan Pr., 229-231.

さらに勉強したい人のための文献案内

小林雅之・山田礼子編『大学の IR　意思決定支援のための情報収集と分析』慶應義塾大学出版会 2016 年。

　　参考文献で示した「エンロールメント・マネジメント」を中心に、大学の IR 活動を始めるための初歩的なテクストブック。エンロールメント・マネジメント以外にも、本文でふれた環境スキャンや高等教育政策の動向の分析など、実践的な方法が多数紹介されている。

東大 – 野村　大学経営ディスカッションペーパー・シリーズ　17 冊

　　東京大学大学総合教育研究センターと野村證券の共同研究の成果をとりまとめたもので、参考文献に示した『授業料割引と飢饉の運用管理』の他、『大学の戦略的計画』、『日本の大学における中長期計画の現状と課題』など、エンロールメント・マネジメントに関する基礎的な資料が掲載されている。全て東京大学大学総合教育研究センターのウェブサイトからダウンロードできる。

第8章　教学のマネジメント

吉田　文
(早稲田大学教育・総合科学学術院教授)

本章のねらい

　本章のねらいは、大学教育を効果的に遂行するため手法である教育のマネジメントを、教育の実施組織、教育課程、教授・学習過程のマクロ・メゾ・ミクロの3層に分け、それぞれについて、日本を対象に、1. 新制大学の基本構造を確認し、2.1990年代からの改革を跡付け、3. 今後の課題を考察することにある。

　1990年代以降の新自由主義的な規制緩和政策の進展、またそこに少子化の中で大学進学率の上昇が伴って学生の多様化が加わり、高等教育政策の焦点として「教育」改革が選択されて現在に至る。その結果、新制大学発足時の基本的な組織構造には揺らぎが生じ、教育課程の体系化が目指されるようになり、教授・学習過程においては学生の学習成果の可視化が課題となっている。

　こうした政策的な経緯を、歴史的なプロセスとして理解すること、またこの理解のもとに今後の日本の大学教育の在り方を考察することが本章のねらいである。

第1節　教育が実施される組織

1　学部・学科という剛構造

　大陸ヨーロッパをモデルとした第二次世界大戦以前の日本の大学は、学問分野を共通項とする「学部」を大学組織の単位とする形態として成立した。

戦後の高等教育機関の再編統合を経てもその構造に大きな変化はなく、学校教育法第85条に「大学には、学部を置くことを常例とする」とあるように、日本の大学は現在も学部が大学組織の基本的単位と規定されている。この学部は、原則、学術的な専門分野を同じくする教員の所属組織であり、新たな構成員となる教員の選抜、所属教員の昇進を決定する単位である[1]。その主たる基準は研究業績であり、それは専門分野を同じくする教員の判断に依存するものであるため、学部は研究に関しても基本的な組織として機能しているといってよいだろう。また、学部は、何よりも同じ専門分野を学習する学生の所属組織であり、学生の選抜にはじまり、カリキュラム編成、教授・学習、学位授与といった学生の教育に責任をもつ単位である。教育と研究という大学に課せられた2つのミッションが、学部という組織において結合して遂行されるのが、日本の大学の組織構造の特徴の1つである。教育と研究が学部において完結する構造は必然的に学部の独立性を高くし、日本の大学は縦割りの学部の集合体といった特性をもつ。

　そして、この学部の独立性を保持するドライブとして機能してきたのが、学部の教授会である。2015年4月までの学校教育法第93条には、学部には「重要な事項を審議するため、教授会を置かねばならない」と定められていた。この重要な事項に関する教授会の意思決定が、教育・研究に留まらず、学長・学部長の選出をはじめとし、大学経営に関するさまざまな事項にも大きく関与し、「教授会の自治」といわれるように、そこでの決定は何にも増して力を持つことが多かった。

　こうした学部という剛構造に楔をうちこむべしとする改革の議論は、1970年代初期に始まっている。中央教育審議会（以下、中教審）の1971年の答申『今後における学校教育の総合的な拡充整備のための基本的施策について』（『四六答申』）では、学部・学科は、「教員の研究活動を中心として細分化し、独立化する傾向が強」く、そのため、「教員相互の連携協力が不完全となり、教育課程の適切な編成とその効果的な実施について、総合的な力を発揮することが困難」（文部省1971）だと指摘し、教育上の組織と研究上の組織の区別することが解決策として提示された。大学進学率が上昇し学生層の多

第8章 教学のマネジメント 149

様化が顕在化するこの時期、教員の研究原理が支配的な学部構造では、学生の教育に支障が生じるという懸念が、こうした方策が提示される背後にあった。そしてこの提案は、1973年に創設された筑波大学の「学群・学系」制として実現した。学群は学生の所属組織、学系は教員の所属組織として、教員と学生の所属組織を分離した。現在の学校教育法第85条には、上述の「大学には、学部を置くことを常例とする」に続き、「ただし、当該大学の教育研究上の目的を達成するため有益かつ適切である場合においては、学部以外の教育研究上の基本となる組織を置くことができる」というただし書きが付記されているが、これは筑波大学の創設に由来する。ところで、この筑波大学は、教育組織と研究組織を分離した新規性に加えて、教授会が設置されなかった点においても、類をみない大学であった。それは学問の自由や大学の自治を削ぐものとして多くの大学からの反発を招き、その後長らく、学部制とは異なる組織を導入する大学は現れなかった。

2 1990年代の改革論議・2000年代の教教分離

　変化が生じるのは1990年代である。学部にとどまらない新たな組織の改革が、審議会の議題となる。その嚆矢は、大学審議会（以下、大学審）の1991年答申『大学教育の改善について』である。そこでは、「学部」は、「教育上の組織、研究上の組織、管理運営上の組織という性格をあわせも持つものであり、専攻分野を背景に組織されるという原則は維持する必要があること」と確認しつつも、「他の専門分野との協力や新分野の開拓、幅広い基礎的教育の実施等の要請に対応し、大学の組織編制についても弾力的に適切な形態を採り得る」とし、学部以外の組織編制が可能なことをあらためて確認している。そのうえで、学部内組織として、教育の「課程」の設置が有効であると、次のように提言されている。「学部の種類によって学科を設けることが適当でないときは、学生の履修コースに重点を置いた教育上の組織である課程を設けることができる」（大学審議会1991a）としている。学部・学科制を基本構造とした上で、その例外もありという控えめな表現である。

　こうした学部＝学士課程を主眼とした教育と研究の組織の分離に関する議

論とは別に、しかし、内容としては共鳴する議論が大学院に関する組織問題から生じている。90年代は大学院拡充も重要な政策課題であった。そのためには、学部の上にある研究科というこれまでの制度を弾力化することが必要であった。1988年、1991年に出された大学院に関する2つの大学審答申は、いずれも大学院の拡充を掲げ、そのための方策として、新たな教育研究組織を提案している。1988年の『大学院制度の弾力化について』では、「学部における教育の基礎の上」ではなく「従来の学問分野の枠を超えて、目的に応じ、多様かつ弾力的に研究科、専攻を編成し得るようにすることが」重要であるとし、「学部を持たない独立大学院や特定の学部に基礎を置かない独立研究科」の設置が促進されている。1991年の答申『大学院の整備充実について』では、大学院の充実を図るために「将来的には、学部から独立した教育研究組織としての実態を具備するよう、特定の学部・学科に基礎を置かない独立研究科・独立専攻以外の場合でも、大学院の専任教員を配置する方向を目指すべきである」（大学審議会 1991b）と、大学院所属の専任教員の必要性を論じている。これらは、必ずしも大学院における教育組織と研究組織の分離を求めているわけではないが、学部に基礎を置かない大学院の組織や大学院所属の教員の推奨は、大学院の拡充を容易にし、翻って学部という組織構造の見直しに通じるものであった。同じ頃、国立大学では教養部が解体され、それを資源として大学院が拡大し、また、旧帝系の国立大学では大学院重点化が進んだ。

　その後、教育組織・研究組織に関する議論が再度登場するのは、1998年大学審答申『二十一世紀の大学像と今後の改革方策について』（『21世紀答申』）である。そこでは、これまでにも、「学部以外の教育研究上の基本組織」、「大学院のみを置く大学」、「大講座制」などによって「改善が図られてきている」と90年代の組織改革を評価したうえで、それでもなお「組織運営については、閉鎖的・硬直的であるとの批判がいまだに払拭されていない、学部自治の名の下に学問の進歩や社会の変化に対応した改革の推進に支障が生じている」し、さらなる「教育研究組織の柔軟な設計」を求めている。具体的には、「国立大学については、講座・学科目の編制について各大学の柔軟

な設計や機動的な対応」、大学院の拡充にあたって「学部や研究科を置きつつも学系と同様に研究上の目的から編制される組織を設ける方式」（大学審議会 1998）などが推奨された。学部における教育と研究の結合が、改革を阻むものと見做され、いかに教育と研究を分離するかが課題とされているのである。

　さらに、2005 年の中教審答申『我が国高等教育の将来像』（『将来像答申』）では、大学教員組織の在り方に関して、「大学設置基準の講座制や学科目制に関する規定を削除して、教員組織の基本となる一般的な在り方を規定し、具体的な教員組織の編制は、各大学が自ら教育・研究の実施上の責任を明らかにしつつ、より自由に設計できるようにすべきである」（中央教育審議会 2005）と指摘しており、その後、長年、国立大学の組織を規定してきた「講座・学科目制」は大学設置基準から削除される。これにより、設置者によらず大学は、教員研究組織を自由に設置できることになったのである（天野 2013）。

　これらを受けて、2000 年代に入ると、教育組織と研究組織を分離する改革に着手する大学が徐々に登場する。全学的に教育組織と研究組織を分離した大学は、川島（2016）によってなされた調査と、その後に改革を実施した大学を加えるとおよそ 40 にのぼり、また、学内の一部の組織で実施している大学も含めれば、その数はさらに増加する。学部と異なる組織の名称も、筑波大学の例にならって「学群・学系」をとるところ、それ以外には「学域・学系」、「教育部・研究部」など拡がりを見せている。

　筑波大学の改革から 30 年を経て、なぜ、日本の大学は、今になって教員組織と学生組織の分離を改革課題にするようになったのか。それを解く 1 つの鍵は、組織改革が圧倒的に国立大学で実施されていることにある。改革を実施したのは、研究機能の拡充をめざす一部の大規模大学以外、大半は地方国立大学である。法人化以降の運営費交付金の漸減が、人件費の削減に及び教員ポストの効率的な配置のための対策として教員組織の改組を実施しているのである。それと比較すると、私立大学において組織の分離に着手するところは未だ少ないが、今後少子化が加速化することを考えると、教員組織と

学生組織を切り離すことによって、学生数の減少への迅速な対応を図る大学が増加することが見込まれよう。

3 教育マネジメントとガバナンス

　教員の所属組織と学生の所属組織の分離が、組織の機動的な改革を可能とするが、他方で、それがもたらす問題についても考慮が必要である。以下、3点を指摘しよう。

　第1は、学生の教育という点において、教育の責任組織としての学部や学科が存在しないなか、学位取得に至る教育の課程をプログラムとして体系的に編成することが重要となる。明確な教育目的があり、かつ、履修のスコープとシーケンスが可視化された教育プログラムを編成するためには、従来の学部・学科という枠内の教員資源に留まらず、多様な教員資源を利用することで、学生や社会の要請に応じることができる。

　第2にそれと関連して、学生のコミュニティの形成が必要になる。学科や特定の教員のゼミといった小規模な組織に所属することで、学生は大学における自己のレーゾンデートルを確立している。教員の所属組織と学生の所属組織が分離されることで学生の所属組織が大規模化すると、そこへのアイデンティティを確立することは容易ではなくなる。どのような装置によってそれを克服するかが重要になる。

　第3に、上述の課題を可能にするには、従来の学部・学科の縦割構造によるものではない、それらを越えた意思決定システムを構築することが求められる。それはガバナンス構造の改革に関わる問題となる。ガバナンスの問題を論じた、2014年の中教審の審議まとめ『大学のガバナンス改革の推進について』では、学長のリーダーシップの貫徹とそれを阻む学部の教授会という対立図式において、前者の強化のために後者の権限の縮小が焦点化され、それ受けて2015年に学校教育法や国立学校法人法が改正された。しかしながら、そもそも学長のリーダーシップは、2012年の中教審答申『新たな未来を築くための大学教育の質的転換に向けて』(『質的転換答申』)において「教員中心の授業科目の編成から学位プログラム中心の授業科目の編成への転

換」（中央教育審議会 2012）を目的として、全学的な「教学マネジメント」を確立するための措置として論じられてきたのであり、その観点からのガバナンスを構築する必要がある。

　マネジメントとガバナンスとは、一対の用語であり、組織のミッションを遂行するのがマネジメントであり、そのマネジメントを効率的に実施するための意思決定機構がガバナンスである。これを踏まえれば、組織という観点からの教育のマネジメントは、学長のリーダーシップを強化することだけでは効果を生み出すことはできない。教員間の共同性をいかに高めるかが肝要である。

第2節　教育課程

1　ドイツモデルからアメリカモデルへ

　第二次世界大戦以前、日本の大学はドイツをモデルにした専門教育のみの3年制の教育課程から構成されていた。大戦後の教育改革によって、アメリカモデルの教育課程へと大きく転換した。教育課程は、3年制から4年制へと1年間延長し、そのうちの2年間は一般教育に当てられた。そしてまた、教育課程を単位制によって編成するようになったことも、アメリカモデルへの転換の1つである。その一般教育は、人文科学・社会科学・自然科学に区分された科目から、通年科目4単位を各3科目、合計36単位を履修することとされた。また、これに外国語を8単位、保健・体育4単位を加えて、48単位が必修要件、専門教育は76単位で、合計124単位が、卒業に必要な最低単位であった。

　新たな要素である一般教育を導入するにあたっての第1の問題は、教員も学生も専門学部に所属する構造のなかで、その学部の専門教育とは必ずしも関係のない一般教育を誰が担当するかであった。国立大学の場合は、1府県1国立大学の原則のもとで、学芸学部（旧師範学校）、文理学部（旧制高校）が、人文・社会・自然の各領域の教員を擁しているという理由で、学部の専門教育以外に、全学の一般教育を担当することになった。公立大学、私立大

学の場合は、各学部がそれぞれに実施するケースが多かった。

旧帝系の大学では、旧制高校を学内措置の分校や教養部として置いていたことから、その法的根拠を明確にという要望が強く、それに応えて 1963 年には国立学校設置法の改正によって教養部は法制化された[2]。これにもとづき、他の国立大学でも学部とは別に教養部が設置されていった。翌 64 年の「国立大学の学科及び課程並びに講座及び学科目に関する省令」により、教養部は課程制・学科目制による組織とされ、学部の学科制・講座制と区別された。また、教養部を独立した組織としたことで、そこに所属する教員は一般教育のみを担当し、学部所属の教員は専門教育のみを担当するという、教員の所属組織の違いが、あたかも教員の身分の違いのように見做されることになった。その後、教養部は、4 年間で 31 国立大学に設置されたものの、それ以上には広がらなかった。それは、学内に処遇の異なる 2 種類の教員を生み出したことに対する大学の忌避感が強かったからである。こうしたこともあって公私立大学で教養部のような一般教育の担当組織を設置したところは多くはなく、私立大学では約 10% 程度が設置したにすぎなかった（吉田 2013）。

第 2 の問題は、学部の専門教育重視の姿勢が強く、一般教育を教育課程として実施する意義が大学関係者からは認められることなく、一般教育の比重は徐々に低下していったことである。1957 年の大学設置基準の改正において、理系分野では一般教育の 8 単位までを専門教育の基礎科目で代替することが認められ、1971 年の大学設置基準の改正においては、一般教育 12 単位を専門教育や外国語によって代替可能とされたことが、一般教育の比重の低下に拍車をかけた。

他方で、国立大学教養部は、一般教育担当者の所属組織であることが求心力をもち、総合科目の実施により専門教育との差異化を図る、あるいは、教養学部への昇格を計画するなど、その存在意義を確立するための努力を重ねた。しかし、1984 年〜 1987 年の臨時教育審議会、それを受けた 1989 年からの大学審議会でも、一般教育という規程があることが規制であるとされて、規制緩和＝一般教育廃止の路線で議論は進んだ。

2 一般教育から教養教育へ

1991 年の大学設置基準の大綱化によって、「一般教育」という言葉は大学設置基準から消滅した。一般教育の実施は要件ではなくなり、国立大学の教養部は、1997 年までに東京医科歯科大学を除いてすべてが廃止された。そしてまた、一般教育担当、専門教育担当という教員間の区別も不要になり、いわゆる教員間の身分は基本的には解消された。大規模な国立大学は教養部を資源として、新学部の設置や、当時の高等教育政策に倣って大学院の拡充を行った。大学院の拡充は、1990 年代の高等教育政策の 1 つであり、教養部の廃止はそれに呼応することになった。

一般教育という名称こそなくなったものの、教養教育や共通教育と呼称されて、比重は低下したものの、やはり専門教育に対置する教育課程の構成要素として残った。問題は教養部廃止後に、誰が教養教育を担うかであった。国立大学では、多くが「全学出動方式」として、原則、全教員が教養教育と専門教育を担当し、その調整を新設の大学教育センターなどが担当する方式を採用した。こうして学内における教員の二重性という問題は解消に向かう。

公私立大学は、そもそも一般教育担当者の組織が分離独立していない場合が多かったため、大綱化によって国立のような組織問題は生じなかった。しかしながら、一般教育を担当していた教員の専門分野が、学部の専門分野とは異なる場合、教養教育しか担当する科目がなく従前と変化がないままという状況が継続しているケースも多い。

この間、いずれの審議会答申も、教養教育を軽視する風潮が強くなったと危惧し、その活性化を強調する論調が続く。ただ、その基本的な骨子は同じくしつつも、求める教養教育については徐々に変化をみせる。すなわち、教養教育の目的が、知識の獲得から能力の涵養に次第にシフトするのである。1991 年の『大学教育の改善について』では、「広い知識を身に付けさせるとともに、ものを見る目や自主的・総合的に考える力」を涵養することが必要と、知識の獲得と能力の涵養とを対置していたが、1998 年の『21 世紀答申』においては、「様々な角度からものを見ることができる能力や、自主的・総合的に考え、的確に判断する能力、豊かな人間性を養い、自分の知識や人

生を社会との関係で位置づけることができる」と、能力の涵養が教養教育の目的とされ、これらの能力を「課題探究能力」と総称している。教養教育と専門教育という区別を超えた「学士課程教育」という言葉が登場したのもこの答申である。

その後、この学士課程は教養教育の場であり、専門教育は大学院でという議論が登場する。2000年の大学審答申『グローバル化時代に求められる高等教育の在り方について』では、学部段階では「教養教育を中心とした教育プログラムの提供を推進」し、専門教育は大学院でと論じられ、2005年『将来像答申』においても、「学士課程段階では、教養教育と専門基礎教育を中心に主導し、主専攻・副専攻の組み合わせを基本としつつ」(中央教育審議会2005前掲)、専門教育は大学院で、と論じられる。

1990年代から2000年代にかけての教養教育の教育内容においては、スキル化・リメディアル化といった現象が生じている（吉田2013前掲）。スキル化とは、たとえば、情報リテラシーのような科目の必修化が進み、外国語はオーラルな英語が重視されるようなことを指し、リメディアル化とは、文章の読み方・書き方、図書館の利用方法、大学生活の過ごし方など、大学での学習への適応のための科目が増えていることを指す。それらが学生の多様化への場当たり的対応ではなく、学士課程教育、教養教育の課程としての体系性のもとに位置づけることができるか否か、それが問われている。

3　学部名称の多様化

1991年の大綱化までは、大学の学部の名称は専門の学問分野（＝ディシプリン）により、その専門分野を習得したことの証明としての学士号は、学部の名称とすることが規定されていた。すなわち、学問分野の名称を媒介にして、学部の名称と学士号の名称は同一であることが原則であった。大学設置基準に定められた学士の名称は29種類であり、たとえば、文学士、経済学士のように漢字1文字ないし2文字で表現されていた。大綱化によって、学士は称号から学位として位置づけられ、29種類の学士号は廃止され「学士」に統一された。ただし、1991年の『大学教育の改善について』にお

いて、「各学生がどのような分野を履修したのかを明示することは依然として社会的にも有用である」とのことから、「学士（○○）」と専攻分野を括弧に入れて表記することとなった。また、学部の種類についても大学設置基準の規定上の例示を廃止した。それは、大綱化が「教育内容等に関わるいわゆるソフト面については、できるだけ各大学の自主性にゆだねる方向が望ましい」というスタンスを基本とし、「各専門分野の研究の進展、学際領域への展開、社会の多様化・複雑化等に対応して、内容の現代化、国際的な水準の維持、専攻領域の広がりが求められている」（大学審議会 1991a 前掲）という認識に立っていたからである。

これを契機として、学部の名称も学士の学位名称も急速に多様化が進んだ。当初は、環境、国際、情報など学際的な領域で広がり、その名称はやはり漢字 2 文字程度で表現される場合が多かったが、次第に漢字 4 文字やカタカナの使用などが増えるようになった。グローバル・メディア・スタディーズ学部、シティライフ学部など、名称だけではどのような専門分野から構成されているのか不分明な学部が多く設立されるようになった。2009 年の大学評価・学位授与機構（現・大学改革支援・学位授与機構）の調査によれば、学士の学位の種類は 600 を超えており、そのうち約 60% が当該大学においてのみ用いられている独自の名称である。学部名称について言えば、2010 年に458 種類に達し、そのうち開設数が 10 未満の名称が 92% にも及んでいる（大学評価・学位授与機構 2009）。

学部名称、学位名称のこれほどまでの多様化が急速に進んだことについては、上述のような学際化の進展だけでは説明がつくものではない。他に考えられる要因として、それまで専門学校で教えられていた内容が 4 年制大学に進出したケースがある。医療系・福祉系の学部やデザイン、服飾など時代のニーズに応じて学部になったケースである。

これら新名称の学部の教育課程は、学生の教育を中心に編成されることがほとんどであるが、それは学生の所属組織と教員の所属組織が同じ学部編成をとった場合、いうまでもないことだが、所属教員の専門は多様になる。所属教員間の求心力を如何に高め、体系的な教育課程を編成するかが課題となる。

第3節　教授・学習過程

1　講義中心の教授スタイル

　日本の大学における授業は、大学設置基準第25条によって「授業は、講義、演習、実験、実習若しくは実技のいずれかにより又はこれらの併用により行う」ことになっており、これらの授業は、同21条第2項において「一単位の授業科目を四十五時間の学修を必要とする内容をもつて構成することを標準」とすると規定されている。45時間の学修のうち教室での授業は15時間、予習と復習に各15時間がこの規定の意味するところだが、実際にはこれを遵守して予習復習に励む学生は多くはなかった。

　それだけでなく、教員が実施する授業そのものにも、十分な力が注がれてはいなかった。1971年の『四六答申』では、「高等教育の段階では、これまで教育方法についての研究がきわめて少なく、教員もほとんど無関心であ」り、また、「教員は、その専門領域だけの立場から学生の教育を考えるようになり、教育活動がともすれば一体性を欠く傾向」があると、大学における教育軽視の問題点を指摘している。授業も講義一辺倒であり、「講義は、あくまで教員から学生への一方的な情報伝達の場面である。むしろ、今後の学校では、少人数ごとの演習・実験の場面における学生相互または学生と教員との人間的な触れ合いによる相互啓発の機会を充実することに重点をおくべき」(文部省1971前掲) と、大学における「教育」方法の改善を要請している。

　1975年には私立学校振興助成法が成立し、私立大学に対して経常費の補助が開始される。これは、学生の75%を引き受けていた私立大学においては、水増し入学率や教員1人あたり学生数でみた教育条件が国公立と比較して格段に悪かったことに対して、量的規模の適正化でもって、低下している教育の質の回復を目的としたものであった。こうしたことも、日本の大学が、学生の教育に注力していなかったことの1つの証左である。

2　学習の制度化

　こうした状態に歯止めをかけようとしたのが、1991年の『大学教育の改

善について』である。これを契機として教授・学習過程に関してもさまざまな改革が推奨され、そのいくつかは義務化されるという経緯をたどっている。1990年代から2000年代前半までは、教員の教育に関する意識やスキルを向上させる「教授」の側が主眼であったが、2000年代後半になると学生をいかに学習させるか、「学習」の側にシフトしている。

『大学教育の改善について』では、「教員の教授内容・方法の改善・向上への取組み（ファカルティ・デベロップメント）、授業計画（シラバス）の作成・公表、効果的なカリキュラム・ガイダンス」などを積極的に推進」、「ティーチング・アシスタントの活用」（大学審議会 1991a 前掲）と教育方法の具体的な改革が列挙されている。現在ではすっかり定着したが、授業の小道具と呼ばれるアメリカ由来のカタカナ語が多く導入されたのはこの頃である。

そのうち、FD に関しては、1998年の『21世紀答申』において、「各大学は、個々の教員の教育内容・方法の改善のため、全学部あるいは学部・学科全体で、それぞれ大学等の理念・目標や教育内容・方法についての組織的な研究・研修（ファカルティ・デベロップメント）の実施に努めるものとする旨を大学設置基準のおいて明確にすることが必要」（大学審議会 1998 前掲）と提言した。これにより大学設置基準の改正を受けて FD は努力義務化される。その後2007年には更なる大学設置基準の改正により、FD は必須事項となった。

シラバスも、2007年の大学設置基準の改正において「大学は、学生に対して、授業の方法及び内容並びに一年間の授業の計画をあらかじめ明示するものとすること」と、その作成・公表が義務化された。

その後、2008年の中教審答申『学士課程の構築に向けて』（『学士課程答申』）では、セメスターで15回の授業実施、キャップ制や GPA の導入、学生の学習時間の増加など、単位制度の実質化によって、学生を学習させる仕組みをどのように作るかが課題とされた。これは、「教授」の側の問題の指摘から、「学習」の側への移行期にあたる。

その延長で、2012年の『質的転換答申』では、新たな教育方法による学生の主体性の育成が大学教育の質的転換の主要な要素だとして次のように論じている。従来の知識伝達・注入型の授業ではなく、「教員と学生が意思疎

通を図りつつ、一緒になって切磋琢磨し、相互に刺激を与えながら知的に成長する場を創り、学生が主体的に問題を発見し解を見いだしていく能動的学修（アクティブ・ラーニング）への転換が必要」だという。そのことにより、「学生の認知的、倫理的、社会的能力を引き出」すことができ、また、「学生の主体的な学修を促す質の高い学士課程教育を進める」ために、「ディスカッションやディベートといった双方向の講義、演習、実験、実習や実技等を中心とした授業への転換」（中央教育審議会 2012 前掲）が求められると論じる。学生の「学習」にシフトした立論になっているのは明白である。

　これら「学習」の改革に関しては、具体的に義務化されるには至っていないが、教育に関わる競争的資金の申請に際して、たとえば、アクティブ・ラーニングの実施が要件とされていることをみれば、大学は政策誘導によって、その教育課程の改革を進めているといってよいだろう。

3　能力の涵養と学習成果の測定

　学生を学習させるその先に期待されているのは、学習成果を能力として示すことである。

　アングロサクソン諸国では、2000 年代よりコンピテンシー、ジェネリック・スキル、グラデュエート・アトリビュートなどと称し、大学卒業時に獲得すべき汎用的能力の重要性を論じるようになった。それは 1 つには、大学卒業者の労働市場における価値の低下、すなわち失業率の上昇により、それへの対策として労働市場へのより柔軟な対応のできる学生の育成が課題になったことが挙げられる。そのためには、特定の知識の習得ではなく多面的に対応できる能力の涵養が重要とされるのである。それとともに、もう 1 つには、大学教育に充当される公財政の縮減により、投下された財源の成果がアカウンタビリティとして要請されるようになり、それをステークホルダーに対してエビデンスとして示すにあたっては、特定の学問分野の知識の習得度合いではなく一元的な指標が有効とされ、能力指標の開発が始まったことがある。

　日本においてもこれらの動向は一定程度の影響力をもち、『学士課程答

申』においては「学士力」という学士課程卒業時に身に付けるべき諸能力が参考指針として提示され、『質的転換答申』では、学修成果の測定が課題とされ「学修時間の把握といった学修行動調査やアセスメント・テスト（学修到達度調査）、ルーブリック、学修ポートフォリオ等」（中央教育審議会 2012 同前）と具体的な方法が提示されている。これをうけて認証評価においても、学習成果を評価基準に加えるようになっているものの、その具体的方法については大学の裁量に委ねられている。

　学習成果を能力として示すことに関しては、考慮すべき 3 つの論点について記したい。第 1 は、大学教育の目的は、知識の獲得か能力の涵養かという論点である。言うまでもなく知識の獲得を通じて能力の涵養という筋道があることに異論はあるまいが、後者が強調されることで何を知識として習得させるかという前者がおざなりになることが懸念される。大学教育の目的が、特定の学問分野の知識の習得とその更なる発展にあることを前提にするならば、この論点に立脚する議論は避けては通れない。

　第 2 は、能力の涵養を重視したとき、それをどのように測定するかというという方法の問題がある。アメリカの経験によれば、アカウンタビリティという視点から、標準テストで機関間の一元的比較を可能にすることを推進する連邦政府と、学生の資質の多様性と機関の特性を尊重し、学生のポートフォリオをルーブリックで測定することでが、大学教育の改善に資する方策とする大学関係者の対立があった。

　第 3 は、これらの対立の背後にある学習成果の測定に期待される論理の違いである。再びアメリカの経験によれば、連邦政府が求めるのは、外在的な基準をもとに評価し、基準の明瞭性と結果の比較衡量を求める Evaluation であり、他方で大学は、評価を行う対象に対して、現状の認識と今後の方向性を示すものとしての Assessment という理念に立脚しているという差異がある。これをどのように区別して用いるかについては議論が必要である（吉田 2016）。

　日本においては、学習成果の標準テストによる測定は、まだ普及するには至っていない[3]。また、ポートフォリオをルーブリックで評価する手法も、

近年注目を浴びているが、一般的にはなっていない。

学習成果を問う風潮のなかで、どのような分野にどのような手法を導入するのがよいのか、経験を蓄積しつつ検証することが必要である。

日本の大学の教育のマネジメントは、1990年以降、教育改革を掲げて大きく変化した。あるいは、教育のマネジメントは、1990年代から始まったといってよいかもしれない。ただ、大学が自らの改革の方向性を自ら選択するための規制の撤廃を趣旨とする大綱化であったが、実際のところ、文部科学省や審議会が改革の方向性を政策として示し、それを法をはじめとする各種の規程や競争的資金でもって誘導することで、大学の改革は進められてきた。大学もそれへの大きな反発をすることなく、改革を実施してきた。これら一連の改革の結果、それに加えての少子化という構造的要因が加わり、約4半世紀にわたる改革の結果、日本の大学はきわめて教育的になったことは確かである。

そしてそれをさらに進めることを目的として、2016年には学校教育法施行規則の改正により、ディプロマ・ポリシー、カリキュラム・ポリシー、アドミッション・ポリシーの3つのポリシーを各大学が策定することが義務化された。この3つのポリシーに関しては『学士課程答申』でその重要性が指摘され、それを受けて『質的転換答申』においても強調された。その結果としての義務化である。

策定のためのガイドラインには、3つのポリシーは、「大学が，自らの定める目標に照らし、自大学における諸活動について点検・評価を行い、その結果に基づいて改革・改善を行い、その質を自ら保証する営み（内部質保証）を教育活動において確立するための指針」とされている。そして、3つのポリシーを定めることにより、「教育の諸活動を一貫したものとして再構築し、その効果的な実施に努めることにより、学生に対する教育をより密度の濃い、充実したものにする」（中央教育審議会2016）ことができると記述されている。まさしく、3つのポリシーは、教育のマネジメントを遂行するためのツールなのである。

第8章　教学のマネジメント　163

　自らの目標、自らの評価、自らの改革と大学の裁量に委ねられていることは、他の審議会答申などと同様、ここでも繰り返されている。自ら決定して行う活動であるから、そこにはマネジメントが必要であり、教育のマネジメントはさらに重要となろう。

　とりわけ、重要なのは教育課程の体系的編成を構築することである。教育課程のスコープやシーケンスを表示するために授業科目に番号を付す「ナンバリング」、授業科目と教育目標の関係を示す「カリキュラム・マップ」、履修の系統生を示す「カリキュラム・ツリー」などカタカナ語も大学関係者の人口に膾炙しはじめ、2010年より始まった日本学術会議の「分野別の教育課程編成上の参照基準」が30分野ほど作成されたことなどは、教育課程の体系化が重視されてきたことの表れであろう。また、日本の大学の授業科目の過多も指摘され、ディプロマポリシーに沿った精選が強調されている。

　ただ、それは、本稿で論じた教育のマネジメントの3層のメゾに位置する事項であるがゆえに、改革は容易ではない。というのも、マクロな組織を基盤とする問題であれば、組織的な意思決定を下すことで改革が可能である。また、ミクロな教授・学習過程の問題であれば問題であれば、教員個々人の意識に働きかけることで変わりうる。しかしながら、教育課程に関しては、教員の実質的なコンセンサスの上に成り立つものであるがゆえに、時間を要する。教育課程とは言ってみれば、他者との協調によって総体を構築するものであるが、その協調に慣れていないのが教員なのである。

　学位プログラムという概念が導入され、学習成果の可視化が要請され、それを学生が獲得した知識や技能だけでなく、知識や技能を活用する能力としても示すことが求められるなか、教育課程の体系化は一層重要になるのである。やや大上段に構えれば、日本の大学がどのような人材を育成するか、そうした人材によってどのような未来社会を構築したいか、その基盤にあるのが教育課程なのである。そのことにさらに多くの大学が敏感になるべきと思う。

注

1　学部所属の教員は、原則、その専門分野を同じくするが、2. 教育課程で論じるように、一般教育が必須であった時代には、各学部が掲げる専門分野とは異なる一般教育を担当する教員が所属するケースがあったこと、また、学問としての専門分野が明確でない近年の学部には、専門分野を異にする教員が多く所属している。

2　教養部を設置する文部省にとってのドライブは、第1次ベビーブーム世代の大学進学をどのように引き受けるかという課題であった。そのためには、教員1人あたり学生数、教員の処遇などの点で、学部と異なる教養部の設置は推進すべき政策であった。

3　確かに、いくつかの分野では国家試験＝資格取得に関する標準テストが行われているが、それは、汎用的能力の測定ではなく専門分野の知識の獲得程度である。社会人基礎力などの汎用的能力を測定するテストが、民間業者によって開発されているが、その普及の程度は低い。OECD が開発を目指していた AHELO は、ヨーロッパの大学の強い反対にあって頓挫している。

引用・参考文献

IDE 大学協会、2014『IDE 現代の高等教育　FD の反省と課題』Vol. 559。
IDE 大学協会、2014『IDE 現代の高等教育　大学教育のアウトカム』Vol. 560。
IDE 大学協会、2016『IDE 現代の高等教育　大学組織と教育組織』Vol. 578。
IDE 大学協会、2016『IDE 現代の高等教育　アクティブ・ラーニング』Vol. 582。
天野郁夫、2013『大学改革を問い直す』慶應義塾大学出版会。
川島啓二他、2016『大学の組織運営改革と教職員の在り方に関する研究』国立教育政策研究所。
金子元久、2013『大学教育の再構築』玉川大学出版部。
大学審議会、1988『大学院制度の弾力化について』。
大学審議会、1991a『大学教育の改善について』。
大学審議会、1991b『大学院の整備充実について』。
大学審議会、1997『高等教育の一層の改善について』。
大学審議会、1998『二十一世紀の大学像と今後の改革方策について』。
大学審答申、2000『グローバル化時代に求められる高等教育の在り方について』。
大学評価・学位授与機構、2009『学位に付記する専攻分野の名称』http://www.niad. ac.jp/n_shuppan/meishou/（2016 年 8 月 31 日最終アクセス）。
中央教育審議会、2005『我が国高等教育の将来像』。
中央教育審議会、2008『学士課程の構築に向けて』。
中央教育審議会、2012『新たな未来を築くための大学教育の質的転換に向けて』。
中央教育審議会、2014『大学のガバナンス改革の推進について』。
中央教育審議会、2016『「卒業認定・学位授与の方針」（ディプロマ・ポリシー），「教育課程編成・実施の方針」（カリキュラム・ポリシー）及び「入学者受入れの方針」（アドミッション・ポリシー）の策定及び運用に関するガイドライン』。
日本高等教育学会編、2014『高等教育研究第 17 集　大学教育のマネジメントと革新』。

広田照幸ほか編、2013『シリーズ大学5　教育する大学』岩波書店。
広田照幸ほか編、2013『シリーズ大学6　組織としての大学』岩波書店。
文部省、1971『今後における学校教育の総合的な拡充整備のための基本的施策について』。
吉田文、2013『大学と教養教育』岩波書店。
吉田文、2016「教養教育の学位集成果の測定は可能か―2000年代アメリカの取り組み―」
　『東北大学高度教養教育・学生支援機構紀要』第2号、pp. 3-15。

さらに勉強したい人のための文献案内

猪木武徳『大学の反省』NTT出版2009年。
　　大学に長く籍を置いてきた経済学者の大学論である。日本の大学がどのように変化したのか、それが何をもたらしたのかをつぶさに知ることができる。大学はどうあるべきかを考えるための契機になる。

杉谷祐美子編『リーディングス日本の高等教育2　大学の学び』2011年。
　　日本の大学の「教育」に関する、1990年前後からの主要な論考を集めたリーディングスである。日本の大学教育において何が課題であったのかを俯瞰することができる。全体は5部構成になっており、それぞれのテーマに関連する参考文献が役に立つ。

第9章　研究のマネジメント

小林信一
(広島大学高等教育研究開発センター特任教授)

本章のねらい

　本章は、大学の研究活動に対する機関としての組織的取組みを扱う。大学の研究活動を担うのは大学教員を中心とする研究者であり、元来、研究活動のみならず、研究戦略の企画や研究マネジメント（研究管理）も研究者の役割であり、言わば研究者の聖域であった。しかし今日では、研究活動の在り方が大きく変容し、研究活動に対する大学による組織的な支援が必須になった。はたして、研究者と機関の役割分担や協力関係はどのように変化しているのか。大学は研究者の行う研究をどのように支援し、学内横断的な融合的研究や大規模研究をいかに組織して運営しているのか。研究が大学の重要な競争資源となる中で、大学は研究基盤の構築、研究業績の向上と知的財産の管理にどのように関与するのか。研究倫理の確保や機関におけるリスクマネジメントはどのように進められているのか。本章は、これらについて論じる。

第1節　大学と研究

1　大学における研究の変容

　大学と研究の関係は自明なことではない。大学も科学研究も長い歴史を有しているが、大学と科学研究が結びつくようになったのは、ここ百数十年のことであり、両者の長い歴史と比べ、比較的新しいことである。また、政府が大学の研究活動を本格的かつ安定的に支援するようになったのは、第二次世界大戦後のことである（小林 2011）。今日では、研究活動が教育活動と並

ぶ大学の機能の一つとして位置付けられている。それでも、研究は大学の必須の要素ではなく、大学で研究活動がほとんど行われていない国もある。また、一国の中でも大学によって研究活動に対する重点の置き方には幅があり、現実問題として世界レベルの研究活動とはほぼ無縁の大学が大多数であることも事実である。

　ところが20世紀末以降、大学の研究活動が一部の大学に集中すると同時に、その裾野が拡大するという傾向が世界的に見られる。米国ではかつて、100校程度の大学に研究活動が集中していたと言われるが、研究を実施する大学の範囲は拡大し、多数の大学が研究活動に関わるようになっている。米国 National Science Foundation（NSF）によると、米国において2016年度に研究を行っている大学は約900校（全大学の30%程度）であり、そのうち年間研究費が100万ドル以上の大学は640校に上る。ただし、全大学の総研究費の約80%が上位100大学に集中している（NSF 2018: chapter5, 36-37）。日本の大学の研究費の主要資金源である科学研究費についてみると、日本学術振興会が公表しているデータによれば、2017年度の採択課題（新規採択分及び継続分）が1件以上の大学は、全780校中743校（約95%）に上る。ただし、大学全体の採択課題のうち30%が上位10校に、50%が上位30校に集中し、逆に283校は10件以下の課題しか採択されていない。短期大学（部）については、科学研究費の採択がある短期大学は、全337校のうち173校（51%）にとどまり、採択数が10件以上の短期大学は2校だけである。こうしたデータが示すように、大多数の大学が多少なりとも研究活動に関わっているのが今日の大学と研究との関係の第1の特徴である。公的研究資金の獲得のための書類の提出や資金の出納は、機関を経由して行うので、今日ではほとんどの大学で、研究事務が機関の業務となっている。

2　研究に対する大学の関与の変容

　第2の特徴は、研究活動の規模の大きい大学で、大学が組織的に研究活動に関わるようになってきたことである。1980年代までは、日本の大学における研究と言えば、分野を問わず、大学が提供するわずかな研究費で教員

が個人的に営む小規模な研究がほとんどであった。そのような時代には、大学が機関として、教員の研究活動やその成果に注意を向けることもなかったし、研究上の競争はもっぱら研究成果を巡る研究者間の個人的な競争であった。このような段階では、大学が研究活動に関して果たすべき役割はほとんどない。しかし、政府が本格的に公的資金により研究活動を支援するようになると、特定の研究者又は研究チームが特定の期間、特定の目的を掲げて実施するプロジェクト型の研究の比重が大きくなる。プロジェクト型研究は日本では1990年代に拡大した。この段階になると研究資金獲得の有無が研究成果を左右するので、研究者間、研究チーム間の研究資金獲得競争が前面に出てくる。研究資金獲得競争においては、研究費獲得のための申請書の提出手続き等の研究事務が機関の主要な活動になる。

　研究費の獲得が競争的になると、やがて、優れた提案を採択できているのか、成果は出ているのかといった研究費支援の効率、効果に関心が向かう。これが、研究プロジェクトの事前評価、事後評価への関心につながる。研究評価の概念は自ずと、研究者の業績評価や研究組織の評価へと広がり、大学の機関評価に至る。ここで重要なポイントは、研究組織までの評価と大学の評価とでは根本的に異なることである。研究者の業績評価にせよ、研究プロジェクトや研究組織の評価にせよ、その評価は同じ研究分野の中での評価であり、評価の基本原理は、研究内容が相互に理解できる同業者間の評価、すなわちピアレビュー（同僚評価）である。しかし、機関単位の評価になると、雑多な分野の成果を総体として評価するという困難が伴う。原理的には多元的に評価するべきだが、複雑になりすぎて、機関の簡明な評価はできない。そこで、分野を超えた研究成果の相互比較や総合指標の設計という困難な課題に挑戦することになる。逆説的なことだが、このような事象ほど、極度に単純化された指標によって表現することが好まれる。論文発表数や非引用数の分野の違いを無視した合計といった集計指標、さらには性質の違いを無視した複数の指標の加重平均といった合成総合指標が登場した。このような指標は、現実の限られた一面を表現している可能性はあるが、合理的でもなければ妥当性が高くもない。しかし、結果として単純さや簡明さゆえに普及し

ていくのである。その最たるものが世界大学ランキングである。

　大学の認証評価や世界大学ランキングなど、機関単位の評価が実施されるようになると、研究力は大学の重要な競争資源となる。機関は研究活動をめぐる競争に参入せざるを得なくなる。各大学は、得意な分野に資源投入を集中させるなどして、大学間競争で有利になるように研究戦略を練ることになる。ここで重要なことは、個人的な活動であった研究活動から、大学間競争の「土俵」としての研究活動へと、研究の意味が変容したことである。その結果、研究活動に対する機関としての役割も、書類整理や出納などの単純な研究事務から、積極的な研究支援へ、さらには能動的な研究戦略、研究企画の立案へと変容する。

　このような研究とその意味の変容に対応して、政策の枠組みも変容していく。多くの国で、国際的な競争力のある研究大学に、研究の国際的卓越性を高めるための資源を集中して投入する施策が導入された。研究活動が活発な大学は、大学として政府の施策に臨むことになる。

第2節　科学技術政策と大学の研究

1　研究資金配分の基本と研究マネジメント

　大学に対する公的なファンディング・システム（研究資金配分制度）は、政府とファンディング・エージェンシー（研究資金配分機関）によって運営される。政府は、複数の省庁を通じて大学に研究資金を提供する。行政府には、学術研究を中心に資金を提供する高等教育及び研究を担当する省（文部科学省）と、行政目的（ミッション）に沿って資金を提供する複数の省がある。前者による研究を一般的に科学研究又は学術研究と言う。後者による研究をミッション指向研究と言う。かつては、日本も欧州諸国も、高等教育及び研究を担当する省がほぼ独占的に大学に対して研究資金を提供していたが、今日では多数の省庁が研究資金を配分している。これをマルチファンディング・システムと言う。公的研究資金は、政府から研究実施機関である大学に直接配分するか、又はファンディング・エージェンシー（日本では、日本学術

振興会、科学技術振興機構、新エネルギー・産業技術総合開発機構などがある）を経由して配分される。

　ファンディングの方式は、研究費や教育費等の内訳を明示しない一般大学資金（国立大学の運営費交付金や私学助成が該当）を除くと、研究の目的や期間、研究チーム等を特定して配分するプロジェクト・ファンディングが主流である。プロジェクト・ファンディングは一般的に、公募により競争的に行われる。公募の場合にも、公募対象となる研究テーマを特定する場合と特定しない場合がある。研究テーマを限定せずに行われる公募は、日本では学術研究を支援する科学研究費にほぼ限られている。これ以外の研究資金は研究テーマを特定して公募される。

　プロジェクト・ファンディングの運営のためにはファンディング・エージェンシーによる競争条件の設定やプロジェクトの事前評価（採否の決定）が必要になる。事前評価は一般的に、研究内容の妥当性を判断できる研究者に委ねられる。特定の目的を有するプロジェクト・ファンディングの場合には、研究成果を活用する側の関係者が事前評価に参加する場合もある。このように組み立てられた一連の仕組をファンディング・プログラムと言う。通常は多数のファンディング・プログラムが存在し、これらのプログラムの運営のプロセスを政府に代わって担うのが、ファンディング・エージェンシーである。

　近年は各国で、一般大学資金が削減され、プロジェクト・ファンディングの比重が大きくなる傾向がみられる。日本も例外ではない。しかも、政策目的の多様化にともない、ファンディング・プログラムは増加し、ファンディングの内容や方法も多様化している。また、学術研究よりも政策課題と結び付けられたファンディング・プログラムが相対的に増える傾向にある。そのような研究を課題達成型研究と呼ぶこともある。

　研究プロジェクトの企画、推進において大学が担う基本的役割は研究事務である。学術研究にせよ、課題達成型研究にせよ、一般には、研究者が研究提案を行い、審査の後に採択されると、政府もしくはファンディング・エージェンシーとの契約に基づき、大学に対して研究資金が配分される。研究実

施を担当する研究者・研究グループはその研究資金を使って研究を推進する。大学は、研究契約や資金管理、物品調達、出納等の研究マネジメント業務を分担する。研究者・研究グループと、大学の研究マネジメント部門のスタッフとの協力は必須である。とくに研究活動が大規模になると、両者の分担と協力関係を明確に規定することが重要になる。なお、研究プロジェクトの企画・立案は伝統的には研究者たちの任務であったが、ファンディング・プログラムの多様化、複雑化に伴い、専門スタッフが個別の研究プロジェクトの立案に協力又は主導する場合も増えている。

2 科学技術政策の動きとその影響

今日では、ファンディング・プログラムのかなりの部分が政策的に決定されている。科学技術政策がファンディングの基本的在り方を決める。日本では科学技術政策は 5 年に 1 回改訂される科学技術基本計画の下で進められる。

第 2 期科学技術基本計画（2001 ～ 2005 年度）は、競争的資金制度を導入し、政府が配分する競争的な研究資金に直接経費の 30% に相当する額を間接経費として上乗せして配分することとした。大学の研究基盤（設備・機器、研究スペース、管理機能ほか）を利用する個々の研究プロジェクトは、共通の研究基盤の構築、維持、管理のためのコストを当然負担すべきであるが、その金額を明確に算定することは困難である。そこで、研究プロジェクトのために明確に区別して計上される直接経費に対して一定比率の金額をコストとみなして、これを直接経費に上乗せして配分する。この上乗せ分を間接経費と言う。間接経費が十分に手当てされない場合には、不足分はいわば研究活動に起因する赤字となり、大学の教育活動等のための経費に食い込むことになる。そこで、第 2 期基本計画は間接経費を措置する方針を示し、間接経費が措置されたファンディング・プログラムを競争的資金と定義し、財政上も優先して拡大することとした。

現実には、公的研究費を含む外部研究費の中には、間接経費が一部又は全部手当てされず、競争的資金の条件を満たさないものが少なからず存在しており、これを「競争的研究費」と呼ぶ。また、研究活動を直接支援するので

はなく、研究システムの改革のための経費や大学院等に関わる経費などを支援するプログラムに、競争的に配分しているが間接経費が手当てされていないものがあり、これを「競争的経費」と呼ぶ。このように競争的ではあるが、間接経費が手当てされないファンディング・プログラムが増え、大学の持ち出しが増える事態になっている。外部資金の獲得額が大きい有力大学ほど影響が大きいが、決算報告書等で赤字分が明確に計上されるわけではないので、問題の本質は十分には理解されていない。平成27年の閣議決定「日本再興戦略改訂2015」等は、「大学改革と競争的研究費改革の一体的推進」と称して改善に取り組む方針を示している。しかし、大学や研究費に関する他の改革と一体的に進める構想であるために、問題の抜本的解決は遠い。

　第3期科学技術基本計画（2006-2010年度）以降は、イノベーションへの関心が高まり、ファンディングの比重は、学術的研究に対するものよりも、イノベーションに関わる課題達成型研究へ傾いている。イノベーションの時代には，知の源泉としての大学への期待が大きくなる。イノベーションを促進するためのファンディングの在り方は政策的議論の焦点となり、ファンディング・メカニズムの変更やファンディングにおける「選択と集中」がしばしば議論の俎上に載せられる。資金配分ファンディングが選択と集中に向かえば、大学間の競争は激化する。各大学は、研究資金獲得のための戦略的対応が求められるようになる。このような研究環境の変化に対応して、大多数の大学は、単なる研究事務にとどまらず、研究のマネジメントに組織的に取り組むことが必要になってくる。戦略的に研究チームを組織して公募に参加したり、比較優位のある分野に学内の研究人材、研究資源を集中したりするなど、大学が機関として研究の方向付けや戦略的取組みをするようになる。その結果、研究マネジメント部門の仕事に大きな変化が生じる。

第3節　大学の研究体制と研究マネジメント

1　研究組織における研究マネジメント

　大学の研究体制・研究環境の骨格と必要な研究マネジメントとの関係を考

えてみる。大学の中で研究活動を実施する組織には、（附置）研究所、研究センター、研究チーム（ラボ）又は研究者個人などがある。研究所は比較的大規模な研究組織で、学部等からは独立の研究専従の組織であることが多い。ただし、私立大学では、研究所が学部に併設されて、学部の教員がメンバーとなるバーチャルな組織の場合もある。研究所、研究センターは固定的な組織として設置されることが多いが、研究チームは研究プロジェクトの必要に応じて編成されることが多い。なお、研究室（ラボ）は、大学内の固定的な最小組織単位である場合と、研究者が組織する研究チームを指す場合があるが、ここでは研究チーム（ラボ）として扱う。

　チームで研究を行う場合、その編成は、研究代表者（PI; principal investigator）、研究分担者のほか、産業界等からの共同研究者・受託研究者やいわゆる医局員等、研究補助者としてのポスドク、エンジニア、マネージャ（研究企画、研究事務、産学連携、知的財産管理、研究広報ほかを担当）、秘書その他の多様なスタッフ、さらに博士課程、修士課程、学部の学生が混在することになる。チームの規模は多様だが、大規模なプロジェクトを抱える研究チーム（ラボ）では数十人から100人以上のメンバーが所属することもある。PIは研究チームのリーダとして、多様なスタッフを先導し、彼らの研究活動の基盤を整備する責任を負う。研究チームの管理をラボラトリ・マネジメントと言う。そのための知識とノウハウの獲得は、PIとなる者にとって必須であり、海外では教科書もある。研究者の養成のための訓練の一部に組み込まれている場合も少なくない。

　歴史的に、ラボや研究センターが担うべき業務とみなされ、又事実として担ってきた業務でも、本来は最終的な責任は機関にあることが少なくない。典型的には研究設備や研究人材の管理である。最先端の研究活動を安全かつ誠実に推進するために、研究施設・設備を適切に維持・更新し、また安全管理に努める必要がある。この研究施設・設備の管理（ファシリティ・マネジメント）はラボ単位で行うこともあるが、本来は研究機関である大学が責任を負うべき業務である。また、テニュア教員以外の、有期労働契約を締結した研究者等（RA、ポスドク、特任教員、補助者等）の雇用についても、実質的には

研究に参画するラボとの関係が圧倒的に強いが、本来は彼らの雇用の責任は機関としての大学にある。大学はその雇用事務のみならず、彼らの能力開発や再就職支援等を含めて、多面的な人事管理を行うことが求められるようになってきている。なお、現場の研究者はこのような環境変化に必ずしも適応できていない。とくに、労働衛生その他の法令遵守等に関しては、PIと大学の研究マネジメント担当者が連携・協力する体制を構築することが必須である。

2 研究戦略・企画、研究マネジメントの体制

かつては、ラボ単位で研究をして論文を書き、報告書を提出すれば、それで研究プロジェクトは終了という時代もあった。機関が担当する業務は、契約や出納などに限られていた。しかし、今日では個々のラボの能力を超える多様な研究支援活動が必要になっている。研究所等の大規模な研究組織の場合には、これらの業務のかなりの部分を内生化できる場合もあるが、基盤的経費が減る一方で、外部資金が増えている今日では、機関として責任を持つべき業務の範囲が拡大し、複雑化している。そこで、大学は組織的に研究活動を支援、又は機関として研究を推進する体制を構築することが必要になる。

学内における研究推進の責任者は研究担当副学長等と呼ばれる。研究担当副学長は、研究戦略・企画、研究マネジメントのほか、安全管理、ファシリティ・マネジメント、産学連携・知的財産権管理、研究広報・アウトリーチ、研究倫理・研究公正等を統括する。

このうち、研究戦略・企画に関しては、大学の長期的な研究戦略・計画、施設整備計画、それらに基づく財務計画や募金計画などを立案し、進捗管理を行う。このために学内外の研究動向等の調査・分析、企画立案の補佐等が必要になる。これらの補佐的業務に関しては、全学から選抜された教員から構成される委員会が担う場合もあるが、近年は、情報収集・分析に専門性が求められることから、研究戦略室、IR（Institutional Research）部門等の専門スタッフ組織を設置して、研究戦略・企画の補佐業務を担う態勢を整備することが多くなっている。

第9章　研究のマネジメント　175

　狭義の研究マネジメント（研究管理）は、ファンディング・エージェンシーとの書類のやりとり、会計等の研究事務を指す。大学では以前から、研究事務の担当者や部門が置かれ、これらの業務を担った。近年は、ファンディング・プログラムが多様化した結果、ファンディング情報の収集や、プログラムごとの研究管理ルールの違い、さらにはプログラムの目的の把握、これらに関する情報収集など、研究者が個人で処理することが次第に困難になってきた。また、多数の研究者がバラバラにこの種の情報収集を行うことは無駄でもある。そこで、これらのファンディング情報を含む各種研究情報の収集や分析を、専門スタッフや専門部署が担当し、それを踏まえて、個々の研究プロジェクトの企画や運営の支援に生かす体制づくりが求められるようになった。このように研究マネジメントは高度化している。

　高度な研究マネジメント（研究管理）のための組織の一つが、URA（University Research Administrator）とそのチームである。文部科学省が各大学にURAの導入を促したこともあり、URAは急速に広まった。最近は、URAチームが、情報収集・提供にとどまらず、研究プロジェクトの形成支援を行うこともある。この背景には、大学単位で申請するプロジェクトや部局横断的な研究チームの組織化が必要なケースが増えていることがある。このような場合は、URAがコーディネータとして研究者たちの研究プロジェクトの形成を促したり、研究企画の原案を立案する等、かなり能動的に関わる。このような活動のために、URAは、学内外の研究情報の結節点として、ファンディング機会に関する各種情報の入手、外部との情報交換、ファンディング・エージェンシー等への要望や提案、学内への情報提供と広報等を行う。URAの目的は機関としての研究活動の最大化である。そのため、URAのチームワークが重要となる。

　さらに、産学連携関係の支援活動も重要である。産学連携に関する大学の内外のインターフェイスとして、産学連携本部等と呼ばれる組織を設置する大学も少なくない。コーディネータが産学の連携や知的財産の管理を担う。このほかに、大学の内外にTLO（技術移転機関）等の組織がある場合もある。TLOは大学が持つ知的財産権の活用、即ちライセンシングや大学発

ベンチャーに関する活動を担う。また、大学発ベンチャー等へ出資するファンドが存在する場合もある。これらの産学連携に関連する大学内外の組織によって大学の知的資産を起業や社会経済的活動に結び付けることも、大学の重要な社会的役割である。

3　研究成果の管理

　研究が終わった後の研究成果の管理も機関の重要な任務である。

　第1は研究広報である。第3期科学技術基本計画以降、研究者による研究成果の国民への公開が推奨されていることもあり、ニュースリリース等だけでなく、一般向け、子供向けの研究紹介や交流活動も増えている。これらの活動をアウトリーチ（国民の研究活動・科学技術への興味や関心を高め、かつ国民との双方向的な対話を通じて国民のニーズを研究者が共有するため、研究者自身が国民一般に対して行う双方向的なコミュニケーション活動）と言う。研究者個人で取り組む場合も少なくないが、企画立案・実施には手間がかかるので、大学が機関として支援・実施するケースも少なくない。なお、医学系分野では、健常者や患者のゲノムコホート情報の集積、生体情報の集積（バイオバンク）等、患者のみならず一般国民の参加・協力が必要な研究が活発化している。そのため、研究活動の推進のためにも、一般国民や地域社会の理解と参加が必要なケースが増えている。このような場面では、単なる研究広報にとどまらず、国民の研究活動への参画を促進する双方向的コミュニケーションが重要になる。

　第2はオープンサイエンスへの対応である。オープンサイエンスとは、公的研究資金を用いた研究活動により産出された論文、研究データ等の研究成果を学界での公表のみならず、納税者である産業界や社会にも開放することで、科学技術研究の推進のみならず、イノベーションの創出につなげることを目指すものである。すでに、研究者が学術雑誌に論文を発表して終わりにするのではなく、大学図書館が論文データを収集し、機関リポジトリを通じて提供する活動が展開されている。今後は、実験データ、研究データについても、オープンデータとして公開する方向で、国内外で検討が進められてい

る。本格的な制度やシステム構築は今後の課題であるが、先行事例も登場し始めている。なお、実験データの公開により、データの改ざんや捏造を監視する効果も期待されている（小林 2016）。

　従来は、研究データは研究者の所有物であるかのように考えられてきた。しかし、オープンサイエンスの理念は、研究データは国民の共有財産であるとの考え方を基盤としている。ここには、研究観、学問観の大きな転換がある。このような発想の転換に現場の研究者が順応するには時間を要すると思われる。しかし、研究データは研究者が個人的に管理すべきものから大学が機関として管理責任を負うべきものに変わったという事実を研究マネジメントの責任者、すなわち研究担当副学長とその補佐組織は理解する必要がある。現実には、オープンデータの収集、蓄積、利用のための共通ルールと技術基盤も明確でない段階である。データを活用するための専門人材であるデータキュレーター、データサイエンティスト等の育成も含め、今後の課題とされる部分も多い。しかし、大学として、国内外の動向を注視しながら、準備を進める必要がある。

　第3は知的財産権の管理である。今日では大学における発明は職務発明とされ、発明の機関への開示と知的財産権の機関帰属が原則となっている。知的財産権には、一般的な発明による特許のみならず、試料、試薬等のリサーチ・ツールやリサーチ・マテリアルも含まれる。機関の知的財産管理部門は、論文発表（学位論文の発表を含む）と特許出願との関係の調整等、研究段階から研究チームと協力しながら適切に処理する必要がある。また、何でも特許出願すればよいというものではないので、発明について適切な評価を行うこと、発明やリサーチ・ツール、リサーチ・マテリアルを基に、他大学や企業等との共同研究につなげることも、知的財産権管理部門の役割である。

第4節　研究に対する規制と制限

1　研究倫理

　近年、研究マネジメント上で重要性を増しているのが、研究活動に関する

法令遵守、研究公正の確保などのリスクマネジメントである。研究には自由と規律の両面がある。外部からの不当な妨害を受けずに自由に研究を行うためにも、研究に関わる規律の確保が重要である。

研究に対する規律の第1は研究倫理である。研究倫理は研究活動を進める上で遵守すべき規範であり、法令から学内のルールまで、重層的に規範の体系が存在している。さまざまな法令が研究活動に規制を加えている。臨床研究法、クローン技術規制法、放射線障害防止法、動物愛護管理法、労働安全衛生法、個人情報保護法など100を超える法律が大学の研究に関係している。

法律以外では、政府の規定するガイドラインがある。ガイドラインは医学・生物学分野に関するものが多く、ヒトES細胞の樹立に関する指針等の各種指針、人を対象とする医学系研究に関する倫理指針、遺伝子治療等臨床研究に関する指針などがある。分野共通のものとしては、研究不正に関するガイドライン、公的研究費の管理・監査のガイドラインなどがある。なお、医学系分野では学協会が規定するガイドラインも多い。これらの法令やガイドラインに関して、各機関は学内規定を整備し、学内手続き等を明確化する。

研究者はこれらの法令やガイドラインに沿って研究活動をすることが求められるが、規則は頻繁に改訂されるので、法令遵守のためには関係者の研修が必須である。なお、これらのガイドライン等の中には、研究活動に従事する研究者や学生に講習の受講を義務付けているものなどもあり、その多くについては機関が実施責任を負っている。

2 研究公正・研究不正

研究公正（Research Integrity）とは、研究者としての行動規範に則って研究することであり、これを満たされない状態を研究不正と言う。狭義には、捏造（fabrication）、改ざん（falsification）、盗用（plagiarism）が研究不正とされる（英文表記の頭文字をとってFFPと略称）。現在の日本の公式な定義は、文部科学省の「研究活動における不正行為への対応等に関するガイドライン」（2014年8月）で示され、各大学はこれに準じた規程を定めることになっている。機関としては、研究不正の告発や認定手続き、処分等に関する具体的な規則の

第9章 研究のマネジメント 179

整備、告発受付窓口の設置、研究不正防止のための教育・研修の実施が最低限の業務となる。最近は、教科書（日本学術振興会 2015）も出版されており、ウェブを利用した研修プログラム等も提供されている。

なお、文部科学省のガイドラインは、大学院生の学位論文等に関しては対象としていないが、大学にとっては学生の研究不正は重大な問題である。大学としては、学生を対象とするルールの整備が必須である。とくに、学位論文のウェブ公開が義務化された結果、盗用が発見されやすくなったことから、学位論文における盗用防止が深刻な課題となっている。最近は機関として盗用発見ソフトを導入するなどの対策も講じられているが、基本的には著作権の理解に関する教育が必要になる。なお、忘れられがちなことが、学位論文の訂正のルールである。もちろん、学位論文を最終的に提出する前に、誤字脱字を含めて、ミスを徹底的になくすことは重要ではあるが、ミスを皆無にすることは難しい。そのため、一定期間は訂正（差し替えではないことに留意。訂正を記録として残すことが肝要である）を認めることが現実的である。そのためのルールを整備することは大学の喫緊の課題である。

なお、FFP への対応はあくまでも最低限の業務であり、その研究不正の防止のためには、研究不正が起きないような研究環境の整備が必要であり、そのためには次項で紹介する FFP にとどまらない非倫理的行為の防止のための取組みが求められる。

3　グレーゾーンの行為と二重投稿

FFP のほかにも非倫理的行為は多種多様に存在している。それらは言わばグレーゾーンの行為であり、QRP（Questionable Research Practices）と呼ばれる。例えば、不適切な引用（特定の研究者の論文の評価を高めるために不必要な引用をする、本来は引用すべき文献をあえて引用しない等）、二重投稿（自分の論文の盗用、すなわち自己盗用）、不適切なオーサーシップ（著者の明示）、研究成果の応用可能性などを根拠もなしに誇大宣伝すること、少数データからの結論の導出、再現性のない研究成果などは、QRP の例である。また、いわゆるパワーハラスメントのように、研究活動そのものの不正ではないが、研究不正の誘

因となる可能性のある研究環境上の問題も広義の QRP とされる。最近では、大学外の社会との関係で問題となる事柄もある。利益相反がその典型である。以下では、二重投稿と利益相反に関して具体的に紹介する。

二重投稿には、過去に投稿論文として掲載された自らの論文を再び投稿して査読の対象とする場合や同時に複数の学術雑誌に投稿して査読の対象とする場合がある。博士課程学生が学位を取得する上で、一定の期限内に一定数の査読付き論文を執筆することが必要条件とされる場合がある。一つの雑誌に投稿し、査読プロセスを経て不採択となった場合は、別の雑誌に投稿することは許容されている。雑誌によって対象とする研究の範囲が異なることから、特定の雑誌で採択されない場合でも、別の雑誌に採択されることはありうるからである。しかし、一つの雑誌の査読結果を待っていると半年くらい過ぎてしまうことは珍しくない。博士課程の学生のように短期間に査読付き論文を揃えなければならない場合に、もし両方とも採択されたら、その時点で一方を辞退すればよいと考えて、複数の雑誌に投稿することは、いかにもありそうなことだが、これは二重投稿であり、不正行為として扱われる。

二重投稿と正常な投稿の境界は微妙である。公的助成等による研究の場合、研究成果を報告書として発表する。それを改めて投稿する場合は、一般には二重投稿とはされない。博士号取得のための学位論文の一部を学位取得後、すなわち学位論文公開後に投稿する場合も一般には二重投稿とはされない。学会発表の際に予稿集に短報のような形で論文を発表するが、その内容を改めて投稿することが二重投稿になるか否かは分野の慣行による。このように QRP は、一般的に分野や雑誌によって捉え方が異なり、不正とされる場合もあるので注意が必要である。

二重投稿は、出版倫理と呼ばれる規律（オーサーシップ、二重投稿等に関する規範）の課題の一つである。研究不正の教育に際しては、出版倫理の教育や二重投稿であると誤解されない論文執筆の作法の教育なども必要になる。

4 利益相反

産学連携、特許取得、研究成果の商業的応用等の活発化により、研究者の

利益相反の適切な管理の重要性が高まっている。利益相反は医薬分野で問題になる場合が多いため、厚生労働省が定める「厚生労働科学研究における利益相反の管理に関する指針」を基本として、それに適合する学内規程を整備し、他分野にも準用することが多い。

指針によると、広義の利益相反には「狭義の利益相反」と「責務相反」の2つがある。狭義の利益相反とは「利害関係が想定される企業等との関わり」であり、「責務相反」とは「兼業活動により複数の職務遂行責任が存在することにより、本務における判断が損なわれたり、本務を怠った状態になっている、又はそのような状態にあると第三者から懸念が表明されかねない事態」を指す。さらに、「狭義の利益相反」には、「個人としての利益相反」と「組織としての利益相反」の双方があるが、大学の研究者に関しては「個人としての利益相反」が問題となる。

大学研究者と産業界との間には多様な「経済的な利益関係」がある。「経済的な利益関係」とは、「研究者が、自分が所属し研究を実施する機関以外の機関との間で給与等を受け取るなどの関係を持つこと」を指す。「給与等」には、給与のほか、コンサルタント料、謝金等の「サービスに対する対価」、受託研究、技術研修、客員研究員・ポストドクトラルフェローの受入れ、研究助成金受入れ、依頼試験・分析、機器の提供等の「産学連携活動に関連する資金や人的サービスの受入れ」、株式やストックオプションの取得、特許、著作権等の知的財産権から発生するロイヤリティ等が該当する。このような外部との「経済的な利益関係」によって、公正かつ適正な判断が損なわれる、又は損なわれるのではないかと第三者から懸念が表明されかねない事態が、「個人としての利益相反」である。

「経済的な利益関係」の多くは、通常であれば正当な経済的活動として認められる。しかし、利益相反の管理が不適切である場合には、研究の公正性を保てなくなる可能性がある。例えば、利益関係のある企業に有利になるようなデータの捏造やデータの選択（改ざんに相当）、意図的な研究成果の発表の遅滞といった研究の公正性を毀損する事態を招くことがある。逆に、少しでも怪しいと疑われる行為を例外なく禁止すれば、何もできなくなる。そこ

で、利益相反を適切に管理することが必要になる。

　利益相反の管理としては、一般に、全研究者が毎年、機関に対して利害関係の一般的状況を開示し、確認を受けるほか、特定の研究プロジェクトの計画や実施に際して、倫理委員会等が個別の利益相反の審査を行う。なお、利益相反委員会を設置せず、倫理委員会に利益相反の審査等の機能を負わせるケースが多い。これは、医薬分野で利益相反が問題になることが多かったことから、倫理委員会で生命倫理の審査と併せて利益相反の審査を行うことが手続上も合理的であったという歴史的経緯による。ここでは、一定の条件（経済的な利益関係の形態や金額、対象とする家族等の範囲）を定めた上で、情報を開示し、利益相反の有無を判断する。当然ながら、研究テーマと関連がある企業等から一定期間内に一定額以上の利益供与がある場合には、研究プロジェクトへの参加が認められない場合もありうる。研究者個人は、利益相反の条件に抵触しないように努める必要があるが、通常の経済的行為との境界が曖昧であるため、利益相反の管理の基本は公開を通じた監視と抑制である。なお、最近は利益供与側の業界団体も実績の公表を始めている。

5　研究の自律と規律の境界

　最近問題となっている、研究と社会との関係に関する問題の1つに軍事技術又はデュアルユース技術の問題がある（小林2018）。平成27年度から防衛省防衛装備庁が安全保障技術研究推進制度と呼ばれる研究公募制度を始めたことが、この問題の直接の契機となった。安全保障技術研究推進制度は民生技術と防衛技術との違いが明確でなくなっている状況を踏まえ、基礎的レベルの研究を対象に防衛省から大学等の研究者に研究委託するものである。技術指向の研究開発であるが、募集側が将来の応用に関して技術的に関心がある技術領域を研究テーマとして提示して公募するもので、応用先を直接示すことはせず、あくまで基礎的な研究の扱いである。基礎的研究とはいえ、機関の方針として軍事研究をしないことを決定している、又は決定していた大学が少なくない中で、防衛省から研究資金を受け入れることに関しては賛否が分かれている。

第 9 章 研究のマネジメント 183

　軍事技術と民生技術との関わり方の問題は、実は古い問題である。軍事技術の性能の方が高かった時代には、軍事技術の民生技術への転用、すなわち軍民転換（スピンオフ）が多かったが、民生技術の性能向上や、民生部品のコスト低下などによって、必ずしも軍事技術、軍事用の装備品の方が有利であるとは限らなくなり、民生品、民生技術の軍事技術への転用、すなわち民軍転換（スピンオン）が増えてきた。とくに、基盤的なソフトウェア技術を軍事用に開発することはほとんど不可能と言ってよい。このような中で、最初から軍用、民生用の両方の応用可能性のある技術開発をする方が効率的である場合も出てきた。例えば、手術ロボットなどの医用工学の研究や災害向けの極限環境用ロボットの開発などは、軍用のみならず民生用技術としても意味がある。これらの分野では、とくに軍用、民生用の区別を意識することなく研究開発が進められている。このような技術をデュアルユース技術（両用技術）と呼ぶ。なお、軍事技術の中には、防衛技術のような国家的に管理された技術のみならず、テロリストによる技術開発やその利用も含まれることに留意しなければならない。

　民軍転換やデュアルユース技術の登場は困難な問題を提起した。極論すれば、先端的技術の研究は、そのほとんどが軍事技術へ転用される可能性があるということである。2012 年には、トリインフルエンザウイルスを人工的に変異させる研究論文の発表が差止められたことがあった。このような研究は、ワクチン開発に貢献する可能性がある一方で、悪用すれば、人工的に新しいインフルエンザウイルスを作成し、それを生物兵器としてテロリストたちに利用されることが危惧されたため、発表が延期されたのである。最終的には論文は刊行されたが、善意の研究であっても、意図的に悪用される余地が想定されれば、問題視され、中断を余儀なくされることもありうるのである。これをデュアルユース・ジレンマと言う。

　このように、デュアルユース技術をめぐる問題は、単に大学は軍事研究をしないといった素朴な議論で済む時代ではなくなったのである。デュアルユース技術、軍事研究への関与の問題は、機関や研究者自身が決めることであるし、しかも単純に答えの出るような問題ではない。しかし、どのような

立場に立つにせよ、デュアルユース技術の問題とは無縁ではいられない。研究の自律性を守るためには、一定の規律が必要であることも事実である。

日本学術会議は2017年3月に「軍事的安全保障研究に関する声明」を発表した。「軍事目的のための科学研究を行わない」等の過去の声明を継承するとともに、「軍事的安全保障研究と見なされる可能性のある研究について、その適切性を目的、方法、応用の妥当性の観点から技術的・倫理的に審査する制度を設ける」ことを大学に要請した。大学によって対応は異なるが、声明後1年以内に審査制度を発足させた大学は4分の1程度であり、少なからぬ大学は、軍事的安全保障研究を実施する可能性はほとんどないから審査制度は不要だと考えていた。しかし、審査制度がない状況は、逆にフリーパス状態をもたらす可能性もある。大学としては慎重な対応が必要である。

大学における安全保障貿易管理も問われている。兵器開発など軍事転用可能な先端的技術に関しては、テロリストやテロ支援国家への流出を防ぐために、外国為替及び外国貿易法、不正競争防止法等の法令によって厳格に管理することが要請されている。これが安全保障貿易管理であり、大学にも適用される。大学の研究者は一般に自分の研究はオープンであり、自分の研究は軍用ではないと考えていると思われる。しかし、大学や民間企業の研究開発部門から先端技術に関する情報等を盗むスパイ事件は、現実に起きているのである。大学は機関として安全保障貿易管理に取り組むことが要請されており、重要な課題となっているのである。

第5節　大学を超える研究

1　大学を超える研究基盤の構築と維持・発展

大学における研究マネジメントは、個々の大学に閉じるものではない。大学の研究戦略や研究マネジメントは、大学の外部との諸関係のマネジメントという新しい課題に直面している。

例えば、海外大学との共同研究、民間企業等との共同研究等が増えており、その際には、機関間の契約が必要になる場合が多く、機関として手続を行う

必要がある。なお、中小企業やベンチャー企業等に対する施設・設備の貸与、受託試験その他の活動も、地域に貢献し、地域を先導する大学として重要な活動である。

また最近は実験設備等の共同利用が促進されている。共用施設・設備を保有する大学はホスト役として共同利用の体制を整備し、運用していく必要がある。利用する側も、諸設備の利用可能性に関して情報収集するなど研究者の便宜を図る必要がある。

人事面でも複数機関間でのクロスアポイントメント制度が導入されるなど、従来とは異なる人事政策と人事管理が必要になってきている。柔軟な対応が可能になり、うまく活用すれば大学の研究力を向上させる可能性を秘めている一方では、学部を中心とする大学の伝統的な人事制度を超える課題に取り組まなければならない。

近年は、国際共同研究の増加が顕著である。優れた連携形態を考案すれば、他機関の資源も総合的に活用し、一大学では実現できないことを実現できる可能性もある。大学を越えた連携形態は多様であり、大きい可能性を秘めている。複数大学・機関にまたがる連携の構築と運営、研究基盤の整備は研究戦略上の重要課題であり、研究マネジメントのフロンティアである。

2 国際的展開への対応

世界大学ランキングには、Times Higher Education World University Rankings（英国タイムズ・ハイアー・エデュケーション社）、Academic Ranking of World Universities（中国上海交通大学）等の多様なものがある。世界大学ランキングについては、その弊害やランキング方法論の適否等に関してさまざまな批判がある。しかし、ランキングは、大学関係者や研究の専門家でなくとも、直感的に理解できることから、国民的関心、政治的関心の対象となりやすい。大学にとっても、留学生の獲得や国際共同研究への参加や連携先大学との交渉の際に、ランキングに入っていることが、いわば「名刺代わり」になるという面もある。こうした理由から、少なからぬ大学が、世界大学ランキングをめぐる競争に巻き込まれる。

また、世界大学ランキングの多くは、研究活動に関する指標を含んでいる。研究活動に関しては、論文データベースを活用することで、論文数、論文の被引用数等の客観的指標を容易に算出できることから、ほとんどの世界大学ランキングが研究活動に関する指標に比較的大きいウエイトを置いている。そのため、世界トップレベルを目指す大学では、世界大学ランキングは無視しえないものとなり、とくに研究面での指標の向上を大学経営上の主要目標の一つとせざるをえない状況になっている。

　日本でも、2013 年 6 月の閣議決定「日本再興戦略」は、「今後 10 年間で世界大学ランキングトップ 100 に 10 校以上を入れる」を成果目標の一つとした。その実現のために、2014 年度には「スーパーグローバル大学創成支援」事業を開始した。同事業のうち、タイプ A が世界大学ランキングトップ 100 を目指す大学を支援するものであり、13 大学が選定された。なお、大多数の大学は、たとえ国内では研究力が上位であっても、世界トップ 500 には入れない状況にある。そこで、いくつかの国では国内ランキングを作る動きがある。国内ランキングが発表されることで、より多くの大学がランキングに巻き込まれることになる。

　国も、個別の研究プロジェクトではなく、大学の総合的な研究力、世界的なエクセレンス（卓越性）を高めることを狙って、ファンディング・プログラムを開始するようになった。従来のプロジェクト・ファンディングは研究者や研究グループを単位として支援するものであり、プロジェクトの提案も個人またはグループのレベルで行われてきた。研究マネジメント部門の役割は、募集の案内や申請書の作成の助言程度であった。他方、機関としてのエクセレンスを高めることを目的とするファンディング・プログラムでは、機関としての研究能力、構想力、推進体制等が審査される。そのため、機関として構想を練り、申請書を作成することが必要になる。採択された後には、当然ながら、機関として計画を推進することが必要になる。このような作業を担うのは、多くの場合、理事クラスをトップとする教員集団であるが、研究者だけでこの種のシステム改革を伴う大規模プロジェクトを構想し、推進できるわけではない。そこで、研究事務スタッフや、URA、IR スタッフ等

第9章　研究のマネジメント　187

の役割が重要になる。

　大学における研究活動は、2000年前後から徐々に、個人的な活動から公的な活動へ、機関としての大学が、計画立案から研究の実施、研究データ管理、研究成果管理まで、支援することが必要な活動へと変化してきた。また、研究活動が公的資金で支援される一方で、研究活動に対する各種の規律が求められるようになってきており、この点でも組織的対応が必要である。そこで各大学は、産学連携、知的財産権管理、IR、研究戦略・企画、URA等の専門スタッフと専門チームを常置するようになってきている。そのためのスタッフの専門性やその育成方法等は、いまだ確立していない。研究マネジメントの歴史が長い米国の事例を参考にする動きもみられるが、米国においても、大学の特性や置かれている条件によって、その姿は多様である。肝要なことは、海外大学や他大学をヒントにするだけでなく、自大学に適した研究マネジメントの在り方は何かを分析し、設計、構築することである。

引用・参考文献　［ウェブの最終アクセス日は2018年6月7日］
小林信一, 2008,「研究プロジェクト管理」『国立大学法人経営ハンドブック』第3集、pp.1-61、国立大学財務・経営センター. ［http://www.zam.go.jp/n00/pdf/ne002003.pdf］。
小林信一, 2011,「科学技術政策とは何か」『科学技術政策の国際的な動向［本編］』pp.7-34、国立国会図書館. ［DOI:10.11501/3050691］。
小林信一, 2012,「研究開発におけるファンディングと評価」『国による研究開発の推進［本編］』pp.149-173、国立国会図書館. ［DOI:10.11501/3487162］。
小林信一, 2016,「研究不正と研究データガバナンス」『情報の科学と技術』66巻3号、pp.103-108. ［https://www.jstage.jst.go.jp/article/jkg/66/3/66_103/_pdf］。
小林信一, 2018,「デュアルユース・テクノロジーをめぐって」『科学』88巻6号、pp.645-652。
東京大学編, 2014,『リサーチ・アドミニストレーター（URA）を育成・確保するシステムの整備（スキル標準の作成）』［http://www.mext.go.jp/a_menu/jinzai/ura/detail/1349663.htm］。
文部科学大臣決定, 2014,「研究活動における不正行為への対応等に関するガイドライン」［http://www.mext.go.jp/b_menu/houdou/26/08/__icsFiles/afieldfile/2014/08/26/1351568_02_1.pdf］。
日本学術振興会, 2015,「科学の健全な発展のために」編集委員会編（2015）『科学の健

全な発展のために』丸善出版。

早稲田大学編, 2014,『リサーチ・アドミニストレーター（URA）を育成・確保するシステムの整備（研修・教育プログラムの作成）』[http://www.mext.go.jp/a_menu/jinzai/ura/detail/1349660.htm]。

NSF (National Science Foundation), 2018, "Science and Engineering Indicators 2018." [http://www.nsf.gov/statistics/2018/nsb20181/report]

さらに勉強したい人のための文献案内

小林信一「科学技術政策とは何か」2011 年。

　特定の科学技術政策の現象的解説ではなく、科学技術とは何かを、国際的、歴史的にその本質を解説したものはあまりない。一読を薦める。なお、「研究開発におけるファンディングと評価」（小林 2012）も併せて読みたい。

東京大学編『リサーチ・アドミニストレーター（URA）を育成・確保するシステムの整備（スキル標準の作成）』2014 年。

　各種研究アドミニストレーション業務と必要なスキルを網羅的に解説したもの。職務の全体像を知るための入り口として便利である。暫定版であることに留意。現実には、機関の現状を踏まえて取捨選択、改良することが望まれる。

第 10 章　大学の国際化

米澤彰純
(東北大学国際戦略室教授)

本章のねらい

　本章では、大学の国際化についての国際的な定義や、大学と国家との関係が長い時間をかけて作られてきた背景を示した上で、特に日本の大学政策・経営の観点から国際化・グローバル化の問題を検討する。本章の目的は、日本の高等教育の国際化やグローバル対応の歩みとその背景を読者が正確に理解し、大学政策・経営における国際化の実際を考える上で必要な知識と方法を習得することにある。今後のグローバルな環境の変化の中で、日本の大学のあり方についてどのような将来ビジョンを描きうるのか、グローバル化が現代の大学にもたらす意味を考える。

はじめに：大学経営・政策と国際化・グローバル化問題

　大学経営・政策にとって、大学の国際化は、古く、かつ、新しい問題である。第2章で福留が詳述しているように、日本を含め、世界の大学のほとんどは近代国家成立よりもはるか前の中世ヨーロッパ社会に教員や学生の自治組織として成立した大学をその精神的起源に位置付けている。他方で、特に日本にとって、大学は国家の近代化装置のひとつとしての側面を持つ。学制 (1872) では大学は「高尚ノ諸学ヲ教ル専門科ノ学校」として文部省管轄の学校制度の下に初めから位置付けられていた。1877 年に東京大学が日本で初めての近代大学として政府により設立され、1886 年には帝国大学となるが、同年の帝国大学令には「帝国大学ハ国家ノ須要ニ応スル学術技芸ヲ教

授シ及其蘊奥ヲ攷究スルヲ以テ目的トス」と定められていた。

　なお、このような国家装置としての大学の位置づけは日本に限った話ではない。欧州では世俗と宗教の二重権力の間隙のもとで自治を謳歌した大学が長い時間をかけて世俗権力としての国家の庇護や管理下に組み込まれる「脱欧州化」が進み、米国でも大学は当初ハーバード大学などが植民地共同体により設立され、独立後は連邦政府からの国有地交付を当初の基盤として州立大学を発展させた（Neave 2001）。もちろん、慶應義塾大学や早稲田大学のように、その前身を含めて国家からの独立を意識して設立・発展してきた私立大学を有する国も多く、日本では機関数でも学生数でも大多数を占める。しかしながら、これらの私立大学や、一部特例的に設立されている株式会社立の大学についても、日本の法制度の下に置かれるという意味で国家の庇護・管理下にある。また、外国大学の日本校についても文部科学省が当該国大使館等への確認を行ったうえで指定する制度が存在し、国家と完全に無縁というわけではない。また、日本には、国連大学の本部が置かれているが、国連などの国際機関もまた、加盟国にその支援基盤をおき続けている。

　大学の国際化については多くの定義が存在するが、現時点で最も影響力を有しているのが、Knightによる「高等教育の目的、機能、その実施において国際化もしくはそのグローバルな側面を統合していく過程（北川 2008 の訳による）」である。ヒト・資本・情報の流れにおいて国境が消滅することをグローバル化と定義するならば、大学は、こうした社会の変化に対応するために、その目的、機能、実施のあり方において国境を越えた側面を拡大し、それを既存の国内の側面におけるあり方と統合していかなければならなくなる。政府もまた、こうした大学の変化に合わせ、大学に対する政策のあり方に国際化あるいはグローバルな側面を加えていく必要が増していく。

　本章では、以上の問題意識に立ち、大学経営・政策における国際化・グローバル化問題を考えていきたい。まず、大学経営・政策の背景となる高等教育の国際化が、日本においてどのように展開してきたのかを国際動向を交えて概観する。次に、大学経営・政策において、具体的にどのような形で国際化やグローバル化への対応を行うことができるのかを議論する。最後に、

以上を踏まえ、グローバル化が現代の大学にもたらす意味について考える。

第1節　日本の高等教育の国際化と国際環境

1　国際化政策の始まり

　日本は高等教育の国際化によって社会発展をなしとげた国ではない。日本の経済的成功の秘訣を教育に求め調査を行った日米教育協力研究の米国側報告書『日本教育の現状』(アメリカ教育省 1989) において、ベネット教育長官は日本の高等教育からは見習うべきものがないとの否定的な評価を行っている。また、1989 年から 1993 年に東京大学総長を務め、その後参議院議員、文部大臣と学・政治・行政の3つの立場から日本の大学経営・政策に関わった有馬は、東大総長時代の著作をまとめた著書に『大学貧乏物語』(1996) との名前をつけた。すなわち、因果関係は逆で、日本が経済的繁栄を謳歌した 1980 年代に日本では高等教育の国際化の遅れが顕在化、政府が積極的に高等教育の国際化政策を打ち出し、1990 年代になって大学自身も国際化への動きを本格化させるようになったのである。

　日本の高等教育の国際化は、学生・教員の双方での外国からの人材受け入れを基調としたものであった。Goodman (2007) は、日本の高等教育の国際化政策には、外交、産業、教育など省庁間に解釈や目的の違いを抱えながら進められたことを明らかにしている。他方、高等教育の国際化政策を本格的に打ち出した中曽根政権は、臨時教育審議会を首相のもとに設置することで、教育政策に対しての国家ビジョンを戦後初めて文教政策の枠を超える内閣として打ち立てている点で画期的でもあった。

　まず、留学生の受け入れに関しては、1983 年に中曽根政権のもとで 20 世紀末までに留学生受け入れ数を約 10 倍にする留学生 10 万人受け入れ計画が有名である。この計画は、中曽根首相の直接の指示により設けられた「21 世紀への留学生政策懇談会」が同年 8 月に出した「21 世紀への留学生政策に関する提言」によって、当時の有力諸国の留学生数を比較検討し、当時のフランス並の 10 万人という受け入れ目標が設定された。これを受けて、留

学生問題調査・研究に関する協力者会議が文部省により設けられ、1984年6月に「21世紀への留学生政策の展開について」により21世紀へむけての留学生政策の長期的指針が示される。この流れからわかることは、1980年代当時、高等教育の国際化についての政策形成・立案が、自民党長期政権下での族議員による財政漸増主義を脱し、増税なき財政再建を目標とした第二次臨時行政調査会などに象徴される本格的な行政改革の手法を反映しながら進められたことである。

　同時に、この時期から、日本の高等教育政策は、実際に国際・グローバルな次元で起きる諸事象に大きく影響を受け、あるいは翻弄されていくことになる。その中心的なものが、当時「情報化社会」という名で議論されていた知識基盤社会の到来である。世界銀行は、1990年代の世界経済の構造調整のなかで高等教育への公共投資の効果を疑問視し、私立高等教育などを通じた高等教育費の多様な主体による分担（コスト・シェアリング）を打ち出しているが、この観点から言えば、日本は私立セクターとそこでの学生とその家族による授業料負担による大衆高等教育を世界に先駆けて実現したという点で、模範的な事例であった。ところが、ソ連の崩壊、そして、インターネットなどの情報基盤整備によりヒト・資本・情報の移動における国境の消滅、そして、知識自身が富を生み出す主要な源となる知識基盤社会では、大学や高等教育機関もまた、従来の人材育成や科学技術基盤の創出という役割に加え、主要な知識産業主体のひとつとしてサービス貿易の担い手と見なされるようになってくる。

2　構造変動への対応

　日本は、結果的には、1980年代に立てられたいくつかの積極的な政策指針のもとで、1990年代にはこの大きな構造変動を乗り切ることにある程度成功したのかもしれない。

　第一は、1993年に始まる18歳人口減少に対して1980年代当時から高等教育計画の中で対策を議論していただけではなく、1986年の雇用均等法前後からの女性の四大卒雇用機会の拡大に対して短期大学を四年制大学への転

換を誘導し、また、18歳人口の減少下で従来の収容数に関する計画的な規制からより市場動向に対応するための規制緩和を進める（天野1995）などの対策を立てていたことである。この高等教育への学生収容の市場メカニズムへの依拠という方針は、結果としては留学生の受け入れにも反映された。すなわち、留学生10万人計画は、国費等による奨学生とその公共支出の大拡大をもたらした。とはいえ、その計画は当初から奨学生と私費留学生との比率を1：9と定め、奨学生数の拡大を呼び水に日本への私費留学生の需要増を刺激することを目論むという、市場に依拠した政策であったのである。

　総務省（2015）による政策評価では、留学生10万人計画は、現実的には、中国・韓国などを中心としたアジア諸国での留学志向の高まりとそれに対する派遣国側の規制緩和、さらには国内の経済動向や世論を背景とした入国管理政策の転換という外部要因に大きく依拠する形で実現されたものであり、奨学生数とその公的な財政支出の増加が呼び水としては機能しなかったと結論づけられている。しかしながら、この時期には英国・オーストラリアなどが留学生に対して学費の全面自己負担を求め、急速に収入源としての留学生受け入れを積極化させていった時期とも重なる。日本では、学習奨励費や私学助成などの形での私費留学生の受け入れにおいて公的資金による促進策が取られていた。また、日本側の労働需要を背景とし、移民を志向して、場合によっては借金を背負って日本での学生身分での労働を前提に来日してきたものを私費留学生として受け入れた時期がしばしばあったことは、明文化されないとしてもひとつの政策判断であったと見なすべきであろう。さらに、日本への留学生の大多数が、私費留学生として授業料を主要な収入源とする私立大学で受け入れたという点も含め、日本の留学生政策には経済効果があったという見方もできるかもしれない（佐藤2010）。

　限定的とはいえ、留学生受け入れに日本人の入学者の減少を補填するような効果を期待する動きもあった。これが顕著に現れたのが、急激な志願者の減少に見舞われた地方の大学や短期大学の一部である。萩国際大学や酒田短期大学は、定員の大多数を大量の、しかも就労志向の強い留学生の受け入れによって満たそうとしたことが教育の実質を伴わないものとして社会問題化

し、入国管理政策の強化によって破綻した。なお、留学生の受け入れの増加が大学教育の質に消極的な影響を及ぼすとの議論や、文化的な違いに基づく衝突などの事例は、留学生の主要受入れ国であるオーストラリアや英国などでも多くみられる。2015年時点での高等教育全体に占める留学生比率は英国では18.5%、オーストラリアでは15.5%なのに対して、米国は4.6%、日本は3.4%と限定的である。しかし、日本も学士課程は留学生比率が2.4%にとどまるが、修士課程では6.8%、博士課程では18.2%にもなる（OECD 2017）。すなわち、現在は日本もまた、国として、あるいは大学として留学生の視点に立った教育の質保証をより積極的に取り組むことが求められる状況になってきている。

　第二は、科学技術政策の強化である。日本は戦前からの高い科学技術の遺産を持つアジア唯一の国ではあるものの、日本の産業振興に直接寄与したのは産業セクター自身におかれた研究開発部門とそこへの民間投資である。むしろ、1980年代には財政緊縮の中で基盤的な教育研究費が国立大学の中で停滞・減少し始め、科学技術立国の危機との認識のほうが強かった。この流れを大きく変えたのが、1994年の科学技術振興基本法成立を前後した日本の科学技術政策の積極化であり、同時に1999年の産業活力再生特別措置法成立などをきっかけに大学の知的財産の活用制度が整備され、産学連携の支援や取り組みも本格化している。

　なお、この時期の日本は、バブル崩壊、特に1997年のアジア経済危機などの過程のなかにあり、実際には低迷する景気に対して赤字国債による積極財政策がとられ、このひとつの支出先が、科学技術立国の方針下で大学の高度化などの形でトップ大学を中心に研究資金増へとつながっていった。また、おそらく1980年代までの長期の蓄積をもとにした日本の研究成果が、1980年代の日本の経済的な成功のなかで国際的に注目を集め、1990年代に国際的な発信が積極化されたものと考えられる。1990年代末から2000年代半ばにかけて、日本の大学は世界大学ランキングのなかで極めて高い位置づけを与えられ、2010年代なかばに至るまで、多くのノーベル賞が生み出されている。これら日本の大学の研究力に対しての国際的評価の高さが、直接

的、あるいは少なくとも短期的には 1990 年代以降の日本の経済の低迷を克服するほどの影響力をもちえていないことは明らかである。因果関係は逆で、2010 年代に入り、日本の長期的な経済の低迷により日本の大学での研究に対しての投資がゆらぎ、日本の研究の国際的な存在感や競争力の低下が指摘されていると理解すべきだろう。

第三は、大学の評価や質保証に関する制度整備である。日本の大学の質保証は、戦後の GHQ の支配下で成立した大学基準協会の任意活動としての基準認定のあと、独立後の政府が戦前の制度につながる大学設置基準による質保証の仕組みが作られた。この大学の評価や質保証の制度改革は、1992 年の大学設置基準の弾力化と合わせて導入された米国アクレディテーションに用いられるセルフ・スタディー・レポートを模範とした自己点検・評価の努力義務化、2004 年の国立大学法人化を景気として始まった国公立大学の法人評価に付随する教育研究活動評価、認証評価と進む。この背景には、1980 年代に欧州で進んだ新公共経営（New Public Management: NPM）の手法の高等教育政策への導入の影響がある。1998 年答申以降、日本の大学評価や質保証の議論は、英国や欧州大陸諸国に範を求めた国家による公共セクターへの擬似市場形成をめざす教育・研究の評価と、米国において長い伝統の中で大学や専門職団体のもとで自主的な発展をしてきたアクレディテーション、さらには米国の一部の州で導入が進んだ州立大学へのパフォーマンスベースドの財政配分などが、「国際的動向」として折り重なって参照され、日本の高等教育政策に複合的な影響を与えていくことになる。

しかしながら、当時、欧州や英連邦諸国における高等教育の質保証の議論は、すでにその先にある高等教育における学生・教員・サービスの国境を越えた移動へとその焦点が変化していた。1990 年代に入り、ソ連の崩壊とともに欧州統合が徐々に進み、そのなかで、欧州高等教育圏の形成をめざすボローニャ宣言が 1999 年になされ、最終的には 47 カ国の高等教育担当大臣が署名、学生の国際移動が拡大、これを支えるための高等教育の質保証における国を超えた相互認証や連携が進展してきた。他方、アジア太平洋地域では、中間層の拡大とグローバル化が、私費留学生の学費について全額私費負

担を原則とした英国やオーストラリアなどで、外部資金獲得を目的とした留学受け入れや海外ブランチキャンパスの設立の活発化した。これとあいまって、高等教育をサービス貿易の主要産品としてとらえたうえでの国際的な質保証を行うことが現実的な政策課題として浮かびあがることになった。

　日本の高等教育の質保証は、実態としては言語的な障壁もあり独自性が強く、留学生の受け入れや送り出しに関してもおいても同じく独自性が強い米国、中国、韓国、台湾などが中心であったことから、現実問題としては国際通用性について大規模で切迫したニーズが存在していたわけではない。しかしながら、政策レベルでは、高等教育の国際的質保証の問題に対して日本は早い時期からOECDやUNESCOなどの場を通じて積極的に関わっていたが、その主眼はあくまで学術交流や学生交流の促進にあった（江淵1997）。この表れとして、欧州でこの時期までに域内の学生交換の促進プログラムとして定着、欧州による国際単位互換システム（European Credit Transfer System）の開発に大きな影響を与えたエラスムス・プログラムのアジア太平洋版であるアジア太平洋大学交流機構（UMAP）に、東京外国語大学、そして国際教養大学で学長をつとめた中嶋嶺雄などがリーダーシップをとって積極的に関与していくことになる。

3　グローバル競争の本格化

　他方、日本では、2000年代に入ると、高等教育の国際化を巡る議論は、より大規模で本格化したグローバル化への対応として、日本の大学を通じた人材育成や研究活動の国際競争力強化を重視したものに変化していく。この背景には、2001年からの小泉政権のもとで、30の大学を世界水準の大学にするとの遠山プランが、それも日本の経済・財政政策を議論する経済・財政諮問会議で議論されたことがある。ここに、経済発展が高等教育国際化政策推進を促す要因となった20世紀から、日本の経済成長の推進力のひとつとして高等教育の国際競争力強化を進めようとする21世紀の政策ロジックへの転換が認められる。同時に、その後日本の経済政策はさまざまな変化を示しつつも、大局的には現在に至るまで持続的な成長への端緒を見いだせない

ままである。高等教育についても、日本の高等教育の国際的存在感を維持する目的から 2008 年には 2020 年を達成期限の目標とした留学生 30 万人計画が 6 つの省庁による国家プロジェクトとして打ち出された。また、2014 年には、2020 年代半ばまでに日本の 10 大学を世界で 100 位以内にするとの安倍首相の方針を受け、日本の大学の国際競争力強化をめざしたスーパーグローバル大学育成事業が始まった。これらは、政策・大学経営の両面において従来よりも詳細な分析を行ったうえで計画され、実施されているが、現実には国際競争の激化が進み、日本の高等教育の国際的な位置づけや競争力が多くの面で低下し続けている状況に歯止めをかけるにはいたっていない。

　この 2000 年代以降の高等教育政策の大きな変化は、高等教育の国際的側面の施策の多くが、国から機関レベルへ権限委譲される趨勢のなかで実施されていったことである。これは、経済財政諮問会議の「今後の経済財政運営及び経済社会の構造改革に関する基本方針（骨太方針）」が、政府に対して NPM の本格導入を強く求めたものであったこととも関連している。事実上独立行政法人制度の構築の議論の一部として進んだ国公立大学の法人化も、このような NPM の導入の主要な事例として位置づけることができる。

　こうしたなか、大学の国際化に関わる政策も、国全体の学生の海外派遣や留学生受入数などのベンチマークを示す手法は堅持されながらも、個々の大学の国際化に向けた動きを、公的なプログラム資金により支援または政策誘導を行うと同時に、これらのプログラム参加大学に対して成果指標の明示と着実な達成を求める方向へと変化してきている。

　まず、政策のマクロな見取り図として示されたのが、2003 年に出された中央教育審議会答申「新たな留学生政策の展開について」である。これは、留学生受入れ 10 万人計画の達成を目前として 21 世紀の高等教育国際化像の転換を図ろうとしたものである。答申では、例えば就労目的の留学生の増加や、日本語能力が十分ではない留学生に対しての教育や生活支援の困難など、さまざまな現実的な課題とその重さが示される一方、量的な拡大の追求から質的な向上という方向転換が模索されている。しかし、その時点では、その先に日本の高等教育のどのようなビジョンを描くのかはそれほど明確で

はなかった。

4　大学国際戦略の強化

　日本が国として、大学としての高等教育の国際化のビジョンをより明確に
示したのは、2005 年度から 5 年間にわたって行われた政府の「大学国際戦
略本部強化事業」である。この事業は、国公立大学の法人化直後に行われ、
それまでどちらかと言えば大学教員の個人的な活動やネットワーク、あるい
は国のプロジェクトの受け入れなどを通じて受動的に行われることが多かっ
た大学の国際化事業を、大学が組織だって行うことができるようにすること
を目的としていた。すなわち、大学に「国際戦略本部」などの全学横断的な
組織体制を整備し、大学間連携や留学生・外国人研究者の受け入れ、日本人
若手研究者の海外研鑽、海外拠点などについて、大学がそれぞれの戦略を立
てながら組織的に取り組む体制を整えようとしたのである。これは、端的に
言えば、日本の高等教育の国際化を推進する主体が、国、そして教員個人か
ら個々の大学や高等教育機関という機関レベルを主体としたものへと大きく
転換させることを意味する。

　同時に、このプロジェクトは、日本を代表するような総合大学、そして、
国際化に特徴的な大学を 20 大学選定し、これらの先進的な事例をモデルと
して他の大学にも波及効果をねらうという方式をとった。この時期、プロ
ジェクト資金によって大学間の機能分化を進めていくという政府の高等教育
政策がこの時期から強化されており、この事業はこうした機能分化奨励策の
一環としても捉えることができる。

　なお、政府による機能分化推進策と国際化奨励策の間には、極めて密接な
関係がある。これには、主に 2 つの理由があると考えられる。第一は、戦後
日本の大学が大衆化をしながら拡大していく中で高等教育政策としての国際
化の主な業務は留学生や外国人研究者の受け入れであったが、これらを有効
に行う能力のある大学やそのための整備を行うことができる予算が限られて
いたことである。具体的には、政府は、日本語教育など国費留学生のための
大学入学前予備教育を 1954 年に東京外国語大学と大阪外国語大学で開始し、

これを留学生数の拡大に合わせて担当教員の配置や留学生センターの整備、英語による授業を行うコースなどの設置を国主導で進めてきた。

　第二は、既述のように、21世紀に入り、大学を日本社会全体の活性化の原動力と位置づけ、それに重なる形で世界水準の大学形成という国際的な政策動向に日本も大きな影響を受け始めたことがある（Altbach and Balán. eds., 2007）。遠山プラン直後には、そこに現れた「国公私『トップ30』を世界最高水準に育成」という文言から、1971年の四六答申以来の種別化を行うとの議論もあったが、結果的には研究拠点形成を目的とする「21世紀COEプログラム」（2002-2009年度）、そしてその後継の「グローバルCOEプログラム」（2007-2016年度）が実施され、トップ大学は研究拠点の獲得数と額をめぐって競争することになった。こうした研究拠点形成の事業とは別に、2008年に福田内閣による2020年を目標年度とした「留学生30万人計画」がスタートしたが、こちらの方も政府の支援事業としては「国際化拠点整備事業（グローバル30、のちに大学の国際化のためのネットワーク形成推進事業）」という拠点形成方式をとり、2009年度に大規模総合大学を中心に13大学が採択された。政府には、最終的には国際的に特徴のある大学を含め30大学程度を採択する方針があったが、2008年に始まる金融危機、2009年の政権交代と事業仕分けなどによって、13大学の採択にとどまった。さらに、2014年度には、自民党・公明党政権復帰後にスーパーグローバル大学創成支援事業が始まり、「世界大学ランキングトップ100を目指す力のある、世界レベルの教育・研究を行うトップ大学（タイプA）」13大学と、「グローバル化を牽引する（タイプB）」24大学が選ばれ、原則10年の政府からの支援を受けることになった。

　グローバル30およびスーパーグローバル育成支援事業の申請・採択に共通するのは、新制大学が自身のミッションを明示した上で国際化に向けての戦略や指針を示し、これに基づいて具体的な計画や達成目標を策定していくという方向性である。同時に、各大学は政府が準備した共通の、そして必要があれば大学独自の量的・質的な指標の現状と目標を示し、特にスーパーグローバル大学育成支援事業では、これらをKey Performance Indicators（KPI）

として効果的な大学運営に活用しようという方針が明示されている。これは、意図としては大学の機関としての戦略的な運営による国際化の推進であるが、他方で、政策評価として国及び納税者に対して、事業の説明責任を担保するための手法であるとも言える。

ただ、ここで見えてくるのは、大学の個性を活かした国際競争力の強化、国際的競争力のある大学による国際化の牽引という政策理念と、本来国の次元を越えたグローバルな次元での活動を強化するために大学運営における高い自律性と裁量を必要とするトップ大学が、国の施策によって与えられた多数の指標の達成のために中長期に縛られ続けるという現実とのギャップである。

5　国際競争を意識した機能分化

2016 年度からの第三期中期目標においては、ついに国立大学の間に大学による自主選択による事実上の種別化が導入された。具体的には、各国立大学が、新たに設けられた機能強化の方向性に応じた 3 つ重点配分枠を設け、各大学が選択、それぞれの枠を選択した大学の間で競争的な配分を行うという仕組みである。そして、この重点配分枠は、①地域に貢献する取組とともに強み・特色のある分野で世界・全国的な教育研究を推進、②強み・特色のある分野で地域というより世界・全国的な教育研究を推進、③主として、卓越した成果を創出している海外大学と伍して、全学的に卓越した教育研究、社会実装を推進、という 3 つになっており、事実上グローバル・プレーヤーとしての国際競争力の多寡がタイプ分けの基準となっている。各大学は、取組構想を提案した上で KPI 等の測定可能な評価指標を設定し、これが第三期中期目標・中期計画の開始時および年度ごとの進捗状況の評価を通じて財政配分される。

さらに、2017 年度からは、世界最高水準の教育研究活動が展開されるよう、高い次元の目標設定に基づき、大学運営を行うことを支援する「指定国立大学法人」制度がスタートした。これは、財務運営などにおいてより弾力化を可能にする制度である。

第 10 章　大学の国際化　201

　上記の諸政策に対しては、講座制や大学院重点化など、過去に目立たない形で事実上の財政配分の格差があったものを、より透明なルールのもとで競争を促進するという積極的な評価も可能である。ただし、ここでは国立大学にとっての「国際」の問題が、「国際競争力」に限定され、本来国際化がもっていた豊かで多様な文脈が捨象されてしまう危険性もはらんでいる。

第 2 節　大学経営における国際化の実際

1　ヒトの国際移動

　以上を踏まえた上で、大学経営の国際化が実践としてどのような方向に進み始めているのかを、さらに検討してみたい。この根幹にあるのは、ヒトの問題、すなわち、学生、教員、職員、経営層の間で、それぞれどのようにその構成主体とコミュニティの国際化を進めていくのか、という問題である。この問題は、大学のミッション、ポリシー設定から資源配分に至るまで様々な面での国際化推進のための環境整備と、同時に国際化を大学全体のミッション達成の原動力として活用していくような経営の設計と実施が求められていくことになる。

　まず、学生の多様で大規模な国際移動を前提としたエンロールメント・マネジメントの構築の必要である。学習意欲に富んだ優秀な留学生を獲得する方法は、日本の中等教育からの学生獲得とは比較にならないほど多様となる。また、世界のさまざまな大学との競争にさらされることになるので、明確な指針、それぞれの学生の使用言語、文化、経済社会的環境をにあった的確な情報提供や条件提示、入学後の学習・生活支援、卒業後のキャリア支援などを行っていくことが求められる。これらを、たとえば学務系列など一般の学生と同じ対応スタッフや制度のもとに運用するのか、留学生受入れを専門とする部署やスタッフで対応するのか、さらには学外の業者や専門家に委託していくのかなど、多様な選択肢のなかから自分の大学やそれぞれの学生にあった方法を選択、組み合わせて実施していくことになる。また、対応すべき相手も法務省入国管理局など教育関係以外の省庁、学生の派遣元の大使

館、住居やコミュニティ参加などにおいては地元の自治体やコミュニティなど、多岐にわたる。以上のことは、おおむね自大学の学生の海外への派遣についても当てはまる。カリキュラム上、そしてキャリア上どのように国際的な学習や、インターンシップなどの職業体験を位置づけ、活かしていくのか、査証の取得や安全対策などについて、どのような形で大学としての管理・支援を行いうるのか、これらの業務を国内向けの業務やスタッフ配置の延長線上に割り当てていくのか、あるいは新たな専門の部署やスタッフを配置するのか、外部委託していくのかなどの明確な指針と意思決定、そして運用が求められる。

　教員・研究者も、大学の国際化のなかで、新たな役割を担い、また、新たな特性を持った者が雇用されていくことになる。まず、比較的日本語での学習や文化に対して距離が近く、実績もある東アジアの漢字圏からの学生の受入れ・派遣のあり方は、同地域の経済・社会環境が豊かになるなかで、より水平的、双方向の関係へと変化してきている。すなわち、以前は日本語での学習を通じて日本社会や自国の日系企業などでのキャリアを目指していた学生が多数を占めた。しかし、現在は経済的にも豊かな留学生が増加し、日本への関心は、異文化への出会いや多様な国際的経験の一つとしてのものに変化してきている。また、非漢字圏の学生の短期・長期での受入れが増加している。彼らに漢字圏からの学生と同等の日本語のコミュニケーション能力を求めることは困難であり、これからの教員・研究者には、特に大学院や短期の学生交流において国際共通語としての英語での授業や指導が求められることが増えていくと考えられる。さらに、東アジア世界は、Greater China（大中華圏）と呼ばれる中国語・文化を共通基盤としながら政治・経済体制・アイデンティティにおいては多様である地域圏を中心とした世界へと転換しつつある（Lo 2016）。東アジアの高等教育の国際化と人・情報の流れ、そしてネットワークは、現実には英語と中国語との二重の共通言語の上に再編されつつある。Greater China の周縁に位置する韓国や日本は、一方で英語を基盤としたグローバルな世界、他方で、中国語を基軸とした地域ネットワークの両方に対して、どのように関わり、自らのアイデンティティを確立していく

のかを探索し続けることになる。

2 キャンパスの国際化

　日本の学生の一部は、グローバル化の中で自大学においても国際的環境や経験を求めるようになっている一方、自らのコミュニケーション能力や国際環境での競争力に自信を持てず、内向きになってしまう学生も増えている。大学として学生に国際的経験を持つことを促すために、キャンパスの国際化を進め、学生の海外派遣の支援・フォローアップなどを行うことが大学教育の大切な一部になってきている（横田・小林 2013）。この傾向は、研究面ではさらに顕著であり、国際的な共同研究を行い、海外や国際機関から研究等の外部資金を獲得できるかどうかが一部の大学では重要な課題となってきている。

　職員についても、大学はこうした教員・学生の活動や属性の国際的な多様化に対応するために、国際的業務を担い、企画していくような人材を獲得し、育成していかなければならなくなる。採用試験において英語能力を審査の項目に加えたり、プロジェクト資金などにより専門人材が雇用されることも増えている。業務が複雑化・高度化し、同時に職員の言語・文化・キャリアなどが国際的にも多様化するなかで、どのように公正な処遇を行い、適切な人材を確保していくかは、大学経営上の大きな課題となってきている

　以上のような国際的な教育・研究・社会貢献活動に従事できる教員や研究者をいかに獲得するのか、そして、日本の高等教育システムを通じてこれらの人材をどう育成していくのかは、結局のところ、各大学の経営能力次第となる。教員・研究者が国籍や文化において多様性を増せば、彼らが魅力を感じ、建設的な関与ができる大学コミュニティを実現するための大学の支援制度、そしてガバナンスやリーダーシップをいかに実現するかが課題となる。

3 総合的国際化

　学長などの大学上級管理職の役割は、学外の多様なステークホルダーとの関係においてもさらなる国際化が求められている。学生や学術交流の海外

パートナー大学、海外の有力中等学校・高等教育機関などからの学生獲得、海外での教育プログラムの展開やオフィス設置にあたってのトップ外交などに加え、大学の国際的な知名度や評判を高める上では、国際社会の知的リーダーとしての発信や貢献を行えることが大きな強みになる。これらを担うためには、教員や研究者として国際的な経験を積み、ネットワークを作っていくほか、国際的なビジネスや行政などの経験を持つ人材を上級管理職に登用したり、また、海外での大学リーダーシップ育成のためのプログラムで教育・訓練を受け、ネットワークを広げることなどが重要となる。

　大学経営における国際化の進め方は、その大学が属する地域や国の文脈によって、大きく異なる。高等教育における地域枠組みが形成されつつある欧州や東南アジアとは異なり、日本は現状において明確な地域レベルの高等教育ガバナンスの枠組みに属しているわけではない。そこで、日本では、国、そして、グローバルな学生や学術の市場的競争や協力という二つの次元を主に意識しながら国際化を大学経営として意識していくことになる。また、高等教育機関数が多く、その役割や活動の国際性の度合いや領域も多様である。日本の大学の国際化を進める上での経営の枠組みや指針は、以上のような文脈を考えながら議論と開発を進めていく必要があり、いくつかの研究や提言が出始めている（太田 2013、德永・籾井 2011）。

　より成熟した参照モデルとしては、地域との関わり、高等教育機関の多様性という観点からは、米国で議論が重ねられてきた包括的国際化（Comprehensive Internationalization）（Hudzik 2014）などが、日本にも参考になると考えられる。このほか、既述のように世界水準の大学形成のための大学政策や経営改革は、むしろ新興国で盛んであり、これらの国々の大学は競争相手であると同時に重要な交流・協力のパートナーであることから、その動向を視野に入れておくことも不可欠である。

おわりに

　本章では、大学の政策・経営の両面から、日本において国際化やグローバ

第 10 章　大学の国際化　205

表 10-1　儒教伝統型と英語圏の国家システムとの間の比較

	儒教伝統型	米国型	ウェストミンスター型
国家の性格	総合的．政治が経済と市民社会を統率．国家が大概最も優秀な者たちを引き込む．	限定的．市民社会と経済から権力を分離．連邦制．	限定的．市民社会と経済から権力を分離．単一制度．
国の文化と教育	普遍的で崇高．家族が教育に関与する儒教の伝統を受け継ぐ．文化と教育それ自身が価値を持つものとされ，同時に社会的立場とグローバルな競争の手段と見なされる．	20世紀型の能力主義の観点から，教育を，開拓と繁栄を前進させることで，富と地位への道を開くものととらえる．	1945年以降の理念に基づき，国家が富と地位への道筋である教育を通じた，社会全体に開かれた機会均等を保証する．
高等教育における国家の役割	国家が高等教育機関を監督し，形成し，鼓舞し，選択的な財政付けを行うことで，政府が高等教育機関に対して指導する役割を時間をかけて減らしていく．	国の規制が学生のローンや研究助成を通じてヒエラルキー状の市場を形成し，その上で一歩引き下がり，学長が自律性を有する．	政府の規制・政策・財政が競争的な市場を監督し，一定の市場の行動を作り上げる中で，学長が自律性を有する．
高等教育の財政付け	国家が基盤的な財政，（早期のモデルでは特に）授業料の一部，奨学金，補助に対しての財政付けを行う．家計の学費および私的な課外学習は，貧困家庭においても多くみられる．	国家がいくらかの基盤的な財政と，学費補助，学生ローンに対しての財政付けを行う．家計が負担する授業料は高いものから低いものまで多様であり，貧困家庭は国家に強く依存するか，あるいはドロップアウトする．	国家はかつて基盤的な財政付けを行っていたが，現在は少なくなり，授業料用のローンや，いくらかの生活保障的な奨学金への財政付けを行う．家計の投資は増加しているが，他のモデルに比較すれば少ない．財政緊縮
ヒエラルキーと社会的選抜	伝統的な試験；高等教育機関の間の当然視される威信のヒエラルキーへの普遍的な競争／選抜．世界水準のグローバルな研究大学が最速の出世ルートを提供．	学習適性試験（SAT）の点を媒介した威信の高い高等教育機関への入学競争．州立高等教育セクターにおいていくらかの複数のルートと敗者復活の機会が存在．世界水準のグローバルな研究大学が人生への最速の出世ルートを提供．	中等教育修了試験を媒介とした大学のヒエラルキーへの競争．いくらかの複数のルートと敗者復活の機会が存在．世界水準のグローバルな研究大学が強力なスタートを提供．
研究のダイナミクス	家計の学費負担による財政支援を部分的に受け，これに加え，世界水準の大学，ヒエラルキーの構造がともに研究への大規模で急速な投資を可能にする．	研究が連邦政府による財政付けに深く依存し，学費による直接的な制約を受けない．いくらかの産業や市民・フィランソロピーの資金が存在．基礎研究プラス知財．	学費を賄う政府によって，研究に対しての緊縮のない財政付け．米国よりも少ない市民・フィランソロピー．基礎研究，成長する応用研究，知財を夢見る．
世界水準のグローバルな研究大学の形成	ある部分伝統，家族のアスピレーションの普遍的な目標，財政付けと威信による形成．時間を度外視した急速な建設は，全く疑問視されない．	アイビーリーグの揺るぎないヒエラルキーと州立の旗艦大学，研究助成，授業料の高騰，フィランソロピー．グローバルな栄誉の源泉	トップの高等教育機関に対して，国の体質や政府の政策がどっちつかず．公と私双方の財政付けが限界に達している．

出典：Marginson 2013. 29 頁を筆者が訳出（黒田編 2013, 304 頁を転載）

ル化対応がどのように進み、何が課題となってきているかを論じてきた。総体的に見れば、日本の高等教育において国際化を促進するドライブは弱い（米澤 2015）。しかし、国際的な論調のなかでは、日本の大学、とくにトップ大学の国際化対応の遅れについて、辛辣に批判する傾向が強まっている。すなわち、アジアの近隣諸国を中心とした新興国で高等教育や科学技術への投資が着実に増加している中で、日本がこれに追随していない、あるいは財政投資増をなしえないことが、国際動向にそぐわない不可解な行動と映っているようである（Bothwell 2016）。

　繰り返しになるが、冷静に捉えれば、日本、あるいはある国家に属する大学が国際化し、グローバルな存在感が増すことが、直接その国や社会の経済・社会発展につながると証明されているわけではなく、むしろこの2つの問題については、双方向、あるいはより多元的な因果関係、相互作用を想定して議論すべきである。

　大学と国家の関係についても、より国際的な視野から日本、そして自大学の位置づけと方向性とを探っていくことが求められる。Marginson（2013）は、英米との比較において東アジアの高等教育システムの特徴を「儒教伝統型」として表のようにまとめた。日本は、東アジアの中ではより西洋的な大学の自治や学問の伝統が強い性格をもつと考えられるが、地域として東アジアの高等教育の国際的存在感が高まっているなかで、その性格も再定義されていく可能性が高い。

　ただし、日本の大学のほとんどが、程度の差はあるものの、学生のキャリアや経験を含めれば何らかの形でその国際化やグローバル対応から無縁ではいられなくなっていることもまた否めない。国に過度に期待できないという点を含め、大学経営、そしてその大学経営や政策を担うリーダーやスタッフの持つべき知識や技能、そしてその育成が、日本の大学にとって不可欠な課題となってきている。

引用・参考文献
天野郁夫, 1995,「高等教育システムの構造変動：計画モデルから市場モデルへ」大学論

集 24, 119-134。

有馬朗人, 1996,『大学貧乏物語』東京大学出版会。

江淵一公, 1997,『大学国際化の研究』玉川大学出版部。

太田浩, 2013,「戦略的国際化における Balanced Scorecard 活用の可能性」大学マネジメント 9 巻 4 号 2-12。

北川文美, 2008,「高等教育研究に対する挑戦－市場化と国際化がもたらす変容」塚原修一編『高等教育、市場の国際化』玉川大学出版部。

佐藤由利子, 2010,『日本の留学生政策の評価：人材養成、友好促進、経済効果の視点から』東信堂。

総務省, 2005,『留学生の受入れ推進施策に関する政策評価』総務省。

徳永保, 籾井圭子, 2011,『グローバル人材育成のための大学評価指標―大学はグローバル展開企業の要請に応えられるか』協同出版。

横田雅弘, 小林明編, 2013,『大学の国際化と日本人学生の国際志向性』学文社。

米澤彰純, 2015,「高等教育改革としての国際化：大学・政府・市場」高等教育研究 18, 105-125。

Altbach, P.G. and J. Balán. eds., 2007, *World Class Worldwide: Transforming Research Universities in Asia and Latin America, Baltimore: Johns Hopkins University Press*. =2013. 米澤彰純監訳『新興国家の世界水準大学戦略―世界水準をめざすアジア・中南米と日本』東信堂。

Bothwell, E. 2016. Asia University Rankings 2016: results announced. Times Higher Education. June. 20.

https://www.timeshighereducation.com/world-university-rankings/asia-university-rankings-2016-results-announced accessed on 30 June 2016

Goodman, R.(2007). The concept of Kokusaika and Japanese educational reform. *Globalisation, Societies and Education*, 5(1), 71-87.

Hudzik, J. K., 2014, *Comprehensive internationalization: Institutional pathways to success*. New York: Routledge.

Marginson. S. 2013, Different Roads to a Shared Goal: Political and Cultural Variation in World-Class Universities. In Wang, Q., Cheng, Y., & Liu, N. C. (Eds.). *Building world-class universities: Different approaches to a shared goal*, Rotterdam: Sense Publishers, 13-33.

Lo, W. Y. W. 2016. The concept of greater China in higher education: adoptions, dynamics and implications. *Comparative Education*, 52(1), 26-43.

Neave, G. 2001, The European dimension in higher education: an excursion into the modern use of historical analogues. In J. Huisman, P. Maassen and G. Neave eds., *Higher Education and the Nation State*, Amsterdam: Pergamon. 13-73.

OECD, 2017, *Education at a Glance 2017*. Paris: OECD.

U.S. Dept. of Education, 1987, *Japanese education today*. Washington, D.C.: U.S. Dept. of Education=1989., 鈴木陽子監訳『日本教育の現状』八千代出版。

さらに勉強したい人のための文献案内

黒田一雄編『アジアの高等教育ガバナンス』勁草書房 2013 年。
　　日本の高等教育の国際化の理論・実践の両面での専門家たちが、日本やアジアの視点に立って大学政策・経営の両面から諸問題を整理、分析している。高等教育国際化のキーワードが網羅されており、全体像を知る上で役立つ入門書。

Yonezawa, A.. Y. Kitamura, A. Meerman and K. Kuroda eds. *Emerging International Dimensions in East Asian Higher Education,* **Dordrecht: Springer.**
　　東アジアにおいて現れつつある高等教育の国際的次元を、アジア、そして世界の高等教育の専門家や実践家たちがそれを現象として描き、また、理論化を試みたもの。国際化とそれをとらえる視点の多元性を実感できる。

第11章　大学のガバナンス

大森不二雄
（東北大学高度教養教育・学生支援機構教授）

本章のねらい

　大学のガバナンスは、拠って立つ各国固有の法制とその歴史的変遷の理解が不十分なまま、普遍的な大学組織の慣習や文化の問題として論じられがちである。近年の日本の大学改革は、企業的経営の導入という世界的潮流の一環として、ドイツに範を採ったフンボルト・モデルから離れ、英米流すなわちアングロサクソン・モデルに追従するものとみなされることが多いが、日本とこれらの国の大学法制の差異を踏まえた議論はあまり見られない。本章は、日本の大学ガバナンス法制とその変遷を概観した後、戦前の帝国大学のモデルとされるとともに大学の自治に関する学説に大きな影響を与えたドイツ及び戦後の新制大学制度のモデルとなった米国の大学ガバナンス法制と日本のそれを比較した上で、日本の大学ガバナンスに関する課題を考察する。

第1節　大学マネジメントの世界的潮流と日本の大学ガバナンス

1 「管理」から「経営」へ

　大学の「管理」（administration）から「経営」（management）へ、さらには「戦略経営」（strategic management）へ（Shattock 2000 : 93; Dearlove 2002 : 257）という変化、分かりやすく言い換えれば、企業的経営への転換は、20世紀終盤から現在に至る高等教育における世界的な潮流の一つとみなされている。例えば、英国では、大学経営の効率改善のために学長協会に設置された委員会が1985年に発表したジャラット報告（Jarratt Report）（CVCP 1985）の提言を契機とし

て、学長は、アカデミック・リーダーとしてだけでなく、「最高経営責任者」（Chief Executive）として位置付けられるようになったと言われる。そして、政府諮問委員会が 1997 年に高等教育の将来像を示したデアリング報告（Dearing Report）（NCIHE 1997）を受けて、評議会（Senate）や同僚制的委員会から理事会や学長への権限移動が進み、各大学内の副学長の数は徐々に増加し、学長を支える経営陣が構築されていった。こうした変化は、英国に限らず、程度の差はあれ、世界的趨勢である。

　大学にも「経営」が求められるようになった変化の背景には、広く公共サービスにおける経営的視点、市場志向、競争の重視等があった。各国政府は、財務その他の権限の高等教育機関への委譲、教育評価等の質保証システムの導入、基幹的な機関補助の削減、研究評価結果の補助金配分への反映、競争的資金の増大、授業料の導入等の諸施策を通じ、国内外の大学間の競争激化と連携の活発化、産学連携・地域連携の強化等を促進してきた。こうした変化を一言で要約すれば、高等教育機関は、より少ないお金でより多くの仕事をするよう求められるようになった、と言うことができる。

　同時に、高等教育の大衆化、成人学生等の非伝統的学生の増加、エンプロイアビリティやスキル等の職業志向、技術移転、地域開発への貢献、国際化、ICT 活用など、高等教育自体の変化も重要な要因である。とりわけ教育については、学生の学習成果を確保する視点から、教育プログラム（学位課程）として教授・学習の体系化・組織化が求められ、大学全体が教育の質保証への取組責任を負うようになったことが大きい。これは、グローバル化する知識経済における競争力確保のため、大学の人材育成機能に厳しい視線が注がれる環境下で、高等教育のマス（大衆）化・ユニバーサル（普遍）化によって多様化した学生に対する教授・学習の改善及び雇用・経済に対するレリバンス（関連性・適合性）の向上が求められるようになったことを意味する。

　これらの諸変化は、総じて、高等教育機関の全学的マネジメントの必要性を強め、学部・研究科や学科・専攻等の教育研究組織単位の自律性を弱める方向に働く。こうした潮流は、国家や市場による外部社会への関与要求により、アカデミアが境界で守られた主権領域ではなくなるとともに、大学

の自律性の強化と大学教員の自律性の低下が並行して進行してきた（Henkel 2007）複合的な変化として捉えることができる。こうして、高等教育においても「戦略」という用語が当たり前のように使われるようになった。高名な経営学者の定義によれば、「戦略とは、組織の主要な目標・政策及び一連の行為を首尾一貫した全体へと統合するパターン又は計画である」(Quinn 1980: 7)。

2 「同僚制」と「経営主義」

　しかし、元来、大学という組織は、このように合理的に統合された組織像とは程遠く、緩やかな編成原理で組織されている。組織論研究者として著名なカール・E・ワイク（Weick 1976）が緩やかな組織編成原理を「ルース・カップリング」(loose coupling) として提唱した際、教育機関を分析対象としたことは象徴的である。ワイクは、合理的な組織概念とは異なり、多くの現実の組織において、目的と手段の間、諸アクター（行為主体）間など、組織の構成要素間の結び付きや対応関係がタイトではなく、ルースでしかないことに着目し、こうした組織編成原理をルース・カップリングと呼んだ。いわゆるフンボルト・モデルの大学が持つ様々な専門分野の組織単位あるいは個々の教員の緩やかな連合体としての「ギルド」的本質は、全学的な「経営」機能の必要性との間で容易ならざるジレンマに直面する。ルース・カップリング理論は、バラバラなインセンティブを持ったアクターから成るシステムとしての大学を経営することの難しさ、大学経営に求められるスキルの複雑性を含意する。

　いわゆるアングロサクソン・モデルとして、企業的な大学経営が最も流布しているとされる英国、米国及び豪州においても、経営機能の強化には、一筋縄ではいかない複雑性が見られる。これら３か国の高等教育におけるリーダーシップとその効果・実績との結び付きに関する学術論文の包括的なレビュー研究（Bryman 2009）は、全学レベルでの効果的なリーダーシップに見られる行動特性を列挙したが、そのリストから判明することは、大学の伝統ともいえる「同僚制的」(collegial) な要素と近年強調される「経営主義的」

（managerial）な要素の混在である。これらの諸国といえども、依然として同僚制的な要素も重視されていることが分かる。英・米・豪3か国の高等教育機関のマネージャー／リーダーは、企業的な経営主義と大学に伝統的な同僚制、公式の権限に基づくマネジメントと非公式な影響力を活用するリーダーシップ、といった二分法の狭間でバランスを取りながら、役割を果たしていることが垣間見える。二分法の間のバランスと言ってしまえば美しいが、二項対立のジレンマとの格闘とも呼ぶべき困難なものとも言えよう（大森 2012）。

　例えば、海外分校等の国際戦略で知られるとともに英国有数の研究大学の一つでもあるノッティンガム大学に関する筆者（大森 2012）の事例調査においては、教育研究組織の新設・改編や国際化戦略など資源の重点投資に当たって、研究大学としての地位の向上に向けて教育・研究上の課題と経営上の課題を統合し戦略的に方向付ける学長・副学長等によるイニシアチブとディスカッションの重要性、全学的政策・計画の策定・実施を支える専門家集団としての事務組織の重要性等とともに、学科長に権限委譲する分権的マネジメントと戦略的リーダーシップのバランス、ボトムアップとトップダウンの組合せ等、すなわち、同僚制と経営主義のバランスが見られた。

3　海外から見た日本の大学ガバナンス

　ひるがえって、日本の高等教育の状況はといえば、OECD による日本の高等教育政策レビュー報告書（Newby *et al.* 2009）は、日本の大学は、米国・英国・オランダ・北欧等の大学に比べ、戦略経営が不十分と診断し、戦略経営の不足の結果は、カリキュラム開発、教育方法のイノベーション、国際化等の重要領域における変化の欠如につながっている旨の認識を示した。同報告書は、いわゆるフンボルト・モデルの極端な形態として、日本の全ての国公立大学及び多くの私立大学が、学部ごとの教授会によってコントロールされているとし、教授会の意思決定権限（特に拒否権）が、その意思決定によってもたらせる財政的・戦略的な帰結に責任を負うことなく行使されていると批判する。「実際、いかなる重要な決定もコンセンサスが得られた後にな

されるので、チェック・アンド・バランスのシステムは、積極的で前向きというよりも、受動的あるいは否定的ですらある。」(Newby *et al.* 2009: 32) という。また、学部・学科等の設置・改組、学生定員の変更、授業料等が大学の裁量に委ねられていないなど、依然として強固な法的制約すなわち文部科学省の監督権限が、戦略経営の不足の一因であるとする。

　日本の大学の多くにとって戦略経営を困難にしている要因は、同レビュー報告書によれば、学長選挙・学部長等選挙などによって支えられた同僚制的な学内ガバナンスによる制約と、学部等改組や学生定員などが大学の裁量に委ねられず、政府による認可を必要とする制度、すなわち、政府ガバナンスによる制約であると言える。学部教授会等による保守性の濃厚な学内ガバナンスの制約と、強力な政府統制による政府ガバナンスの制約の両面を指摘しているのである。ところが、後述する大学ガバナンス改革に関する日本政府の政策言説は、前者（学内ガバナンスの制約）のみに照準を合わせ、後者（政府ガバナンスによる制約）に触れていない。

　また、日本では、ガバナンスやマネジメントは、学長、全学、トップダウン、といったイメージで語られる。しかし、大学の「戦略経営」は、全学レベルにとどまらないし、部局レベルが必ずしも「同僚制」一色というわけでもない。バートン・クラーク（Clark 1996: 426 − 428）は、欧州の5大学の事例調査に基づき、起業家的／革新的な大学に共通する特徴として、強化された経営の中核のみならず、学科・専攻や学部・研究科の活性化を挙げ、学科等による新たな財源探し、特定の研究や教育プログラムへの重点投資等について述べた。英国では、学科・専攻（Department）又は学部・研究科（Faculty/School）に予算・人事等の権限を委譲し、成果に対するアカウンタビリティを問う分権型マネジメントが広く普及し（Bolden, Petrov & Gosling 2008: 18-26）、部局も外国人学生獲得によって資金源拡大を図る等の起業家的行動を見せる。

4　大学ガバナンス法制の国際比較の重要性

　上述の OECD レビュー報告書による日本の高等教育に対する診断を受け入れるかどうかはともかくとして、同報告書が批判的に描写した日本の大学

ガバナンスの状況は、各大学の自己責任に帰せられるものではない。強力な政府統制による政府ガバナンスはもとより、学部教授会等による保守性の濃厚な学内ガバナンスもまた、「法制」及び法制のたどってきた歴史的経路に大きく依存している。したがって、大学ガバナンスの現状を論評する前に、日本の大学ガバナンスに関する法制とその歴史的変遷を理解しておくことが必要不可欠である。

また、そうした法制理解は、国際比較の視点を伴わなければならない。近年の日本政府の大学政策は、ドイツの大学制度に範を採ったフンボルト・モデルから離れ、英米流すなわちアングロサクソン・モデルに追従するものとみなされ、とりわけ大学ガバナンス改革については、「教授会自治としての大学の自治」から「企業的な大学経営」への転換といった変化のイメージが漠然と抱かれることが少なくない。だが、日本のような「教授会自治」は、フンボルト・モデルの祖国ドイツにおいて、そもそも存在したのか。また、本当に、日本の近年の改革は、アングロサクソン・モデルに近づくものと単純に言えるのか。後の問いに答えるには、日本とアングロサクソン諸国の大学法制の差異を理解しなければならないが、そもそも米国と英国とでは大学制度が大きく異なる。さらに、企業的な大学経営が流布しているとされる米・英・豪3か国においても、経営機能の強化には、一筋縄ではいかない複雑性が見られることは前述した通りであり、こうした複雑性は、国ごとの法制とその歴史的経路の差異によって更に増大する。

以上のような問題意識を持ちながら、以下では、日本の大学ガバナンスに関する法制とその歴史を概観した後、戦前の帝国大学のモデルにされたと言われ、我が国における大学の自治に関する学説に大きな影響を与えたドイツ、並びに、戦後の新制大学制度のモデルとなった米国、これら両国における大学ガバナンスに関する法制と日本のそれを比較することとしたい。これにより、日本の大学のガバナンスやマネジメントに関する課題を世界的潮流の中で考察する手掛かりを得ることを目指す。

なお、日本では、「ガバナンス」と「マネジメント」は、互換可能な用語として使われているように見えるし、両概念の差異があまり意識されている

ようには思えない。誤解を恐れずに言えば、政府・大学関係者の間で「ガバナンス」といういわば業界用語は、その意味を深く考えることもなく、流行語として使用されている感すらある。以下の比較分析の中で、両概念の関係についても触れる。

第2節　日本の大学ガバナンス法制と近年の改革

1　設置者管理主義と大学管理機関

　日本では、大学を含む学校は、学校教育法第2条の規定により、国（国立大学法人等を含む）、地方公共団体（公立大学法人を含む）及び学校法人のみが設置できることとされ、これらの「設置者」の種別に応じて、学校は、国立学校、公立学校、私立学校に大別される。なお、私立学校の設置者を学校法人に限定する法制には例外があり、構造改革特別区域に限った特例措置として株式会社による大学設置が2003年の構造改革特別区域法改正により認められ、2004年に最初の株式会社立大学が誕生した。

　国立大学の法人化及び公立大学法人制度の創設に伴い、学校教育法第2条が改正され、同条の規定において、国立大学法人は「国」に含まれ、公立大学法人は「地方公共団体」に含まれることとされている。しかし、これらの法人が国や地方公共団体とは別個の法人格を有することになり、法人の職員（教員を含む）が公務員でなくなったことは、大学の管理運営にとって法制上の大きな変化をもたらした。

　学校の管理運営に関し、学校教育法第5条は、「学校の設置者は、その設置する学校を管理し、法令に特別の定のある場合を除いては、その学校の経費を負担する。」と規定している。この規定は、学校の管理運営の権限と責任を担うのは設置者であるという「設置者管理主義」の原則を示したものと言われる。大学といえども、学校教育法体系の下、実定法上は初等中等教育諸学校と同様、包括的な管理権が設置者にある（教育法令研究会1988）。

　設置者の最高意思決定機関が「大学管理機関」であり、私立大学の大学管理機関は学校法人の理事会、法人化後の国立大学の大学管理機関は学長、法

人化された公立大学の大学管理機関は理事長又は学長である（教育法令研究会1988。加除式書籍であり、内容は更新されている。）。

2　私立大学と学校法人の関係

　大学の管理運営に関する設置者の権限・責任を考えるには、設置者たる法人と大学の区分が明瞭とはいえない国公立大学よりも、戦後の教育法制において私立学校法（1949年制定）に基づく学校法人を設置者とする長い歴史を有する私立大学の方が分かりやすい。

　学校法人は、私立学校の設置を目的として設立される法人である（私立学校法第3条）。私立学校といえども公教育の一翼を担い、「公の性質を有する」（教育基本法第6条第1項）とされ、私立学校法の目的として「自主性を重んじ、公共性を高める」（同法第1条）と謳われる通り、建学の精神や独自の校風が強調され、「自主性」が尊重される一方、「公共性」を高めるため、学校法人には民法法人にはない法的規制が加えられており、私立大学とその設置者たる学校法人を新設する場合、文部科学大臣による法人の設立認可と大学の設置認可の両方を要する。私立大学は法人格を持っておらず、私立大学と学校法人は組織的に分離できない（例えば、私立大学の教員は、学校法人の被用者である。）。

　学校法人は、社団ではなく、財団であり、法人の根本規則は、定款ではなく、寄附行為である。2004年の私立学校法改正により、「理事会は、学校法人の業務を決し、理事の職務の執行を監督する。」（同法第36条第2項）と規定され、理事会が法人の最終的な意思決定機関として法律上明定されている。この改正以前の同法には、理事及び理事長の規定はあるものの、理事会の文言はなかったが、実態としては、ほとんどの学校法人が寄附行為により理事会制を採っていた。また、この改正により、評議員会の役割、諮問機関としての位置付けも明確化された。

　私立大学の管理運営をめぐっては、とりわけ、国公私立を問わず大学の法定（学校教育法の規定により必置）の機関たる教授会と、大学管理機関としての学校法人の理事会との権限関係が論争の的となってきた。一般には、学校法

人（理事会）は「経営」、大学（学長・教授会等）は「教学」、という役割分担がある、といった通念があるが、大学経営の目的が教育研究そのものである以上、現実問題としては、経営事項と教学事項の峻別は困難なことが多い。例えば、学部・学科等教育研究組織の改廃・新設や教員の採用は、経営事項であることが疑いないが、同時に教育研究に大きな影響を与える事項であることも間違いない。

　前述した学校教育法第5条に基づく設置者の学校に対する管理権は、文部科学省の公権解釈によれば、人的管理、物的管理及び運営管理を含む包括的な管理権であるとされる（教育法令研究会 1988）。理事会が決する「学校法人の業務」（私立学校法第 36 条第 2 項）とは、設置する学校に対する包括的な管理にほかならない。設置者の包括的な管理権は、少なくとも実定法上は、大学についても、初等中等教育諸学校と同様である。この解釈によれば、私立大学の全ての事項が、経営事項か教学事項かを問わず、学校法人の理事会の権限下にあることになる。教学事項について理事会が学長や教授会の意向を尊重する慣習は幅広く見られるが、法的な管理権そのものが及ばないということにはならない。実定法上は、学校教育法第 92 条第 3 項に基づき「校務をつかさどり、所属職員を統督する」学長との権限関係が論点となる。このような公権解釈は、私学の自主性や建学の精神を体現する学校法人の役割を重視する立場から、私立大学にとっての大学の自治は、学校法人と大学を一体的に捉えて考えるべきとする一部私学関係者の見解と親和的である。

　これに対し、憲法学や教育法学の学説には、憲法第 23 条の保障する「学問の自由」に基づく「大学の自治」を理由として、教員人事及び教学事項を含む大学の重要事項には理事会の管理権は及ばず、教授会に権限があるとする見解も見られる。こうした見解は、大学の自治を「教授会自治」とみなす憲法解釈（我が国における学説としては多数説）に基づき、これを私立大学にも適用するものである。この憲法解釈の是非を論じるに当たっては、上述した学校法人理事会との権限関係のほか、国公立大学と共通する学長との権限関係も論点になる。教授会自治の憲法解釈は、学校教育法に基づき校務をつかさどる学長ではなく、同法で審議機関と位置付けられる教授会を実質的な決

定機関とみなす。

　また、私立大学についても教授会自治としての大学の自治を肯定する学説の中にあっても、私立大学には各大学独自の教育方針があるので、教員人事について国公立大学とは異なる特別の規律を設けることも、合理的である限り、許される場合があるとする見解がある。学説上は、国公立大学に関する教授会自治としての大学の自治の憲法解釈と比べ、私立大学に関する解釈は複雑あるいは曖昧である。

3　法人化前の国公立大学：大学管理機関は法定されず

　私立大学の教員人事を教授会権限とみなす見解が生じる一因となったのは、戦後の大学改革において法定されるはずだった国公立大学の大学管理機関が法定されないまま、一時の暫定措置のはずだった教育公務員特例法による教員人事に関する大学管理機関の読み替え規定が、国公立大学が法人化されるまで続いた経緯である。

　法人化前の国公立大学においては、憲法の保障する「大学の自治」の観点から、国家公務員法及び地方公務員法による公務員法制の特例として、教育公務員特例法に基づき、教員組織である評議会や教授会が、学長や学部長・研究科長の選考、教員人事（採用・昇任、勤務評定）に関する実質的な決定権を有していた。なお、法人化されていない公立大学については、この制度が続いている。

　1949年制定時の教育公務員特例法は、「学長及び部局長の採用並びに教員の採用及び昇任は、選考によるものとし、その選考は、大学管理機関が行う」（第4条第1項）と定めていた。同法の施行についての文部次官通達は、「大学管理機関というのは、近く制定を予想される大学に関する法律においてその内容が定められる予定であるが、それが制定されるまでは、当分の間……読み替える」と述べていた。戦後の新制大学制度の発足に当たり、連合国軍最高司令官総司令部（GHQ）の民間情報教育局（CIE）による示唆を受け、文部省は、米国の州立大学の理事会を参考にして、学外者が構成員の多数を占める大学管理機関の設置を目指す「大学法試案要綱」を発表し（1948

年）、1951 年には第 10 回国会に「国立大学管理法案」及び「公立大学管理法案」を提出したが、野党や大学関係者等の反対もあって、第 11 回及び第 12 回国会で継続審議された末に、審議未了で廃案となった。この事態を受けて、文部省は、1953 年に「国立大学の評議会に関する暫定措置を定める規則」を省令として制定し、各国立大学に評議会が置かれることになった。公・私立大学においても、評議会あるいはこれに準ずる組織を設ける大学が多く見られた。その後も遂に、国公立大学の大学管理機関が法定されることはなかったため、正規の大学管理機関が法定されるまでの暫定措置であったはずの読み替え規定により、教員を構成員とする評議会や教授会が人事権を行使し続けたのである。

4 法人化後：大学管理機関としての学長

　上述のような国公立大学の管理運営法制は、法人化によって一変した。法人化された国公立大学においては、教員を含む法人職員が非公務員化されたことから、教育公務員特例法は適用されないこととなり、評議会や教授会が有していた学長や学部長・研究科長の選考及び教員人事（採用・昇任、勤務評定）に関する実定法上の決定権は失われた。文部科学省は、この点について、教育公務員特例法の規定は、公権力の行使から人事に関する大学の自治を守るため、上意下達の命令関係を前提とする公務員法制の例外を設ける趣旨であったので、法人化・非公務員化によってその必要性は失われ、各法人は学長・学部長の選考や教員の採用等について自由に手続を整備できるようになった旨、説明している。

　また、法人化後の国立大学の学長及び理事長の置かれない公立大学の学長は、学校教育法に基づく大学の学長としての職務（校務をつかさどり、所属職員を統督する）のみならず、国立大学法人法又は地方独立行政法人法に基づく法人の長としての職務（法人を代表し、その業務を総理する）を担う。後者の役割において、学長は、私立大学を設置する学校法人の理事会と同様に、大学管理機関であることは前述した通りである。

5 大学ガバナンス改革

　しかし、法人化後も、多くの大学において従来と同様の慣行が存続したことが、その後のいわゆる大学ガバナンス改革へと繋がっていった。一方、私立大学の場合は、大学ごとに実態は多様であるが、国公立大学の影響を受けた慣行が見られる大学もあり、大学ガバナンス改革は広く国公私立大学を対象とするものとなった。この慣行とは、国公立大学及び一部の私立大学に広く見られる教授会自治としての大学自治の慣行、すなわち、教授会が大学の管理運営について事実上の決定権や拒否権を有している実態、学長・学部長等は提案者に過ぎず、教授会が最終的な意思決定機関として機能してきた慣行である。政府や経済界などには、こうした慣行が学長主導の大学改革の障害になっているとの認識があった。

　2014年の学校教育法等の改正（施行は2015年）による大学ガバナンス改革の焦点は、決定機関ではない審議機関としての教授会の役割を明確化し、実質的な権限を限定することにあった。これに対しては、人事権をはじめとする教授会の権限を大学の自治の本質とみなす立場から反対があったことは言うまでもない。国公立大学の法人化、私立学校法の改正、学校教育法等の改正など、近年の法制改革によって、大学の自治を教授会自治と解する通説的な学説と政府の公権解釈との乖離は、広がり続けてきたと言える。上記改正法の施行に当たって、文部科学省は、全ての国公私立大学の学長に対し、改正法の趣旨を踏まえた学内規則の総点検・見直しを求め、ほとんどの大学は同省の期待する通りに対応したが、これによって「慣行」が実際にどの程度変化しつつあるのかは、本稿執筆時点（2016年6月）では実態把握及び今後の推移を見守る必要がある。

　教授会の権限を限定する学校教育法等の改正は、（1998年の大学審議会答申を踏まえて）1999年にも行われていた。しかし、この改正によっては教授会自治の慣行に大きな変化がなかった。だからこそ、大学ガバナンス改革の論議と2014年の改正へと繋がったわけである。なお、1999年の改正は、法的にも教授会の役割を縮小（大学にとって重要な事項の審議から、学部等の教育・研究に関する重要事項の審議へ限定。）するものであったが、2014年の改正は、文部科

学省の見解によれば、あくまで役割の「明確化」であるとされている。

第3節　大学の自治とガバナンス法制の国際比較

1　万国共通の大学ガバナンス法制は存在しない

　大学ガバナンス及び大学の自治については、憲法上の保障の有無を含む法制面において、国際的な普遍性は存在しないと言ってよい。日本における大学の自治に関する学説に大きな影響を与えたドイツ並びに戦後の新制大学制度のモデルとなった米国における大学ガバナンス法制と日本のそれを比較すると、それぞれの国家・社会における大学の位置付けと共に固有のガバナンスの在り方が歴史的に形成されてきたことは明らかである。

2　ドイツにおける大学の自治に人事の自治は含まれない

　まずドイツの場合、上からの近代化を進める後発国として、思想・良心の自由などの市民的な自由権が十分に保障されない中、国家による保護・育成の対象として学問の自由が憲法の明文上規定されるようになったのが歴史的起源である。その学問の自由は、教授団の職業上の特権として理解されるもので、国家資格としての大学教授資格と結び付いており、大学内限定の自由で外部社会での政治的自由等は含まれず、政治的中立主義や政治的無関心を含む象牙の塔の伝統に繋がったとも言われる（大学人がナチスに対して無抵抗であったことが批判された）。そして、大学の自治は、このような大学における学問の自由を制度的に保障するものとして確立されていった。

　しかし、日本において学説が大学の自治の中心に据えてきた人事の自治は、学説のモデルとなったドイツにおいては存在しなかった。フンボルト・モデルで有名なベルリン大学の創設時の教授人事は、教授会との協議もなく、政府によって人選されたという（潮木 2008: 67）。人事の自治は、現在も日本のように完全な形では存在しない。大学教授の任用は、多くの州では、大学の作成する3名の候補者名簿（原則として学内昇進はない）の中から、州の文部大臣が1名を任命する。なお、大学の法的位置付けは、公法上の社団であ

ると同時に国の機関でもあり、大学の教職員は公務員である。

3 米国における大学の自治は理事会の自治

　戦後日本の大学制度に大きな影響を与えた米国の場合、学問の自由は、それ自体固有の自由として保障されるのではなく、市民社会における一般的な表現の自由としての言論・出版の自由の一環として理解されている。それは、国家権力に対する自由権であり、教員が大学理事会に対して主張できる権利ではない。

　また、大学の自治に関する憲法上の保障は、そもそも存在しない。私立大学の運営は、私的自治に委ねられるが、その自治とは、法制上、宗教界・実業界等の学外者によって構成される理事会の自治であって、教授団の自治ではない。私立大学の理事会は、各州の法人設立法に基づいて認可された私法人として、法人格を有する。州立大学についても、州民の代表による民衆統制の理念に基づく理事会の自治である。個々の大学ごと又は複数のキャンパスから成る大学システムに設けられる大学理事会は、州憲法又は州法により公法人としての法人格を付与されており、大学又は大学システムの教学・経営両面の包括的かつ最終的な管理権限を有する。

　私立と州立いずれにせよ、大学における研究・教育の自由及び教授団の大学運営への参加は、科学の発展等に伴い力を付けてきた教授団の長年にわたる要求によって、各大学の学内ポリシーや慣行として普及してきたものであって、憲法によって保障された国家的制度ではない。

4 教員人事の自治を中核とした日本の大学の自治

　日本では、学問の自由から大学の自治を導出する憲法解釈において、かつてのドイツの影響を受けた「制度的保障」論が通説的見解となっている。これは、大学の自治について、学問の自由を保障する目的の上で必要不可欠な制度として、憲法が保障しているとの解釈である。すなわち、大学の自治は、学問の中心である大学における研究・教育の自由を保障するため、外的な権力・権威の干渉を排除し、大学運営を大学の自主的決定に任せるものとされ

る。

　他方、日本の通説は、制度的保障論の母国ドイツには存在しない教員人事（学長・教授その他の研究者の人事）の自治を大学の自治の最重要の内容と位置付ける。これは、戸水事件（1905 年）や京大澤柳事件（1914 年）を経て教員人事の自治が慣行として成立し、その後、森戸事件（1920 年）を経て京大滝川事件（1933 年）によってこの慣行が崩壊した、明治・大正から戦前にかけての歴史的背景によるところが大きい。

　なお、学問の自由と大学の自治に関する判例としては、東大ポポロ事件最高裁判決（最高裁大法廷判決昭和 38 年 5 月 22 日・刑集 17 巻 4 号 370 頁）が、「大学における学問の自由を保障するために、伝統的に大学の自治が認められている。この自治は、とくに大学の教授その他の研究者の人事に関して認められ、大学の学長、教授その他の研究者が大学の自主的判断に基づいて選任される。……このように、大学の学問の自由と自治は、大学が学術の中心として深く真理を探求し、専門の学芸を教授研究することを本質とすることに基づくから、直接には教授その他の研究者の研究、その結果の発表、研究結果の教授の自由とこれらを保障するための自治とを意味すると解される。」と判示している。

第 4 節　大学ガバナンス再考

1　国際比較を踏まえた大学ガバナンスの考察

　日本では、大学の自治の主体としての「大学」が何を意味するのかが、争点になってきたと言える。支配的な学説は、教授会に代表される教授団が自治の主体であると解釈し、大学の自治を教授会自治として理解する。これに対し、（かつてはともかく）近年の法制改革を進めてきた政府は、（あえて単純化すれば）大学管理機関こそ大学の自治の主体であるとの解釈に立っているように見える。それは一見、（上述の通り、学問の自由と大学の自治の法的位置付けが全く異なる）米国における大学理事会の自治に近づいているかのようである。しかし、仔細に見ると異なる状況が看取できる。

私立大学及び学長とは別に理事長を置く公立大学はともかく、国立大学及び学長が理事長を兼ねる公立大学の大学管理機関は学長である。独任制の学長が大学管理機関（大学設置者たる法人の意思決定機関）となっている点、並びに、大学管理機関とその管理対象たる大学の長が同一人物（いずれも学長）である点において、国際的に見てかなり特異な制度である。

　企業的経営が近年の大学ガバナンス改革のモデルになっているとの見方が一般的であるが、近年の企業統治（コーポレート・ガバナンス）においては、経営の「執行」機能と「監督」機能の分離（取締役会が CEO（最高経営責任者）を監督するという形態）が米国を中心に国際的趨勢となり、日本企業にも一定の影響を及ぼしていることにかんがみれば、執行機関（大学の学長）が監督機関（法人の意思決定機関）を兼ねる構造は、このような企業統治モデルからは理解し難い。ちなみに、こうしたコーポレート・ガバナンスの潮流は、海外では大学ガバナンスにも影響を与えており、例えば英国の大学では、米国の大学理事会に類似する機関であるカウンシル等の統治機関（governing body）に対し、学長は統治機関に責任を負う CEO であると位置付ける言説が珍しくない。

　なお、「ガバナンス」（governance）は、語義・概念が曖昧なまま多用される言葉だが、近年の潮流に即して言えば、ガバナンスの最高機関は、大学にしろ、企業その他の組織にしろ、当該組織の目的達成、利害関係者の利益の確保、社会全体の公益促進等の観点から、組織の大きな方向性を規定する意思決定を行い、それに基づく経営を監督し、必要に応じ経営者に是正を命じ、従わなければ経営者を差し替える等の役割を果たす機関であると理解される。こうしたガバナンス論からは、監督機能等を意味する「ガバナンス」（統治）と区別される「マネジメント」（経営）は、マネージャー（経営者）に任せなければならないと言われる。

　論旨を明確にするため、国立大学に絞って論じれば、この特異性は、政府（特に文部科学省）に法制上及び慣行上の強い権限があることと無関係ではなかろう。あえて私見を述べれば、国立大学の大学管理機関は学長であるとの文部科学省の公式見解にもかかわらず、制度及びその運用実態にかんがみれ

第 11 章　大学のガバナンス　225

ば、文部科学省こそ実質的な大学管理機関ではないか。だからこそ、各大学（法人）レベルでの意思決定機関は独任制の学長なのであろう。こうした解釈は、学校の設置者としての「国」に「国立大学法人」を含めた学校教育法第2条第1項の規定と整合的であるように思える。国立大学法人制度がその特殊形態であるところの独立行政法人制度の制度設計において、各法人がアカウンタビリティーを負う相手は政府であることとも整合する。

　国立大学に対する文部科学省の実質的な権限の強さは、例えば、2012年度に始まった「ミッションの再定義」に端的に表れた。これは、文部科学省が各国立大学と「意見交換」を行い、各大学の学部ごと・研究科ごとに、強み・特色・社会的役割（ミッション）を整理し、改廃を含む見直しを求めるものであったが、国立大学側の組織的抵抗のないまま、翌年度には無事終了した。

　文部科学省の Web ページ「国立大学の法人化をめぐる 10 の疑問にお答えします！」の「Q1 なぜ国立大学を法人化することとしたのですか」(http://www.mext.go.jp/a_menu/koutou/houjin/03052702/001.htm　アクセス日：2016年1月20日)によると、「……これまでの国立大学は文部科学省の内部組織であったため、大学が新しい取組をしようとするときなどに、いろいろと不都合なところがありました。……例えば、これまでは、工学部に機械工学科や電気工学科を置くといったことも省令に書いていましたから、学科名を変えるのにも省令の改正が必要でした。……その点、欧米諸国においては、国により大学制度は様々ですが、国立大学や州立大学でも法人格があって、日本の国立大学に比べて自由な運営ができる形態になっているのが一般的です。そこで、日本の国立大学についても、こうした不都合な点を解消し、優れた教育や特色ある研究に各大学が工夫を凝らせるようにして、より個性豊かな魅力のある大学になっていけるようにするために、国の組織から独立した『国立大学法人』にすることとしたわけです。」とある。

　上記 Web ページに書かれている法人化の目的とミッションの再定義に表れた現実が整合的であるかどうかは、疑問なしとしない。いずれにせよ、ミッションの再定義は、文部科学省が法人化以降の国立大学に対しても強い

権限を維持し、実質的には大学管理機関的な役割を果たしていることを再確認させるものであった。

　他方、私立大学の場合、「理事長は、学校法人を代表し、その業務を総理する」(私立学校法第37条第1項) という国立大学法人法と同様の規定があるものの、理事会が最終的な意思決定機関、大学管理機関として位置付けられ、学長は理事会に対して責任を負う制度設計となっている点で、少なくとも外見上は米国の大学に近いガバナンス構造となっている。

　ただし、学校教育法に基づく大学の長たる学長の権限と私立学校法に基づく学校法人の意思決定機関たる理事会の権限との関係には、両者の権限が2つの異なる法体系に基づくがゆえの曖昧さがある。この点、米国の場合は、(大学ごとの方針・慣行や運営実態はともかく) 法的には理事会の権限が包括的に上位にあることは明らかである。また、私立学校法の規定ぶりにおいて、執行機能と監督機能の分離は必ずしも明確でなく、理事会が執行機能の意思決定機関として位置付けられていると見ることもできる。

2　学問の自由と大学の使命のために

　大学の自治は、学問の自由を保障するためにある。憲法学の通説的見解によると、大学の自治は、学問の自由から独立して存し得るものでなく、学問の自由を保障する目的の上で必要不可欠な制度としてのみ存しているとされ、大学の自治の具体的な内容は法律によって規律されること妨げるものではないとされている。だとすれば、学部・研究科単位の教授会自治が憲法の許容する大学の自治の唯一の形態とは言えないはずであり、憲法学者の間でもそうした学説は存在する。

　他方、小・中・高等学校等と大学とで、管理機関と教員集団との関係性に明文上の差異が見られない実定法体系は、憲法の要請する学問の自由の保障とどう整合するのか、政府によって合理的な公権解釈が明らかにされているとは言い難い。

　また、政府・大学管理機関・教授団三者間の関係を含む大学ガバナンスの在り方については、憲法の要請する学問の自由を保障する大学の自治の要

件を充足することは勿論であるが、それにとどまらず、「学術の中心として、高い教養と専門的能力を培うとともに、深く真理を探究して新たな知見を創造し、これらの成果を広く社会に提供することにより、社会の発展に寄与する」(教育基本法第7条第1項) という大学の使命をより良く果たすのに適した在り方を絶え間なく追及すべきであろう。

　ここで、新自由主義の元祖とみなされることも多いノーベル経済学賞受賞者ハイエクの意外な大学論を紹介したい。「今日の危険は、あからさまな外部からの干渉よりも、財布の紐を握っている人たちが研究調査の資金的必要の増大から手にいれる支配の強化にある。これは科学の進歩のためには現実的な脅威となるものである。というのは、あらゆる科学的努力を統一して集中的に指揮して、資金をそれに役立たせようとする考え方は一部の科学者自身も賛成しているからである」(Hayek 1960 ＝気賀・古賀訳 2007: 186)。経済・社会の役に立つ研究を重点的に推進するという考え方に対しては、「知識がもっとも速く進む傾向をもつのは、科学的探求が一部の統一的な社会的効用概念によって決定されず、それぞれの実力を認められた人たちが最善の機会と思う研究に自分を捧げることのできる場合である」(前掲書：187) と反対する。

　ハイエクにとって、「学問の自由」の価値と存立条件は、社会における「自由」一般のそれらと同様であるとともに、そうしたより広い自由に支えられて存在する。次のように、フンボルトの言葉を引用しながら、教育と研究に関する章を結ぶ。「われわれの無知が最大のところ、すなわち知識の境界ほど自由が重要なところはない。……人間が現在の自分を超えるところに到達し、新しいものがあらわれ、そして評価を将来に待つというところにおいて、自由は究極的にその真価をあらわすのである。したがって教育と研究調査の問題は本書の主要な題目にもどってくる。……結論として、ヴィルヘルム・フォン・フンボルトの言葉ほど適切なものを知らない。この言葉はジョン・スチュアート・ミルがいまから100年前に、その著作『自由論（*On Liberty*)』の冒頭にかかげたものである。『本書に展開されているいかなる議論も直接的に合致する偉大にして主要な原則は、人間がもっとも豊かな多様

性において発展することが絶対的かつ本質的に重要だということである。』」
（前掲書：188-189）。

　日本の経済界や政府の政策言説は、素朴なまでに学長のリーダーシップによる全学的なマネジメントや大学ガバナンスの強化の有効性に信を置くが、経営と質保証の両面を含む大学改革で先行する英国においては、政策主導の基準等への同調性を促す「コンプライアンス」（規範遵守）文化が、創造性や変化への感応を必要とする「イノベーション」を妨げるとの批判や、官僚的・法人的な文化から起業家的な文化への変革の提唱もある（大森 2014）。変革のマネジメントは、大学自身が「学習する組織」(learning organization) へと変貌することを必要とするとの見方もある。ある研究者（Dill 1999: 146）によれば、「大学は、長らく、知識の創造と応用の中心とみなされてきたが、自身の内部の基本的な過程を改善するために知識を開発・移転する、学習する組織とはみなされていない」という。皮肉なことに、学問の府たる大学は、「学習する組織」ではないというのである。英国であれ、日本であれ、大学は、学習する組織への自己変革が求められているのかもしれない。

3　二項対立を超えて

　大学ガバナンスというテーマは、ややもすると上（政府、大学管理機関・学長）からの改革に抵抗する現場（学部・研究科等、教員）という構図でばかり語られがちであるが、それで果たして大学の使命をより良く果たし、社会や国民に対する責任を果たすことができるのか。政府、大学関係者及びステークホルダーの英知の結集が必要とされる。

　前述した英・米・豪 3 か国の高等教育におけるリーダーシップに関する文献レビュー研究（Bryman 2009: 48）によれば、各文献においてしばしば「経営主義」(manageriaism) の勃興によって衰退する「同僚制」(collegiality) という構図が描写されるものの、多くの論文は、「同僚制」とは何を意味するのか、定義すらしていないという。そうした中で、あえて同僚制の二つの意味を抽出し、一つは、コンセンサスによる意思決定であり、二つ目の意味は、教職員間の相互支援であるとする。それでは、近年の改革以前の同僚制的とされ

る大学ガバナンスにおいて、本当に教職員間の相互支援が活発であったのか。このことに関連して興味深いのは、英国で政府主導により進められた高等教育における質保証の肯定的側面も指摘した Hoecht（2006）の研究である。その研究結果によれば、「インタビューを受けた大学教員の過半は、より緊密に一緒に働く必要性から、同僚制的な関係は改善されたと感じていた」、「アカウンタビリティと専門職的な自律性は対極にある必要はない」（Hoecht 2006: 556）という。英国に限らない世界的趨勢として、高等教育における質保証は、大学ガバナンスの変容とほぼ時を同じくして進行してきた。

　また、英国の大学のガバナンスとマネジメントについて描写した文献（Dearlove 2002）は、過去の「同僚制的な黄金時代」を語る、あるいは逆に「経営主義の未来に万蔵」する、両極端の見方をいずれも拒否している。そして、同僚制的なコンセンサスに基づく従来型の組織・運営が現状維持的かつ内向きになりやすく、大学全体の目的のための戦略的変化に対して保守的な反応を示しがちなことを明言する一方、学科等の関与なしに決定されたトップダウンの戦略は、ボトムでブロックされ、実施されないと述べる。

　自律的な教員や教員組織によってルースに編成された大学の在り方は、刷新すべき過去の遺物か、それとも大学らしいルースさと機動的なマネジメントを両立するガバナンスの在り方は可能なのか。この問いは、日本でも諸外国でも今日的課題ではなかろうか。

　以上のような観点から、本章執筆時点（2016 年 6 月）での現行の学校教育法・私立学校法等の実定法体系及びその運用を見たとき、「自主性、自律性その他の大学における教育及び研究の特性が尊重されなければならない」（教育基本法第 7 条第 2 項）大学に適したガバナンス法制となっているのか、疑問なしとしない。

　学内ガバナンスの在り方、とりわけ大学管理機関・学長と教授団・学部等の関係については、日本では、ガバナンスとマネジメントを区別することなく、いずれもトップ（理事会、学長）が担う全学的な機能として語られる。しかし、米国や英国をはじめ、海外の大学では、部局すなわち学部・研究科（Faculty/School）又は学科・専攻（Department）に予算等の権限を委譲する一方、

学長等が握る部局長任命権を背景に成果に対する責任（アカウンタビリティ）を問う分権型マネジメントが広く見られるところである。そうした分権型マネジメントの下での部局には、ある種の起業家的な行動も見られる。例えば、外国人学生獲得や国際連携教育などの国際化における戦略的行動はその一例である。日本においても、教育研究を直接担う学部・研究科等をガバナンスやマネジメントの障害とみなすのではなく、その活性化を図る視点が必要ではないか。

　また、政府ガバナンス、すなわち、政府による大学統制については、国立大学法人を例に採ると、文部科学省が実質的な大学管理機関のような役割を果たす上意下達的な在り方が大学の活性化に有効なのか、経営面の自主性・自律性及び法人内部の監督機能を一層強化する必要はないか、そのための大学管理機関は独任制かつ管理対象たる大学の長を兼ねる学長でよいのか（学校法人の理事会や米国の大学理事会のような機関が学長の執行を監督する必要はないか）等の視点を含め、改めて見直す必要があろう。

　大学ガバナンスの在り方は、学問の自由及び大学の自治並びに大学の使命と関連する重要テーマである。法制の見直しについては、最終的には政治（国会、内閣）を通じて国民が判断を下していかなければならない課題であるが、その提案・議論及び制度運用については文部科学省及び大学関係者の責任がとりわけ重いことは言うまでもない。

引用・参考文献

安沢喜一郎, 1963,「国立大学の管理問題について」『法律論叢』37 巻 5-6号, 49-224頁。

潮木守一, 2008,『フンボルト理念の終焉？―現代大学の新次元』東信堂。

大森不二雄, 2012,「英国における大学経営と経営人材の職能開発―変革のマネジメントとリーダーシップ―」名古屋大学高等教育研究センター『名古屋高等教育研究』第 12号, 67-93頁。

大森不二雄, 2014,「教学マネジメントをめぐる日・英の政策動向―『経営』は『質保証』をもたらすか―」日本高等教育学会『高等教育研究』第 17集, 9-30頁。

片山等, 2006,「『学問の自由』,『大学の自治』と大学内部の法関係」『比較法制研究』27 号（1-28 頁）2004, 28 号（1-33 頁）2005, 29 号（1-30 頁）。

君塚正臣, 2009,「国立大学法人と『大学の自治』」『横浜国際経済法学』17 巻 3号, 193-214頁。

教育法令研究会, 1988（初刊）,「学校の管理及び経費の負担」『教育法令コンメンタール』第2巻第1章第5節, 第一法規（加除式書籍であり, 内容は更新されている。）。

栗島智明, 2015,「大学の自治の制度的保障に関する一考察―ドイツにおける学問の自由の制度的理解の誕生と変容―」『法学政治学論究』106号, 101-132頁。

国立学校財務センター研究部, 2002,『欧米主要国における大学の設置形態と管理・財政システム』（国立学校財務センター研究報告 第7号）。

中島茂樹, 2014,「新自由主義大学構造改革と大学の自治（1）」『立命館法学』355号, 1-38頁。

中富公一, 2010,「国立大学法人化と大学自治の再構築―日米の比較法的検討を通して―」『立命館法学』2010年5-6号, 1035-1063頁。

堀雅晴, 2007,「私立大学における大学ガバナンスと私学法制をめぐる歴史的検証―2004年改正私学法の総合的理解のために―」『立命館法学』316号, 220-289頁。

本郷隆, 2012,「『大学の自治』に関する試論―社会・正当性・構造―」『東京大学法科大学院ローレビュー』7巻, 66-125頁。

Bolden, Richard, Petrov, Georgy & Gosling, Jonathan, 2008, *Developing Collective Leadership in Higher Education*, London: Leadership Foundation for Higher Education.

Bryman, Alan, 2009, *Effective Leadership in Higher Education*, London: Leadership Foundation for Higher Education.

Clark, Burton R., 1996, "Substantive growth and innovative organization: New categories for higher education research", *Higher Education*, 32: 417-430.

Committee of Vice Chancellors and Principals（CVCP）, 1985, *Report of the Steering Committee for Efficiency Studies in Universities*（Jarratt Report）, London: HMSO.

Dearlove, John, 2002, "A Continuing Role For Academics: The Governance of UK Universities in the Post-Dearing Era", *Higher Education Quarterly*, 56(3): 257-275.

Dill, David D., 1999, "Academic Accountability and University Adaptation: The architecture of an academic learning organization", *Higher Education*, 38(2): 127-154.

Hayek, F.A., 1960, *The Constitution of Liberty Part III: Freedom in the Welfare State*, London: Routledge & Kegan Paul. ＝ 2007, 気賀健三・古賀勝次郎訳『自由の条件〔III〕福祉国家における自由』〈新版ハイエク全集第I期第7巻〉春秋社。

Henkel, Mary, 2007, "Can academic autonomy survive in the knowledge society? A perspective from Britain", *Higher Education Research and Development*, 26(1): 87-99.

Hoecht, Andreas, 2006, "Quality assurance in UK higher education: Issues of trust, control, professional autonomy and accountability", *Higher Education*, 51(4): 541-563.

National Committee of Inquiry into Higher Education（NCIHE）, 1997, *Higher Education in the Learning Society*（Dearing Report）, Norwich: Her Majesty's Stationery Office（HMSO）.

Newby, Howard, Weko, Thomas, Breneman, David, Johanneson, Thomas and Maassen, Peter, 2009, *OECD Reviews of Tertiary Education: Japan*, Paris: OECD.

Quinn, James B., 1980, *Strategies for Change: Logical Incrementalism*, Illinois: Irwin.

Shattock, Michael, 2000, "Strategic Management in European Universities in an Age of

Increasing Institutional Self Reliance", *Tertiary Education and Management*, 6: 93-104.

Weick, Karl E., 1976, "Educational organizations as loosely coupled systems", *Administrative Science Quarterly*, 2(1): 1-19.

さらに勉強したい人のための文献案内

広島大学高等教育研究開発センター編『これからの大学経営〜誰がどのような役割を担うのか〜 ―第39回（2011年度）研究員集会の記録―』（高等教育研究叢書118）、広島大学高等教育研究開発センター2012年。

http://ir.lib.hiroshima-u.ac.jp/ja/list/HU_journals/BN04906162/--/--/item/33169

　　本書は、大学経営とその担い手たる人材について、経営機能が重視される背景、組織の在り方、職員の役割、役員・教員・職員の意識等の論点を含め、現状と課題を明らかにした講演・報告及び討論の記録である。

広島大学高等教育研究開発センター編『大学のガバナンス〜その特質を踏まえた組織運営の在り方を考える〜 ―第41回（2013年度）研究員集会の記録―』（高等教育研究叢書128）、広島大学高等教育研究開発センター2014年。

http://ir.lib.hiroshima-u.ac.jp/ja/list/HU_journals/BN04906162/--/--/item/36502

　　本書は、大学ガバナンス改革について、高等教育研究としてどう捉えるかについて、理論枠組み、調査結果、国際比較、国内事例等、多様な切り口から行われた講演・報告及び討論の記録である。

第 12 章　大学経営・政策の展望

金子元久
(筑波大学大学研究センター特命教授)

本章のねらい

　21 世紀前半の高等教育の発展の論理は、これまで我々が経験してきた 20 世紀後半以来のそれとは大きく変わる。その方向を、どのように見極めるのか。本章では、社会経済の変化の軸がどこにあるか（第 1 節）、そしてそれが高等教育に何を意味するのか（第 2 節）を整理し、その中で高等教育制度・政策にどのような変化が求められるのか（第 3 節）、そしてその中で大学がどのような課題に直面するのかを論じる（第 4 節）。

第 1 節　社会の変化と大学

　まず 20 世紀後半との対比において、すでにはじまっている 21 世紀前半の日本の社会・経済構造がどのように変化しようとし、それがどのような課題を高等教育のありかたに提起しようとしているのかを整理しておこう。

1　低成長、少子高齢化

　第一の視点はマクロの視点からみた社会・経済構造の転換である。それは経済成長率の減速に象徴的に現れる。20 世紀後半は一口にいって経済成長の時代であった。とくに 1960 年代から 70 年代初めにかけての高度経済成長の時期には、GDP 成長率は年率ほぼ 10％に達した。1970 年代半ばからは成長率は減速したが、それでも 1980 年代終わりまでは 4％に達していた[1]。それが家計の所得水準の恒常的な増大をもたらし、高等教育就学率を押し上

げる主要な基盤となっていたのである。また成長による税収の拡大も政府の高等教育支出増を可能とした。

　しかし1990年代初頭のバブル経済崩壊を境に経済成長率は年率1％前後の水準に低下し、ほぼそのまま推移している。これは高等教育の拡大をその費用面から支えてきたメカニズムが変質せざるを得ないことを意味する。政府財政は経済成長の減速と、福祉支出の増大によって、慢性的な赤字構造に陥り、高等教育の支出増はきわめて限定されてきた。家計の所得も停滞した。この中で高等教育進学率は1990年代後半から上昇してきたが、この間に貸与奨学金の利用率は1割程度から4割程度へと急速に上昇した。いわば借金によって高等教育の拡大が支えられる、という構造に転換してきたのである。

　人口構造も大きく変化した。日本の総人口は2010年には1億2,800万人に達したが、それを境に減少が始まり2050年には9,700万人となることが予測されている[2]。

　年齢別にみれば14歳以下の年少人口の割合は1960年に30％程度であったが、2050年には10％を割りこむ。また高等教育への入学該当年齢（18歳）人口は、2000年前後に150万人前後であったが、2020年にほぼ115万人、2030年には104万人程度となる。これだけをみれば。国民経済としての教育への投資は大きく減少してもよいかにみえる。

　しかしもう一方で生産年齢人口（15—64歳）は、1960年の6,000万人から増加して1990年代には8,600万人に達していたものが、その後減少に転じて2050年には5,000万人程度になることが見込まれている。半面で65歳以上の高齢人口は、1960年に6％であったものが、2000年に17パーセント、それ以後はさらに急速に上昇して、2050年には39％に達する。減少する生産年齢人口が、大きく増加する高齢人口を支えることが求められるのである。

　こうした状況の中では、教育、特に高等教育はきわめて重要な役割を期待されることになる。最も基本的なのは生産年齢人口の生産性を向上させることであり、一人一人の労働者の知識・技能の恒常的な高度化、更新が必要となる。それだけでなく、労働市場の流動化と、退職者や中高年の労働力の再

第12章　大学経営・政策の展望　235

教育、再労働力化が不可欠となる。ここに高等教育がどのような形で貢献するかが問われるのである。

2　グローバル化と産業・職業構造の変化

　第二に、グローバル化を背景として産業・職業構造も大きく変化する。1960年代からの高度成長は、開かれつつあった海外市場に向けて、導入技術とその改良による製品の輸出を拡大することによって急速な経済成長を実現する、というメカニズムによっていた。しかし1980年代以降からは、その力は漸減し、さらに1990年代からは、グローバル化の進展とともに、製造業の中国などの途上国への移転が進んだ。他方で金融部門やサービス部門が拡大してきた。それを象徴的にあらわすのが新規大卒就業者の産業別分布である。1990年前後まで、製造業、商業・金融、サービス業がそれぞれ3割弱の大卒者を吸収していた。しかしその後は、製造業のシェアが低下する一方で、商業・金融が増加し、さらに21世紀にはいってサービス業への就職者が大きく増加した。2010年代にはサービス業が4割弱、商業・金融が3割となっている[3]。

　こうした産業構造の変化は、需要のあり方と、広い意味での技術変化を反映している。製造業では生産工程の海外移転とともに、技術革新、情報技術の発展によって、雇用の規模が縮小した。これは特に高卒労働力への需要の減少につながった。他方でIT技術の発展によって、モノだけでなく、情報の伝達、コンテンツなどの提供が大きな産業をとなって発展してきた。また人口の高齢化によって、医療や対人ケアの需要も高くなってきた。こうした意味で、従来はサービス業として一括されてきた業種の比重が高くなるのと同時にその内容が多様化してきている。拡大したサービス部門には、医療や教育部門だけでなく、様々な個人サービス業が含まれる。GDPの成長率そのものは低下しても、恒常的な産業革新をつうじて国内・国外の新しい需要を創出し、対応する、という21世紀型の経済成長構造への転換が求められている。その中で、様々な知識・技能が要求され、それに応じて新しい職業が発生する。要求されるスキルや職業が多様化し、流動化するのである。こ

こで高等教育の果たす役割が極めて重要となる。

3　大学進学者の変質

　第三は大学進学者の変質である。20世紀後半の高等教育大衆化とユニバーサル化は4年制大学就学率を同年代の5割に引き上げた。短期大学、専門学校を含めた就学率は7割を超えている。これまでにない資質をもった入学者が大学に入ってきている。

　振り返ってみれば、20世紀後半の日本の高等教育の一つの特質は、きわめて高い就学意欲によって、とくに選抜性の高い大学への入学をめぐって熾烈な「受験競争」が生じたことである。それが生じさせた社会的な緊張が政治問題化し、1990年代初めからの、教育の多様化改革、具体的には入試改革を初めとして、高校の多様化、高校教育課程が行われた。ところが1990年代初めには第二次ベビーブーム世代後の18歳人口減によって、大学教育機会の需給が一挙に供給過剰の方向に変化した。これによって入学者を確保できない大学が増大し、結果として推薦入学など、学力試験を実質的に行わない大学が増加したのである。

　その結果としていわゆる「受験体制」は融解した。それは高校生の学習時間が減少したことに表れている。とくに学力中間層の家庭での学習時間が減少したといわれる。私どもの調査によれば、高校3年生の約半数は、家庭で実質的に学習しておらず、4年制大学への入学者に限っても、その割合は3割に及ぶ（金子2012）[4]。

　高校で学習習慣が形成されていない高校生が、大学生の3分の1近くに達するのである。また多くの私立大学では入学に学力試験を課すとしても、2教科程度に過ぎない。

　他方で、教育の自由化政策は、同時に個性化を標榜したが、それによって子供が確固とした将来像を身に着けたか、といえば必ずしもそうとは言えない。我々が行った大学生調査によれば、「将来にやりたことは決まっている」と答えた大学生は、約6割にすぎなかった（金子前掲書）。こうした傾向を、豊かな時代の若者は子供のままでいられるからだ、と片付けるのは皮相

にすぎる。

　20世紀後半の経済成長の時代には、大学教育は大企業のホワイトカラーに至る重要な関門であり、いったんそうした企業に採用されれば、企業の中で様々な知識・技能を身につけながら、退職まで企業の中での昇進パターンにそって管理職に上っていった。ここでは具体的な職務は特定されないが、一定のキャリアのパターンが想定できたとはいえる。それは親世代にとっては望ましくても得られなかった地位に達し得たことを意味する。その意味で大学生の将来への期待は明確であったとはいえよう。

　しかし21世紀になって産業・職業の多様化・流動化が進むと、キャリアのパターンも大きく多様化し、また流動化してくる。一部の健康関連の専門職などについては、大学入学時に将来のキャリアが明確に見えやすいが、それ以外の多くの職業については、早い段階での選択は容易ではない。「キャリア教育」の重要性が強調されるようになってきているが、キャリアそのものが多様化・流動化していることが問題を生じさせているのである。

第2節　高等教育への要求

　以上に述べた状況の中で、大学はこれまでに蓄積してきた問題点を克服するとともに、新しい経済社会から提起された課題を挑まなければならない。それはほぼ三点に要約することができよう（**図12-1**）。

1　大学教育・学修の実効化

　第一に最も基本的な課題は、大学教育の実効化である。それは日本の高等教育の大衆化過程において形成された負の遺産の清算ともいえる。

　日本の大学教育が、学生の学習経験という観点からみれば著しくその密度に欠けることはこれまでも批判されてきた。我々が行った調査によれば、授業に関連して行った自律的な学習時間は2時間強で、これは大学設置基準で想定された授業関連の学習時間の半分に満たない。また週5時間以下の学生は、日本全学生の7割に及ぶ。これに対してアメリカでは、16％にし

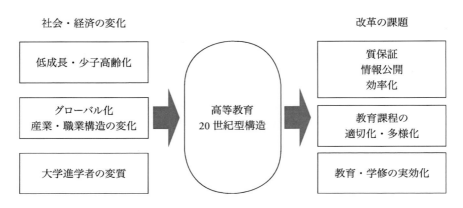

図 12-1　社会・経済の変化と高等教育

か過ぎない（前掲書、p.36）。

　こうした特質が生じた背景には、大学とは「学修の自由」をもつ学生が自主的に学修する場であるとする「フンボルト理念」が歴史的に影響力をもったことがある。しかしそれは大学教育がきわめて限られた資質をもった学生を対象としていた時代のものである。より大衆化した大学教育においてそれがそのまま適用可能ではないことは自明である。教員にとっても学生にとっても、それは便利な隠れ蓑を提供していたにすぎない。

　他方で企業では大卒一括採用・生涯雇用を背景として、職場組織に知・技能が共有され、個々の労働者は特定の職務に特化することなく、企業や職場の特性に応じた知識・技能を蓄積していく。これを「企業内キャリア」型の雇用と仮に呼んでおこう。そこで新規大卒者に求められたのは企業内の知識技能伝達を有効に吸収する能力、いわゆる「地頭」（じあたま）である。そしてそれを示すのは入学した大学の選抜性であって、大学で何を学んだかでは必ずしもなかった。

　こうした構造が、一部の専門職業を除いて、大学教育の具体的な目標をあいまいにさせ、結局は大学の入学者選抜試験の段階での資質に頼る採用慣行と、それに対応して大学教育の達成目標をあいまいにさせてきたのである。

第 12 章　大学経営・政策の展望　239

このような構造をそのままにして進んだ 20 世紀後半の高等教育の量的拡大が、きわめて深刻な大学教育の内的空洞化を生み出したのであった。

しかももう一方で、大学卒業後も同一企業で働き続けるというパターンは徐々に崩れつつある。大学新卒者の約 3 割が、入社後 3 年で退職・転職するといわれている。同時に、高齢化にしたがって従来の退職年齢を超えて就業し続ける人も増えている。しかもその際には、同一企業での就業を続けるだけでなく、別の企業、職種への転換する人も増加する。

このような意味で、大学教育の空洞化を導いた体制は、その基盤を失いつつあるのである。

2　大学教育・職業リンクの再形成

ただしそれはもちろん、ただ学生が時間をかけて学修をすればよい、ということを意味するものではない。大学での学修が学生にとって意味のあるもの、言い換えれば、適切性（relevance）をもつものでなければならない。それが前述した、職業の多様化と流動化、そして厳しい効率性の要求のなかでは、これまでにもまして厳しい要求になっている。

しかし何が適切性のある教育であるかは、自明ではない。振り返ってみると、20 世紀後半の高等教育の拡大は、第 2 次大戦後の経済成長と産業構造の変化に支えらえたものであった。1960 年代以降は製造業が急速に拡大し、それを支える理工系人材への需要が増大し、同時に管理系のホワイトカラーが拡大した。それが金融保険部門、公共部門の拡大につながり、さらに消費の拡大にともなって商業部門が拡大した。これらは理系の専門人材だけでなく、ホワイトカラー職への需要を拡大させ、これに大学教育の大衆化が対応していたのである。

結果として、大学教育における専門分野と職業との関係は明確ではなくなった。人文社会科学系ではそうした関連は特に弱いが、理工系分野でも、基礎的な知識は要求されるとしても、大学での専門的知識が企業で使われることは少ない。明確な対応関係があるのは医学、薬学など大学教育の一部の分野であるが、しかしそうした大卒専門職は、大卒者の就職先の 1 割程度

にすぎない（前掲書、p.148）。

　このような構造がどのように変わるのかを予測することは容易ではない。上述の日本企業の「企業内キャリア型」雇用に対して、欧米では、特定の職務（ジョブ）の内容を明確に定義し、これに基づいて企業が労働者を雇用し、処遇する、というあり方、いわゆる「ジョブ型」の雇用が一般的であるとされる[5]。労働経済学者間ではおもにアメリカをモデルとして長期的には日本の雇用はジョブ型に移行する、という論調が強かった。また政府の政策文書などでも、ジョブ型への移行が望ましいという議論が強くなっている。

　しかしジョブ型の雇用がどの程度、広がるかはまだ必ずしも明らかではない。たしかにサービス部門の拡大にともなって、医療、心理、教育などの職種での、大卒専門職での就職が増加していることは事実である。ただしこれらは現在でも大卒者の1割程度を占めるにすぎない。むしろ各種の観光、レストラン、対人サービスなどの分野で、特定の知識・技能を条件とした採用が増える可能性もある。

　他方で既存の企業内キャリア型の就職が縮小する兆しは明確には見えない。社会的な需要が複雑化するにしたがって、既存の組織が特定の知識・技能を発展させ、それを競争力とするというメカニズムが働いているとも考えられる。こうした新しいキャリアのあり方に対応するためには、学士課程教育においてはむしろ知識を吸収する汎用的な能力、また長期的な変化に対応する人格的な基礎が重要になるともいえる。

　こうした状況の中で、ジョブ型雇用と大学での専門教育が直接に対応する、という形態が、急速に拡大するとは考えにくい。むしろ前述の産業・職業構造の多様化、流動化の中で、これまでも必ずしも明確な関係がなかった職業と大学での専門教育との関係が、さらに錯綜したものとなると考えられる。

　一般的にいえば、職業と大学教育との関係は、①専門的知識・技能、②汎用的なスキル、③人格的な基礎、の三つの層が重要である。これらのうち、いずれかのみが特にその重要性を拡大することにはならないのではないか。だからといって全ての大学がこれらの三つの要素をすべて均等に形成しなければならないわけではない。職業・キャリアの多様化にともなって、そのい

第12章　大学経営・政策の展望　241

ずれかに力点をおく多様な教育モデルが必要となるのである。

　同時に上述の人口構造の変化を背景として、特に中高年の退職者の再就職・雇用の需要が増える。こうした点で、特定の技能を前提とする大学、大学院教育への需要が増えることは十分に考えられる。

3　高度化・効率化

　第三は大学教育の高度化と、大学の組織としての効率化である。

　20世紀後半の大学教育の量的拡大は急速な教育条件の悪化をもたらした。それを象徴的にあらわすのが専任教員一人当たりの学生数（ST比）である。1970年代はじめには私立大学の専任教員一人あたりの学生数は31人に達した。しかし1970年代にはいって経済成長の果実を福祉に結びつける動きが本格化し、1970年代半ばの私学経常費助成をもたらした。同時に私立大学の多くが授業料を値上げし、入学者数を抑制する行動をとった。結果として1980年代以降はST比は24程度に低下した。さらに1990年代以降は20程度に低下している。しかしこれはとくに中小規模の大学においてST比が低下したことによるのであって、在学者の多い大規模私立大学、とくに人文社会系の学部では、50以上の学部も珍しくない[6]。

　日本の大学はこのような貧弱な基盤を克服して、上述の高等教育の質的高度化への要求に取り組まねばならない。それを可能とするためには、学生の高い密度の学修をもたらす授業のありかたが不可欠である。また教育への情報通信技術（ICT）導入も不可欠となる。それはハードウェアだけでなく、その普及、管理のための要員が必要となることを意味する。また学修図書館などの施設の充実も不可欠である。また国際化をすすめるためには、外国大学での学修経験、および外国人学生の受け入れも必要となる。

　しかも上述のように1990年代から日本経済は長期的な低成長の時代に入った。この中で日本の高等教育就学率が上昇し続けたことは注目に値する。これまで高等教育に子供を就学させる余裕を持たなかった家庭が、就学をさせることができた大きな要因は1980年代中頃に始まった有利子貸与奨学金（第二種奨学金）の貸与対象者の拡大であった。1980年代までは全学生

の1割程度であった日本学生支援機構の貸与奨学金の利用者は、急速に拡大し、2010年代にはいって4割を超えるようになっている。それは当然にも卒業後の奨学金の返済義務を意味する。大学教育が親の恩恵でなくなっており、投資としての効果を生じさせることが厳しく求められるようになっているのである（金子 2017）。

　こうした状況の中で問題となるのは、質と価格（授業料）との間にどのようなバランスをもとめるかということになろう。高質の教育を高額の授業料によって支える、という選択肢もないわけではない。しかしその前に、現在の資源配分は、教育の質を支える上で、どの程度に効率的なのか、あるはさらに質を上げることに何が必要になるのか、が問われなければならない。そうした意味で効率性が問われるのである。

第3節　21世紀の高等教育システム・制度・政策

　以上のような課題に、高等教育はどのように答えていくのか。まずマクロ的な観点から考えてみよう。

1　高等教育システムと政策の転換

　高等教育の量的な規模についてみると、18歳人口は、2000年前後の150万人前後から2020年にほぼ115万人、2030年には104万人程度となる。2010年から1割以上の減少となる。就学率に大きな上昇がないとすれば、就学者数も1割以上の減少があるものと考えられる。4年制大学に淘汰が起こるのではないか、という懸念が生じるのは当然といえよう。

　しかしそれは就学率が不変とした場合である。たとえば2030年までに大学就学率が6割程度に達すれば、就学者数はほとんど変わらないことになる。また諸外国と比べて、大学院就学率は格段に低く、しかも入学者は2000年代後半から停滞している。人口構造の変化に対応して成人の、とくに大学院レベルでの就学者数は増大する余地は大きい。むしろ大学の変革によって、量的な規模は大きく左右されるものと考えるべきである。

執筆者一覧（執筆順）

第 1 章	小方直幸（おがた　なおゆき）	東京大学大学院教育学研究科教授
第 2 章	福留東土（ふくどめ　ひでと）	東京大学大学院教育学研究科准教授
第 3 章	矢野眞和（やの　まさかず）	東京工業大学名誉教授
第 4 章	両角亜希子（もろずみ　あきこ）	東京大学大学院教育学研究科准教授
第 5 章	丸山文裕（まるやま　ふみひろ）	広島大学名誉教授
第 6 章	山本　清（やまもと　きよし）	鎌倉女子大学学術研究所教授
第 7 章	小林雅之（こばやし　まさゆき）	桜美林大学総合研究機構教授
第 8 章	吉田　文（よしだ　あや）	早稲田大学教育・総合科学学術院教授
第 9 章	小林信一（こばやし　しんいち）	広島大学高等教育研究開発センター特任教授
第 10 章	米澤彰純（よねざわ　あきよし）	東北大学国際戦略室教授
第 11 章	大森不二雄（おおもり　ふじお）	東北大学高度教養教育・学生支援機構教授
第 12 章	金子元久（かねこ　もとひさ）	筑波大学大学研究センター特命教授

大学経営・政策入門　　　　　　　　　　　　　　　　　　　　〔検印省略〕

2018 年 8 月 31 日	初　版	第 1 刷発行
2019 年 4 月 30 日	初　版	第 2 刷発行
2023 年 4 月 30 日	初　版	第 3 刷発行
2024 年 3 月 25 日	初　版	第 4 刷発行

＊定価はカバーに表示してあります。

編者 © 東京大学大学経営・政策コース　　発行者 下田勝司

東京都文京区向丘 1-20-6　　郵便振替 00110-6-37828

〒 113-0023　TEL 03-3818-5521（代）　FAX 03-3818-5514

印刷・製本／中央精版印刷株式会社

発 行 所　株式会社 東信堂

Published by TOSHINDO PUBLISHING CO., LTD.

1-20-6, Mukougaoka, Bunkyo-ku, Tokyo, 113-0023 Japan

E-Mail：tk203444@fsinet.or.jp　http://www.toshindo-pub.com

ISBN978-4-7989-1507-4　C3037

©Department of University Management and Policy Studies, The University of Tokyo

東信堂

- 転換期を読み解く——潮木守一時評・書評集　潮木守一　二六〇〇円
- 大学再生への具体像——大学とは何か[第二版]　潮木守一　二四〇〇円
- リベラル・アーツの源泉を訪ねて　絹川正吉　三三〇〇円
- 「大学の死」、そして復活　絹川正吉　三三〇〇円
- 大学教育の思想——学士課程教育のデザイン　絹川正吉　二八〇〇円
- 大学教育の在り方を問う　山田宣夫　二八〇〇円
- 北大 教養教育のすべて——エクセレンスの共有を目指して　小笠原正明・安藤厚 編著／細川敏幸　二八〇〇円
- 検証 国立大学法人化と大学の責任——その制定過程と大学自立への構想　田中弘允／佐藤博明／田原博人 著　三七〇〇円
- 国立大学職員の人事システム——管理職への昇進と能力開発　渡辺恵子　二四〇〇円
- 国立大学・法人化の行方——自立と格差のはざまで　大﨑仁　二三〇〇円
- 教育と比較の眼　天野郁夫　二〇〇〇円
- 大学は社会の希望か——大学改革の実態からその先を読む　江原武一　四二〇〇円
- 転換期日本の大学改革——アメリカとの比較　江原武一　二六〇〇円
- 大学の管理運営改革——日本の行方と諸外国の動向　江原武一編著／杉本均編著　三六〇〇円
- 大学経営・政策入門　東京大学 大学経営・政策コース編　二四〇〇円
- 大学戦略経営とマネジメント　新藤豊久　三六〇〇円
- 大学戦略経営の核心　篠田道夫　二五〇〇円
- 戦略経営Ⅲ 大学事例集　篠田道夫　三六〇〇円
- 大学戦略経営論——中長期計画の実質化によるマネジメント改革　篠田道夫　三六〇〇円
- カレッジ(アン)バウンド　J・J・セリンゴ著　船守美穂訳　三四〇〇円
- 大学の財政と経営　福井文威　三六〇〇円
- 米国高等教育の拡大する個人寄付　丸山文裕　三六〇〇円
- 私立大学マネジメント——米国高等教育の現状と近未来のパノラマ　丸山文裕　三四〇〇円
- 私立大学の経営と拡大・再編　㈳私立大学連盟編　三六〇〇円
- 学長奮闘記——学長変われば大学変えられる 一九八〇年代後半以降の動態　両角亜希子　四七〇〇円
- 大学のカリキュラムマネジメント　中留武昭　四二〇〇円
- イギリス大学経営人材の養成　高野篤子　二〇〇〇円
- アメリカ大学管理運営職の養成　高野篤子　三三〇〇円
- [新版] 大学事務職員のための高等教育システム論——より良い大学経営専門職となるために　山本眞一　一八〇〇円

〒113-0023　東京都文京区向丘1·20·6　　TEL 03·3818·5521　FAX03·3818·5514　振替 00110·6·37828
Email tk203444@fsinet.or.jp　URL:http://www.toshindo-pub.com/

※定価：表示価格（本体）＋税

東信堂

溝上慎一 監修　アクティブラーニング・シリーズ《全7巻》

- ① アクティブラーニングの技法・授業デザイン　水野正朗・関田一郎 編　一六〇〇円
- ② アクティブラーニングとしてのPBLと探究的な学習　井上英代 編　一八〇〇円
- ③ アクティブラーニングの評価　松下佳代・石井英真 編　一六〇〇円
- ④ 高等学校におけるアクティブラーニング：理論編（改訂版）　溝上慎一 編　一六〇〇円
- ⑤ 高等学校におけるアクティブラーニング：事例編　溝上慎一 編　二〇〇〇円
- ⑥ アクティブラーニングをどう始めるか　成田秀夫 編　一六〇〇円
- ⑦ 失敗事例から学ぶ大学でのアクティブラーニング　亀倉正彦　一六〇〇円

学びと成長の講話シリーズ1

- アクティブラーニング型授業の基本形と生徒の身体性　溝上慎一　一〇〇〇円

- 大学生白書2018　―今の大学教育では学生を変えられない　溝上慎一　二八〇〇円
- アクティブラーニングと教授学習パラダイムの転換　溝上慎一 編著　二四〇〇円
- グローバル社会における日本の大学教育　―全国大学調査からみえてきた現状と課題　河合塾 編著　三八〇〇円
- 大学のアクティブラーニング　河合塾 編著　三〇〇〇円
- 「学び」の質を保証するアクティブラーニング　―3年間の全国大学調査から　河合塾 編著　二〇〇〇円
- 「深い学び」につながるアクティブラーニング　―全国大学の学科調査報告とカリキュラム設計の課題　河合塾 編著　二八〇〇円
- アクティブラーニングでなぜ学生が成長するのか　―経済系・工学系の全国大学調査からみえてきたこと　河合塾 編　二八〇〇円
- 社会に通用する持続可能なアクティブラーニング　―ICEモデルが大学と社会をつなぐ　土持ゲーリー法一　二〇〇〇円
- 附属新潟中式「3つの重点」を生かした確かな学びを促す授業　―教科独自の眼鏡を育むことが「主体的・対話的で深い学び」の鍵となる！　新潟大学教育学部附属新潟中学校 編著　二〇〇〇円
- ポートフォリオが日本の大学を変える　―ティーチング/ラーニング/アカデミック・ポートフォリオの活用　土持ゲーリー法一　二五〇〇円
- ティーチング・ポートフォリオ　―授業改善の秘訣　土持ゲーリー法一　二〇〇〇円
- ラーニング・ポートフォリオ　―学習改善の秘訣　土持ゲーリー法一　二五〇〇円

〒113-0023　東京都文京区向丘1-20-6
TEL 03-3818-5521　FAX03-3818-5514　振替 00110-6-37828
Email tk203444@fsinet.or.jp　URL:http://www.toshindo-pub.com/

※定価：表示価格（本体）＋税

東信堂

ネオリベラル期教育の思想と構造 ―書き換えられた教育の原理	福田誠治著	六二〇〇円
アメリカ公立学校の社会史 ―コモンスクールからNCLB法まで	W・J・リース著 小川佳万・浅沼茂監訳	四六〇〇円
アメリカ 間違いがまかり通っている時代 ―公立学校の企業型改革への批判と解決法	末藤美津子訳	三八〇〇円
教育による社会的正義の実現 ―アメリカの挑戦（1945-1980）	D・ラヴィッチ著 末藤美津子訳	六四〇〇円
学校改革抗争の100年 ―20世紀アメリカ教育史	D・ラヴィッチ著 末藤・宮本・佐藤訳	六〇〇〇円
現代学力テスト批判 ―実態調査・思想・認識論からのアプローチ	小笠原喜康 北野秋男 下司晶 編著	二七〇〇円
ポストドクター ―若手研究者養成の現状と課題	北野秋男編著	三六〇〇円
日本のティーチング・アシスタント制度 ―大学教育の改善と人的資源の活用	北野秋男編	二八〇〇円
現代アメリカの教育アセスメント行政の展開 ―マサチューセッツ州（MCASテスト）を中心に	北野秋男	四八〇〇円
アメリカ公民教育におけるサービス・ラーニング	唐木清志	四六〇〇円
［増補版］現代アメリカにおける学力形成論の展開 ―スタンダードに基づくカリキュラムの設計	石井英真	六五〇〇円
ハーバード・プロジェクト・ゼロの芸術認知理論とその実践 ―内なる知性とクリエイティビティを育むハワード・ガードナーの教育戦略	池内慈朗	二八〇〇円
アメリカにおける学校認証評価の現代的展開	浜田博文編著	三六〇〇円
アメリカにおける多文化的歴史カリキュラム	桐谷正信	二八〇〇円
現代教育制度改革への提言 上・下	日本教育制度学会編	各二八〇〇円
現代日本の教育課題 ―二一世紀の方向性を探る	上田学編著	二八〇〇円
日本の教育をどうデザインするか	上田 村田翼夫 岩槻知也 田中 他編著	二五〇〇円
日本の教育制度と教育行政（英語版）	関西教育行政学会編	三八〇〇円
バイリンガルテキスト現代日本の教育	村田翼夫編著	三六〇〇円
人格形成概念の誕生 ―近代アメリカの教育概念史	山口満編著	三六〇〇円
社会性概念の構築 ―アメリカ進歩主義教育の概念史	田中智志	三八〇〇円
グローバルな学びへ ―協同と刷新の教育	田中智志編著	二〇〇〇円
学びを支える活動へ ―存在論の深みから	田中智志編著	二〇〇〇円
社会形成力育成カリキュラムの研究	西村公孝	六五〇〇円

〒113-0023　東京都文京区向丘1・20・6　TEL 03-3818-5521　FAX03-3818-5514　振替 00110-6-37828
Email tk203444@fsinet.or.jp　URL:http://www.toshindo-pub.com/

※定価：表示価格（本体）＋税

東信堂

放送大学に学んで
——未来を拓く学びの軌跡　放送大学中国・四国ブロック学習センター編　二〇〇〇円

ソーシャルキャピタルと生涯学習　J・フィールド　矢野裕俊監訳　二五〇〇円

成人教育の社会学——パワー・アート・ライフコース　高橋満編著　三二〇〇円

NPOの公共性と生涯学習のガバナンス　高橋満　二八〇〇円

コミュニティワークの教育的実践　高橋満　二〇〇〇円

学級規模と指導方法の社会学
——実態と教育効果　山崎博敏　三二〇〇円

高等専修学校における適応と進路
——後期中等教育のセーフティネット　伊藤秀樹　四六〇〇円

「夢追い」型進路形成の功罪
——高校改革の社会学　荒川葉　二八〇〇円

進路形成に対する「在り方生き方指導」の功罪
——高校進路指導の社会学　望月由起　三六〇〇円

教育から職業へのトランジション
——若者の就労と進路職業選択の社会学　山内乾史編著　二六〇〇円

教育と不平等の社会理論
——再生産論をこえて　小内透　三三〇〇円

マナーと作法の社会学　加野芳正編著　二四〇〇円

マナーと作法の人間学　矢野智司編著　二四〇〇円

拡大する社会格差に挑む教育　西村和雄・大森不二雄　倉元直樹・木村拓也編　二四〇〇円

混迷する評価の時代——教育評価を根底から問う　西村和雄・大森不二雄　倉元直樹・木村拓也編　二四〇〇円

〈シリーズ 日本の教育を問いなおす〉

教育における評価とモラル　西村稔雄編　二四〇〇円

〈大転換期と教育社会構造：地域社会変革の学習社会論的考察〉

第1巻　教育社会史——日本とイタリアと　小林甫　七八〇〇円

第2巻　現代的教養I——生活者生涯学習の地域的展開　小林甫　六八〇〇円

現代的教養II——技術者生涯学習の生成と展望　小林甫　六八〇〇円

第3巻　学習力変革——地域自治と社会構築　小林甫　近刊

第4巻　社会共生力——東アジアと成人学習　小林甫　近刊

〒113-0023　東京都文京区向丘1-20-6　TEL 03-3818-5521　FAX03-3818-5514　振替 00110-6-37828
Email tk203444@fsinet.or.jp　URL:http://www.toshindo-pub.com/

※定価：表示価格（本体）＋税

東信堂

リーディングス 比較教育学 地域研究
—多様性の教育学へ　西野節男・中村美弘・近藤孝弘 編著　三七〇〇円

比較教育学事典　日本比較教育学会編　一二〇〇〇円

比較教育学の地平を拓く　森下稔・山田肖子 編著　四六〇〇円

比較教育学—越境のレッスン　馬越徹　三六〇〇円

比較教育学—伝統・挑戦・新しいパラダイムを求めて　M・ブレイ編著　馬越徹・大塚豊監訳　三八〇〇円

国際教育開発の研究射程—「持続可能な社会」のための比較教育学の最前線　北村友人　二八〇〇円

国際教育開発の再検討—途上国の基礎教育普及に向けて　小川啓一・北村友人・西村幹子 編著　二四〇〇円

ペルーの民衆教育—「社会を変える」教育の変容と学校での受容　工藤瞳　三二〇〇円

アセアン共同体の市民性教育　平田利文編著　三七〇〇円

市民性教育の研究—日本とタイの比較　平田利文編著　四二〇〇円

社会を創る市民の教育—協働によるシティズンシップ教育の実践　大友秀明・桐谷正信編著　二五〇〇円

現代ドイツ政治・社会学習論—「事実教授」の展開過程の分析　大友秀明　五二〇〇円

アメリカにおける多文化的歴史カリキュラム　桐谷正信　三六〇〇円

アメリカ公民教育におけるサービス・ラーニング　唐木清志　四六〇〇円

発展途上国の保育と国際協力　浜野隆編著　三八〇〇円

中国教育の文化的基盤　三輪千明著　二九〇〇円

中国大学入試研究—変貌する国家の人材選抜　顧明遠著　大塚豊監訳　三六〇〇円

東アジアの大学・大学院入学者選抜制度の比較—中国・台湾・韓国・日本　南部広孝　三二〇〇円

中国高等教育独学試験制度の展開　南部広孝　三三〇〇円

中国の職業教育拡大政策　劉文君　三二〇〇円

中国における大学奨学金制度と評価—背景・実現過程・帰結　王帥　五〇四八円

中国高等教育の拡大と教育機会の変容　王傑　三九〇〇円

現代中国初中等教育の多様化と教育改革　楠山研　三六〇〇円

グローバル人材育成と国際バカロレア—アジア諸国のIB導入実態　李霞編著　二九〇〇円

文革後中国基礎教育における「主体性」の育成　李霞　二八〇〇円

韓国大学改革のダイナミズム—ワールドクラス（WCU）への挑戦　馬越徹　二七〇〇円

〒113-0023　東京都文京区向丘1・20・6　TEL 03·3818·5521　FAX03·3818·5514　振替 00110·6·37828
Email tk203444@fsinet.or.jp　URL:http://www.toshindo-pub.com/

※定価：表示価格（本体）＋税